毛泽东思想和中国特色社会主义理论体系概论学习指导

赵　爽　杜惠敏　依里合木·牙生　主编

中国农业大学出版社
·北京·

内容简介

本书是新疆高校“毛泽东思想和中国特色社会主义理论体系概论”（简称“概论”）课程学习的教学参考书。旨在为学生进行课后学习，深刻领会和全面掌握毛泽东思想和中国特色社会主义理论体系的基本原理和精神实质，培养学生分析问题和解决问题的能力和素养，帮助学生巩固所学知识，对学生参加有关考试提供参考，同时也是教师组织该课程考核的重要参考依据。本书按章节编写，结构设计上体现了理论和实际相结合的原则：在理论学习方面，突出了教学目的、教学内容、教学的重点难点问题，方便学生掌握该课程理论知识；在理论应用方面，把高校本科生课程考试和硕士研究生考试有机结合，为学生进一步深造学习提供帮助。

图书在版编目（CIP）数据

毛泽东思想和中国特色社会主义理论体系概论学习指导/赵爽，杜惠敏，依里合木·牙生主编. —北京：中国农业大学出版社，2016.9

ISBN 978-7-5655-1705-1

Ⅰ.①毛… Ⅱ.①赵… ②杜… ③依… Ⅲ.①毛泽东思想-高等学校-教学参考资料 Ⅳ.①A84 ②D616

中国版本图书馆 CIP 数据核字（2016）第 217804 号

书　　名　毛泽东思想和中国特色社会主义理论体系概论学习指导
作　　者　赵　爽　杜惠敏　依里合木·牙生　主编

策划编辑　赵　中　　　**责任编辑**　韩元凤
封面设计　郑　川
出版发行　中国农业大学出版社
社　　址　北京市海淀区圆明园西路 2 号　　　**邮政编码**　100193
电　　话　发行部 010-62818525,8625　　　读者服务部 010-62732336
　　　　　　编辑部 010-62732617,2618　　　出 版 部 010-62733440
网　　址　http://www.cau.edu.cn/caup　　　**E-mail**　cbsszs@cau.edu.cn
经　　销　新华书店
印　　刷　涿州市星河印刷有限公司
版　　次　2016 年 9 月第 1 版　　2016 年 9 月第 1 次印刷
规　　格　787×980　16 开本　14.75 印张　268 千字
定　　价　25.00 元

前　言

“毛泽东思想和中国特色社会主义理论体系概论”（简称“概论”）课程，是根据2005年《〈中共中央宣传部、教育部关于进一步加强和改进高等学校思想政治理论课的意见〉实施方案》设立的，是我国高校本专科学生必修的一门思想政治理论课程，是高校思想政治理论课程体系的核心课程。

学习“概论”课程，有助于大学生系统学习和掌握中国化马克思主义的形成和发展、主要内容和精神实质，不断增强大学生对中国特色社会主义的道路自信、理论自信、制度自信和文化自信，坚定中国特色社会主义的理想理念。

《毛泽东思想和中国特色社会主义理论体系概论学习指导》辅助教材应用以来，在实际教学中产生了良好的反响，方便了大学生自学，取得了明显成效，对于大学生加深对党的基本理论、基本路线、基本纲领、基本经验、基本要求的理解和认识，增强对党的路线方针的认同和理解，发挥了重大作用。

中国特色社会主义的理论和实践是不断发展的。党的十八大以来，习近平围绕坚持和发展中国特色社会主义、实现中华民族伟大复兴的中国梦，围绕推进经济建设、政治建设、文化建设、社会建设、生态文明建设和党的建设，围绕推进国防和军队建设、祖国统一、外交工作等，发表了一系列重要讲话，提出了一系列治国理政的重大思想观点，特别是形成了全面建成小康社会、全面深化改革、全面依法治国、全面从严治党的战略布局，进一步丰富发展了中国特色社会主义理论体系。

为了进一步深刻理解学习党的十八大以来的路线方针政策，深刻理解学习习近平总书记系列讲话精神，理解掌握党的十八大以来的最新理论成果，吸收一线师生的意见和建议，对《毛泽东思想和中国特色社会主义理论体系概论学习指导》2015年版本，进行修订，形式上，每一章增加了“延伸阅读”等，内容上反映了党的十八大以来的最新理论成果，形成了2016年修订版。

参加本书编写的人员均为从事本科教学的教师。各章编写分工：第一章、第二章，阿布都克力木·阿布力孜；第三章、第四章，杜惠敏；第五章、第七章，李然；第六章，赵爽；第八章、第十一章，张涛；第九章，依里合木·牙生；第十章，丁露露；第十二章，苗志娟。全书由赵爽和杜惠敏统稿、定稿。张小楠主审。

由于编者水平有限，难免存在不足与缺陷，敬请广大读者批评指正。

书中若有与《毛泽东思想和中国特色社会主义理论体系概论》教材观点出入之处，以教材观点为准。

本书吸收和借鉴了本课程的相关教材和各类考研辅导试题，特此向作者表示衷心感谢！

衷心感谢出版社的领导、编辑及相关工作者的辛勤劳动。

编　者

2016 年 7 月

目　录

第一章

马克思主义中国化两大理论成果

【教学目的与要求】

通过本章的教学使学生了解马克思主义中国化的科学内涵、历史进程和重要意义，理解马克思主义中国化两大理论成果的形成发展、主要内容和指导意义；理解毛泽东思想与中国特色社会主义理论体系之间的关系，掌握实事求是思想路线的形成发展、科学内涵和重要意义，以及实事求是是马克思主义中国化两大成果的精髓。

【教学内容】

马克思主义在与中国实际相结合的过程中产生了两大理论成果：毛泽东思想和中国特色社会主义理论体系。两大理论成果一脉相承，与时俱进，贯穿着实事求是的思想精髓，是指引中国革命、建设和改革不断取得胜利的强大思想武器和科学指南。从总体上把握两大理论成果的主要内容、精神实质及其相互关系，是“概论”课程首要解决的问题。

【教学重点与难点】

学习重点：

1. 毛泽东思想和中国特色社会主义理论体系形成发展、科学内涵和指导意义。
2. 实事求是是马克思主义中国化理论成果的精髓。

学习难点：

1.“四个全面”战略布局的形成和发展。
2. 如何理解党的思想路线的实质与核心是实事求是？

【难点问题解析】

一、怎样理解“四个全面”战略布局的形成和发展？

社会主义社会是全面发展、全面进步的社会，全面发展是中国特色社会主义的显著特征。改革开放以来，中国共产党在领导中国人民实现社会主义现代化过程中，不断深化对人类社会发展规律、社会主义建设规律和共产党执政规律的认识，逐步形成了全面发展的思想。“四个全面”是马克思主义关于社会全面发展的思想在现阶段的集中体现。

全面建成小康社会是战略目标，这一目标的确立经历了一个过程。1979 年邓小平会见当时的日本首相大平正芳时第一次提出了“小康社会”这一概念。此后，邓小平逐步形成了分三步走、基本实现现代化的战略构想，从“温饱”到“小康”再到“基本实现现代化”，构成了中国现代化的宏伟蓝图。到 2000 年，我国通过改革开放基本实现了“三步走”战略的前两步，即基本建成小康社会。由于这种小康还是不全面的、低水平的，进入 21 世纪以后召开的党的十六大明确提出了“全面建设惠及十几亿人口的更高水平的小康社会”的目标。2007 年召开的党的十七大在报告中明确把“全面建设小康社会”改为“全面建成小康社会”。这就是说，“全面建成小康社会”这一战略目标是在党的十六大之后提出的，明确写进了党的十七大报告并在党的十八大报告中得到了进一步阐释。

改革是新时期最鲜明的特征，全面深化改革是实现中国现代化的战略举措。关于“全面深化改革”也有一个形成发展过程。党的十八大以前，我们党反复强调过“全面改革”和“深化改革”，比如 1987 年召开的十三大曾明确提出“必须坚持全面改革”，并强调十三大的“中心任务是加快和深化改革”。十三大之后，我们党的每次代表大会都强调要“全面改革”和“深化改革”，但很少提“全面深化改革”。2012 年党的十八大提出了全面建成小康社会和全面深化改革开放的目标，至此，“一个全面”扩展为“两个全面”。2013 年召开的党的十八届三中全会《关于全面深化改革若干重大问题的决定》把党的十八大报告提出的“全面深化改革开放”简化为“全面深化改革”。

全面依法治国是实现战略目标的另一个重要战略举措。关于全面依法治国也有一个形成发展过程。十一届三中全会后，我们党就一再强调法制建设、制度建设的重要性。1997 年党的十五大明确提出了“依法治国，是党领导人民治理国家的基本方略，是发展社会主义市场经济的客观需要，是社会文明进步的重要标志，是国家长治久安的重要保障。”此后，我们党的历次会议都强调依法治国，并将其与党的领导、人民当家做主合并在一起，作为中国特色社会主义政治发展道路的特色。2012 年党的十八大第一次明确提出“全面推进依法治国”。2014 年党的十八届四中全会审议通过的《关于全面推进依法治国若干重大问题的决定》提出：“全面建成小康社会、实现中华民族伟大复兴的中国梦，全面深化改革、完善和发展中国特色社会主义制度，提高党的执政能力和执政水平，必须全面推进依法治国”，这样，就把“两个全面”进一步扩展为“三个全面”。

党的领导是中国特色社会主义最本质的特征。党的十一届三中全会以来，邓小平一再强调党要管党、从严治党。1987 年党的十三大报告特别强调要“从严治党，严肃执行党的纪律”。1992 年党的十四大强调，要“坚持党要管党和从严治党，加强和改进党的建设”。1994 年党的十四届四中全会明确提出“党的建设新的伟大工程”。1997 年，党的十五大强调“各级党委要坚持‘党要管党’的原则，把从严治党的方针贯彻到党的建设的各项工作中去，坚决改变党内存在的纪律松弛和软弱涣散的现象”，这里实际上已经包括了“全面从严治党”的意思。进入新世纪，我们党先后提出过“全面推进党的建设”和“全面推进党的建设新的伟大工程”的战略举措。2014 年 10 月，在党的群众路线教育实践活动总结大会上，习近平对教育实践活动所取得的成效、获得的经验、形成的成果进行了概括和总结，进一步提出全面推进从严治党的要求。至此，“全面从严治党”的战略布局已经形成。

在十八届四中全会闭幕后不久，2014 年 12 月 14 日，习近平在江苏考察调研时提出：“要全面贯彻党的十八大和十八届三中、四中全会精神，落实中央经济工作会议精神，主动把握和积极适应经济发展新常态，协调推进全面建成小康社会、全面深化改革、全面推进依法治国、全面从严治党，推动改革开放和社会主义现代化建设迈上新台阶。”这是习近平第一次谈“四个全面”。

二、如何理解党的思想路线的实质与核心是实事求是？

实事求是思想路线的基本内容：实事求是，一切从实际出发，理论联系实际，在实践中检验真理、发展真理。实事求是是党的思想路线的实质和核心。因为实事求是内在地包含着一切从实际出发、理论联系实际、在实践中检验真理和发展真理的内容。一切从实际出发，是贯彻实事求是思想路线的前提和基础；理论联系实际，是贯彻实事求是思想路线的根本途径和方法；在实践中检验真理和发展真理，是贯彻实事求是思想路线的检验标准和目的。在一定意义上，一切从实际出发，理论联系实际，在实践中检验真理和发展真理，是实事求是内涵的三个基本观点。

实事求是还内在地包含着解放思想、与时俱进和求真务实的内容。坚持实事求是，必须解放思想，做到实事求是，必然与时俱进和求真务实。解放思想、与时俱进、求真务实，是党根据不同实践环境和具体任务提出的重点要求，目的和归宿都是实事求是。反映了党的思想路线实质的一脉相承性和实践发展的时代特征。

【自我检测】

（一）单项选择题

1. 1938 年，毛泽东在党的六届六中全会上作的题为《论新阶段》的政治报告中最先提出了（　　）这个命题。

A. 实事求是　　B. 解放思想

C. 反对本本主义　　D. 马克思主义中国化

2. （　　）正式将毛泽东思想确立为党的指导思想并写入党章。

A. 党的六大　　B. 六届六中全会

C. 党的七大　　D. 党的八大

3. 马克思主义中国化，就是将（　　）。

A. 中国革命进程中正反两个方面的实践经验进行科学总结

B. 毛泽东思想作为我们党一切工作的指南

C. 马克思主义作为一种外来思想文化传入中国

D. 马克思主义基本原理同中国具体实际相结合

4. （　　）是中国特色社会主义理论体系的重要思想渊源。

A. 马克思主义　　B. 毛泽东思想

C. 邓小平理论　　D. “三个代表”重要思想

5. （　　）是中国共产党在改革开放历史新时期的伟大实践中，不断坚持和发展马克思主义的结果，是马克思主义中国化的最新成果。

A. 邓小平理论　　B. 中国特色社会主义理论体系

C. “三个代表”　　D. 中国化的马克思主义

6. （　　）是中国特色社会主义理论体系的最新成果。

A. 邓小平理论　　B. 科学发展观

C. “三个代表”重要思想　　D. “四个全面”战略布局

7. 中国共产党领导的革命和建设的实践，是（　　）形成的实践基础。

A. 邓小平理论　　B. 毛泽东思想

C. “三个代表”　　D. 中国特色社会主义理论体系

8. 毛泽东思想形成的时代背景是（　　）。

A. 现代政党发展的新趋势

B. 帝国主义战争与无产阶级革命的时代主题

C. 社会主义兴衰成败的历史经验

D. 国情与党情的新变化

9.（　　）是反映中国新民主主义革命客观规律的完备的理论形态，是毛泽东思想达到成熟的主要标志。

A. 中国化的马克思主义理论　B. 新民主主义革命理论

C. 实事求是的思想路线　　　D. 全心全意为人民服务的奋斗宗旨

10. 1982年，在党的十二大上，邓小平正式提出了（　　）的命题。

A. 什么是社会主义，怎样建设社会主义

B. 建设有中国特色的社会主义

C. 一个中心，两个基本点

D. 如何建设社会主义，如何巩固和发展社会主义

11. 党的十一届三中全会以来，以邓小平为主要代表的中国共产党人，在总结国内外社会主义建设的历史经验特别是改革开放以来的新鲜经验的基础上，初步回答了（　　）这个首要的基本的理论问题。

A. 什么是社会主义，为什么建设社会主义

B. 为什么建设社会主义，怎样建设社会主义

C. 什么是社会主义，怎样建设社会主义

D. 什么是社会主义，建设怎样的社会主义

12. 1992年初，邓小平在（　　）中，从理论上深刻地回答了长期困扰和束缚人们思想的许多重大历史问题，把改革开放和现代化建设推向了新境界。

A. 党的十四大　　B. 党的十五大

C. 党的十三大　　D. 南方谈话

13. 党的十四大对（　　）的主要内容做了系统概述。

A. 建设有中国特色社会主义理论　　B. 改革开放理论

C. 社会主义现代化建设的理论　　D. 两手抓的理论

14. 党的十八大将（　　）确立为党必须长期坚持的指导思想并写入党章。

A. 毛泽东思想　　B. 邓小平理论

C. “三个代表”重要思想　　D. 科学发展观

15. 毛泽东思想和中国特色社会主义理论体系虽然形成于不同的历史时期，面对着不同的历史任务，具有不同的具体内容，但在基本精神上都是一致的，都

坚持（ ）。

A. 解放思想、实事求是和群众路线

B. 解放思想、实事求是和独立自主

C. 解放思想、群众路线和独立自主

D. 实事求是、群众路线和独立自主

16. 对实事求是首先做出马克思主义的解释，并把它确立为中国共产党思想路线的是（ ）。

A. 列宁　　B. 毛泽东

C. 邓小平　　D. 江泽民

17. 马克思主义中国化的各个理论成果的精髓都是（ ）。

A. 实事求是　　B. 改革开放

C. 为人民服务　　D. 群众路线

18. 在“文化大革命”结束后中国向何处去的重大历史关头，邓小平在拨乱反正过程中首先抓住的关键环节是（ ）。

A. 政治路线　　B. 组织路线

C. 思想路线　　D. 行动路线

19. 1978 年邓小平在中央工作会议上作的《解放思想，实事求是，团结一致向前看》的重要讲话，重新确立了党的（ ）。

A. 实事求是的思想路线

B. 解放思想、实事求是的思想路线

C. 解放思想的思想路线

D. 解放思想、实事求是、与时俱进的思想路线

（二）多项选择题

1. 马克思主义必须中国化，其原因是（ ）。

A. 马克思、恩格斯的指导

B. 解决中国问题的需要

C. 马克思主义理论的内在要求

D. 中国革命正反两方面经验的总结

2. 中国共产党在把马克思列宁主义基本原理与中国革命实际相结合的过程中，在学风问题上曾经反对过的两种主要错误倾向是（ ）。

A. 投降主义　　B. 经验主义

C. 教条主义　　D. 冒险主义

3．中国特色社会主义理论体系包括（　　）。

A．毛泽东思想　　B．邓小平理论

C．“三个代表”重要思想　　D．科学发展观

4．毛泽东思想和中国特色社会主义理论体系是中国化了的马克思主义，它们都（　　）。

A．体现了马克思列宁主义的基本原理

B．反映了近代中国的时代要求

C．包含了中国共产党人的实践经验

D．包含了中华民族的优秀思想

5．新时期以来我们取得的一切成绩和进步的根本原因，归结起来就是（　　）。

A．开辟了中国特色社会主义道路

B．坚持了中国化的马克思主义

C．形成了中国特色社会主义理论体系

D．坚持了毛泽东思想

6．中国共产党在领导中国革命、建设和改革的长期实践中，实现了马克思主义同中国实际相结合的两次历史性飞跃，产生了两大理论成果，它们是（　　）。

A．毛泽东思想　　B．邓小平理论

C．科学发展观　　D．中国特色社会主义理论体系

7．“四个全面”的战略布局主要包括（　　）。

A．全面建成小康社会　　B．全面深化改革

C．全面依法治国　　D．全面从严治党

8．邓小平在批判“两个凡是”错误观点时强调解放思想，他所说的解放思想是指（　　）。

A．在马克思主义的指导下，打破习惯势力的束缚，研究新情况，解决新问题

B．在马克思主义的指导下，打破主观偏见的束缚，研究新情况，解决新问题

C．自觉地把思想认识从那些不合时宜的观念做法和体制中解放出来

D．从对马克思主义的错误和教条式的理解中解放出来

9．科学发展观（　　）。

A．强调全面发展　　B．核心是以人为本

C．要求协调发展　　D．根本方法是统筹兼顾

10. 党的思想路线的基本内容是（　）。

A. 实事求是　　　　　　　　　B. 一切从实际出发，理论联系实际

C. 在实践中检验真理和发展真理　D. 独立自主，自力更生

（三）辨析题

1. 马克思主义中国化就是使马克思主义在中国具体化。
2. 毛泽东思想是毛泽东的全部思想的总和。
3. 邓小平理论是对毛泽东思想的修正。
4. “三个代表”重要思想就是“三个代表”的三句话，并不构成一个体系。
5. 实现解放思想与实事求是辩证统一的基础是社会实践。

（四）综合问答题

1. 如何理解马克思主义中国化的科学内涵和重要意义？
2. 如何理解马克思主义中国化两大理论成果的关系？
3. 怎样把握毛泽东思想的主要内容和历史地位？

（五）材料分析题

1. 阅读下列材料回答问题

材料 1

改革开放以来，我国经济社会发展取得了历史性的伟大成就，胜利实现了现代化建设“三步走”战略的第一步、第二步目标，人民生活总体上达到小康水平。但是，现在达到的小康还是低水平的、不全面的、发展很不平衡的小康。党的十六大提出，要在21世纪头20年，集中力量，全面建设惠及十几亿人口的更高水平的小康社会，使经济更加发展、民主更加健全、科教更加进步、文化更加繁荣、社会更加和谐、人民生活更加殷实，并明确提出了经济、政治、文化、社会发展等方面的目标和任务。树立科学发展观，是全面建设小康社会的必然要求。我们要到21世纪中叶实现现代化建设第三步战略目标，基本实现现代化，也必须以科学发展观为指导。

——温家宝：《牢固树立和认真落实科学发展观——在省部级主要领导干部“树立和落实科学发展观”专题研究班结业式上的讲话》

材料 2

改革开放以来的20年，中国保持了强劲的增长。增长给中国人带来的福利是毋庸赘言的，2002年中国农民的年人均纯收入2 476元，城镇居民年人均可支配收入7 703元，扣除物价因素，分别是1978年的53倍和47倍。但是，中国也

为增长付出了沉重的代价。从世界银行2000年底公布的数据看，我国自然资产损失（包括能源耗竭损失、二氧化碳污染损失、矿产耗竭损失、森林耗竭损失等）占GDP的比重惊人，70年代初，占GDP的6%～7%；70年代末到80年代初，这一损失达到峰值，高达GDP的30%。

——《南方周末》2004年3月12日

材料3

深圳市政府宣布要推迟到2010年才初步实现社会主义现代化，为什么要推迟呢？因为深圳的城市社会经济发展的一些重要指标要开始调整。除了GDP之外，他们还提出了关于社会保障覆盖率，关于就业率，关于社会治安案件的破案率，也关于包括城市规划当中规划到位的实现情况，安全生产责任事故等，这些指标的确定意味着不仅仅是组织部门在考核深圳官员，也有老百姓在考核；深圳的发展不仅仅是GDP的增长，还有社会就业等与老百姓利益息息相关的指标。浙江湖州市最近也把社会跟经济协调发展，人民收入水平提高，城乡差距的缩小，以及环境保护等纳入到其对干部的政绩评价指标中。

——《央视国际》（2004年3月1日）

请回答：

（1）根据材料1解释什么是科学的发展观。

（2）根据材料2回答在深化经济体制改革中如何进一步统筹人与自然的和谐发展。

（3）根据材料1、2、3说明如何落实科学的发展观。

2. 根据下列材料回答问题

材料1

马克思主义的“本本”是要学习的，但是必须同我国的实际情况相结合。我们需要“本本”，但是一定要纠正脱离实际情况的本本主义。

怎样纠正这种本本主义？只有向实际情况调查。

——《毛泽东选集》第1卷，第111-112页。

材料2

一个党，一个国家，一个民族，如果一切从本本出发，思想僵化，迷信盛行，那它就不能前进，它的生机就停止了，就要亡党亡国。……只有解放思想，坚持实事求是，一切从实际出发，理论联系实际，我们的社会主义现代化建设才能顺利进行，我们党的马列主义、毛泽东思想的理论也才能顺利发展。

——《邓小平文选》第2卷，第143页。

材料 3

坚持解放思想、实事求是的思想路线，弘扬与时俱进的精神，是党在长期执政条件下保持先进性和创造力的决定性因素。我们党能否始终做到这一点，决定着中国的发展前途和命运。

——江泽民：《在中央党校省部级干部进修班毕业典礼上的讲话》，载 2002 年 6 月 1 日《人民日报》

根据材料请回答问题：

(1) 实事求是思想路线是如何形成、重新确立和丰富发展的？

(2) 解放思想、实事求是、与时俱进和求真务实之间的相互关系是什么？

3. 根据下列材料回答问题

大国复兴需要伟大思想的引领。党的十八大以来，习近平总书记就治国理政提出了一系列新思想、新观点和新论断，成为统一全党共识、凝聚中华民族奋进力量、夺取中国特色社会主义新胜利、实现中华民族伟大复兴中国梦的强大思想武器。2015 年，是全面深化改革的关键之年，也是全面推进依法治国的开局之年。“四个全面”战略思想，应运而生。2014 年 12 月，习近平总书记在江苏调研时，第一次明确提出“四个全面”的总体布局。强调要主动把握和积极适应经济发展新常态，协调推进全面建成小康社会、全面深化改革、全面推进依法治国、全面从严治党，推动改革开放和社会主义现代化建设迈上新台阶。2015 年 2 月，在省部级主要领导干部专题研讨班开班式上，关于“四个全面”，习近平总书记又做了迄今最为明确的说明和界定。“四个全面”战略思想，是以习近平同志为总书记的党中央坚持和发展中国特色社会主义的全新布局。

——《习近平“四个全面”战略思想》《人民网》，2015 年 2 月 27 日

根据材料请回答问题：

(1) 如何理解习近平提出的“四个全面”战略布局的主要内容？

(2)“四个全面”的相互关系是什么？

【参考答案】

(一) 单项选择题

1. D 2. C 3. D 4. B 5. B 6. D 7. B 8. B 9. B 10. B

11. A 12. D 13. A 14. D 15. D 16. B 17. A 18. C 19. A

(二) 多项选择题

1. BCD 2. BC 3. BCD 4. ACD 5. AC

6. AD 7. ABCD 8. AB 9. BD 10. ABC

(三) 辨析题

1. 马克思主义中国化就是使马克思主义在中国具体化。

答：错误。概括地说，马克思主义中国化就是用马克思主义来解决中国的问题，同时又使中国丰富的实践经验上升为理论，以形成具有中国特色、中国风格和中国气派的马克思主义理论。它包括三个方面：

(1) 马克思主义中国化首先是运用马克思主义来解决中国的实际问题，也就是毛泽东强调的“使马克思主义在中国具体化”。(2) 马克思主义中国化是要把中国革命的实践经验提升为理论，也就是毛泽东强调的“使中国革命丰富的实际马克思主义化”。(3) 马克思主义中国化是要把马克思主义同中国的传统文化相结合，也就是毛泽东强调的“使马克思主义和民族的特点相结合，经过一定的民族形式”。

2. 毛泽东思想是毛泽东的全部思想的总和。

答：错误。这个命题的关键是要分清毛泽东思想和毛泽东的思想。(1) 毛泽东思想是中国共产党的指导思想，是被实践证明了的关于中国革命和建设的正确的理论原则和经验总结。毛泽东的全部思想，是毛泽东个人的思想，包括正确的和有些不正确的思想。这些思想和毛泽东的科学体系是有区别的。(2) 毛泽东思想是中国共产党集体智慧的结晶。毛泽东是毛泽东思想的主要创立者；同时，毛泽东之外的其他许多卓越的领导人对毛泽东思想的形成和发展都做出了重要的贡献。总之，毛泽东思想同毛泽东的思想是既有联系又有严格区别的两个不同概念。

3. 邓小平理论是对毛泽东思想的修正。

答：错误。邓小平理论和毛泽东思想的关系，也是继承和发展、坚持和创新相统一的关系。从继承来看，没有毛泽东思想就没有邓小平理论；从发展和创新来看，没有邓小平理论也没有毛泽东思想在当今历史条件下的发展。因此，毛泽东思想孕育和酝酿了邓小平理论的形成，邓小平理论完成了毛泽东思想的升华。在认识和理解毛泽东思想和邓小平理论的关系时，一定要把握一脉相承、继承与发展的关系。

4. “三个代表”重要思想就是“三个代表”的三句话，并不构成一个体系。

答：错误。“三个代表”是对“三个代表”重要思想的集中概括，但“三个代表”重要思想决不仅仅是三句简单的表述，它是一个系统的科学理论体系，有着丰富的内涵。“三个代表”重要思想在形成和发展中，紧密结合新的实践，把治党和治国、执政和为民结合起来，在改革发展稳定、内政外交国防、治党治国治军各个方面，提出了一系列紧密联系、相互贯通的新思想、新观点、新论断。

5. 实现解放思想与实事求是辩证统一的基础是社会实践。

答：正确。解放思想、实事求是就是要使主观与客观、思想与实际相符合，但主观是否符合客观，思想是否符合实际，只能通过社会实践来加以检验。实践是检验真理的唯一标准。解放思想和实事求是都必须通过社会实践来实现。坚持和贯彻解放思想、实事求是的思想路线必须自觉树立辩证唯物主义的实践第一的观点。

(四) 综合问答题

1. 如何理解马克思主义中国化的科学内涵和重要意义？

答：马克思主义中国化，就是将马克思主义的基本原理同中国的具体实际相结合，不断形成具有中国特色的马克思主义理论成果的过程。其科学内涵：一是马克思主义在指导中国革命、建设和改革的实践中实现具体化。二是把中国革命、建设和改革的实践检验和历史经验上升为马克思主义。三是把马克思主义根植于中国的优秀文化之中。

重要意义：马克思主义中国化的理论成果指引着党和人民的伟大事业不断取得胜利；马克思主义中国化的理论成果提供了凝聚全党全国各族人民的强大精神支柱；马克思主义中国化倡导了对待马克思主义的科学态度和学风，开拓着马克思主义在中国发展的新境界。

2. 如何理解马克思主义中国化两大理论成果的关系？

答：马克思主义中国化两大理论成果是一脉相承又与时俱进的。

(1) 毛泽东思想是中国特色社会主义理论体系的思想渊源。毛泽东思想所蕴含的马克思主义的立场、观点和方法，为中国特色社会主义理论体系提供了基本遵循；毛泽东思想关于社会主义建设的理论，为开创和发展中国特色社会主义做了重要的理论准备。

(2) 中国特色社会主义理论体系在新的历史条件下进一步丰富和发展了毛泽东思想。它在认真总结中国社会主义建设历史经验和最新经验基础上，创造性地提出了一系列新思想、新观点、新论断，进一步丰富和发展了马克思列宁主义、毛泽东思想。

(3) 两大理论成果都是马克思主义在中国运用和发展。作为马克思主义中国化的两大理论成果，它们有着共同的“根”——马克思列宁主义。二者都属于马克思主义科学体系。在当代中国，坚持中国特色社会主义理论体系，就是真正坚持马克思列宁主义、毛泽东思想。

3. 怎样把握毛泽东思想的主要内容和历史地位？

答：马克思主义中国化的第一个重大理论成果是毛泽东思想。它是马克思列宁主义在中国的运用和发展，是被实践证明了的关于中国革命和建设的正确的理论原则和经验总结，是中国共产党集体智慧的结晶。

毛泽东思想有着丰富的内容：新民主主义革命的理论、社会主义革命和社会主义建设的理论、革命军队建设和军事战略的理论、政策和策略的理论、思想政治工作和文化工作的理论、党的建设理论，还有关于国际战略和外交工作的理论，关于思想方法和工作方法的理论等。毛泽东思想的活的灵魂，即实事求是，群众路线，独立自主，是贯穿于上述各个理论组成部分的立场、观点和方法。

毛泽东思想的历史地位：是马克思主义中国化第一次历史性飞跃的理论成果；是中国革命和建设的科学指南；是党和人民的宝贵精神财富。

总之，“四个全面”战略布局是党坚持和发展中国特色社会主义的新实践成果，是对党治国理政经验的科学总结和丰富发展，集中体现了时代和实践发展对党和国家工作的新要求，是实现中华民族伟大复兴的中国梦、续写中国特色社会主义新篇章的行动纲领。

（五）材料分析题

1. 答案要点：

（1）科学发展观的实质是要实现经济社会更快更好的发展，就是要坚持以人为本，全面、协调、可持续发展。坚持以人为本，就是要以实现人的全面发展为目标，从人民群众的根本利益出发谋发展、促发展，不断满足人民群众日益增长的物质文化需要，切实保障人民群众的经济、政治和文化权益，让发展的成果惠及全体人民。全面发展，就是要以经济建设为中心，全面推进经济、政治、文化建设，实现经济发展和社会全面进步。协调发展，就是要统筹城乡发展、统筹区域发展、统筹经济社会发展、统筹人与自然和谐发展、统筹国内发展和对外开放，推进生产力和生产关系、经济基础和上层建筑相协调，推进经济、政治、文化建设的各个环节、各个方面相协调，可持续发展，就是要确保促进人与自然的和谐，实现经济发展和人口、资源、环境相协调，坚持走生产发展、生活富裕、生态良好的文明发展道路，保证一代接一代地永续发展。

（2）科学发展观中极重要的一条，就是要求落实到加强对自然资源的合理开发利用，保护生态环境，促进人与自然的和谐发展上来。统筹人与自然和谐发展的关键在于在实现经济社会发展的同时，逐步提高资源的利用效率，保护人类赖以生存和发展的生态环境；以新的指标体系来衡量社会经济的发展，考核各级干部；要完善市场经济体制，使得各种资源的价格充分反映生态、资源和环境的真实成本，让污染者、资源开发和使用者承担环境和生态破坏的损失、资源耗竭的成本，从而减少资源的浪费和对生态环境的破坏等。

(3) 树立和落实科学发展观，要注意把握好以下几个问题：必须始终坚持以经济建设为中心，聚精会神搞建设，一心一意谋发展；必须在经济发展的基础上，推动社会全面进步和人类全面发展，促进社会主义物质文明、政治文明、精神文明协调发展；必须着力提高经济增长的质量和效益，努力实现速度和结构、质量、效益相统一，经济发展和人口、资源、环境相协调，不断保护和增强发展的可持续性；必须坚持理论和实际相结合，因地制宜、因时制宜地把科学发展观的要求贯穿于各方面的工作。

2. 答案要点：

(1) ①毛泽东是党的实事求是思想路线的主要创立者。毛泽东在1929年第一次使用了“思想路线”这一概念；他在《反对本本主义》中初步界定了中国共产党人的思想路线的基本含义。他在《实践论》和《矛盾论》等著作中对党的思想路线作了系统的哲学论证；1938年，他借用我国古代成语“实事求是”来提倡马克思主义与中国实际相结合的科学态度；他在《改造我们的学习》的报告中对实事求是的科学含义作了马克思主义的界定。此后，经过延安整风和党的七大，实事求是的思想路线在全党得到了确立。②实事求是思想路线的重新确立和发展。“文化大革命”结束后，在重新确立实事求是的思想路线和推进改革开放的历史进程中，邓小平进一步丰富和发展了实事求是的思想路线。1980年，邓小平对党的思想路线的内容作了概括。江泽民指出：解放思想，实事求是，是邓小平创立的“建设有中国特色社会主义理论”的精髓；他强调马克思主义最重要的品质是与时俱进；他明确地提出：坚持党的思想路线，解放思想、实事求是、与时俱进，是我们党坚持先进性和增强创造力的决定性因素。胡锦涛强调：必须大力弘扬求真务实精神，大兴求真务实之风；提出解放思想是发展中国特色社会主义的一大法宝。

(2) ①实事求是是党的思想路线的核心，内在地包含着解放思想、与时俱进和求真务实的内容。坚持实事求是，必须解放思想；做到实事求是，必然与时俱进和求真务实。②解放思想、与时俱进和求真务实是党的思想路线的基本要求，其目的与归宿都是实事求是。③党的思想路线四句话内容，既一脉相承、又体现结合实践发展的时代特征。

3. 答案要点：

(1)“四个全面”重大战略思想内涵丰富，具有严密的内在逻辑，明确了当前和今后一个时期党和国家各项工作的主攻方向、重点领域和关键环节。深刻领会“四个全面”的科学内涵，对我们做好改革发展稳定的各项工作具有重要的现实意义。

第一，全面建成小康社会，是党的十八大提出和确定的重大战略任务，是我们党在现阶段的具体奋斗目标。党的十八大综观国际国内大势，指出我国发展仍处于可以大有作为的重要战略机遇期，我们党要准确判断重要战略机遇期内涵和条件的变化，全面把握机遇，沉着应对挑战，赢得主动，赢得优势，赢得未来，确保到 2020 年实现全面建成小康社会宏伟目标。

第二，全面深化改革，是我国经济和社会发展的强大动力，是党的十八届三中全会的主题，是关系党和国家事业发展全局的重大战略部署。党的十八届三中全会审议通过了《中共中央关于全面深化改革若干重大问题的决定》，深刻剖析了我国改革发展稳定面临的重大理论和实践问题，阐明了全面深化改革的重大意义和发展方向，概括了改革开放成功实践的重要经验，提出了全面深化改革的指导思想、目标任务、重大原则，是我们党在新的历史起点上全面深化改革的科学指南和行动纲领。

第三，全面推进依法治国，是党的十八届四中全会的主题，是坚持和发展中国特色社会主义的重要保障，是实现国家治理体系和治理能力现代化的必然要求。党的十八届四中全会通过了《中共中央关于全面推进依法治国若干重大问题的决定》。这是党的中央全会第一次专门研究法治建设问题。《决定》旗帜鲜明地提出坚持走中国特色社会主义法治道路、建设中国特色社会主义法治体系、建设社会主义法治国家，对全面推进依法治国做出了具体部署，全面回应了人民群众的关切和期待。

第四，全面从严治党，是我们党的建设的优良传统和基本经验，是我们党应对国际国内风险考验、完成党的执政使命的客观需要，是保持党的先进性纯洁性、巩固党的执政地位的必然要求。办好中国的事情，关键在党，关键在人。我们党担负着团结带领全国各族人民全面建成小康社会、推进社会主义现代化、实现中华民族伟大复兴“中国梦”的历史重任，是中国特色社会主义事业的坚强领导核心。从严治党是我们党立党、治党、管党的基本方针和一贯坚持的基本原则。

(2) 习近平在十八届四中全会上强调，全面建成小康社会、全面深化改革、全面依法治国有其紧密的内在逻辑。全面建成小康社会、全面深化改革，都离不开全面依法治国，全面深化改革、全面依法治国如鸟之两翼、车之两轮，共同推动全面建成小康社会的事业滚滚向前。而全面从严治党体现了伟大事业与伟大工程的统一，体现了党的建设与治国理政的统一。只有全面从严治党，才能使我们党始终在全面建成小康社会、全面深化改革、全面依法治国中发挥好领导核心作用，以保证正确方向、形成强大合力。统筹全面建成小康社会、全面深化改革、全面依法治国、全面从严治党，是前无古人的伟大事业，是艰巨繁重的系统工程，必须加强党中央的集中统一领导。

【延伸阅读】

习近平关于“四个全面”的重要论述摘要

全面建成小康社会，最艰巨最繁重的任务在农村、特别是在贫困地区。没有农村的小康，特别是没有贫困地区的小康，就没有全面建成小康社会。中央对扶贫开发工作高度重视。各级党委和政府要增强做好扶贫开发工作的责任感和使命感，做到有计划、有资金、有目标、有措施、有检查，大家一起来努力，让乡亲们都能快点脱贫致富奔小康。

——《习近平到河北阜平看望慰问困难群众讲话》(2012 年 12 月 29 日)

改革开放是党在新的历史条件下领导人民进行的新的伟大革命，是决定当代中国命运的关键抉择。中国特色社会主义之所以具有蓬勃生命力，就在于是实行改革开放的社会主义。我国过去 30 多年的快速发展靠的是改革开放，我国未来发展也必须坚定不移依靠改革开放。只有改革开放才能发展中国、发展社会主义、发展马克思主义。中国特色社会主义在改革开放中产生，也必将在改革开放中发展壮大。

——《全面贯彻落实党的十八大精神要突出抓好六个方面工作》
2012 年 11 月 15 日，《求是》2013 年第 1 期

中国特色社会主义制度，坚持把根本政治制度、基本政治制度同基本经济制度以及各方面体制机制等具体制度有机结合起来，坚持把国家层面民主制度同基层民主制度有机结合起来，坚持把党的领导、人民当家做主、依法治国有机结合起来，符合我国国情，集中体现了中国特色社会主义的特点和优势，是中国发展进步的根本制度保障。

——2012 年 11 月 17 日，《紧紧围绕坚持和发展中国特色
社会主义学习宣传贯彻党的十八大精神》

党坚强有力，党同人民保持血肉联系，国家就繁荣稳定，人民就幸福安康。形势的发展、事业的开拓、人民的期待，都要求我们以改革创新精神全面推进党

的建设新的伟大工程，全面提高党的建设科学化水平。治国必先治党，治党务必从严。

——2012年11月17日，习近平在中共中央政治局第一次集体学习时指出

【参考文献】

[1]《关于建国以来党的若干历史问题的决议》，《三中全会以来重要文献选编版》（下），人民出版社1982年版。

[2] 邓小平：《高举毛泽东思想旗帜，坚持实事求是原则》，《邓小平文选》第2卷，人民出版社1994年版。

[3] 江泽民：《高举邓小平理论伟大旗帜，把建设有中国特色社会主义事业全面推向二十一世纪》，《江泽民文选》第2卷，人民出版社2006年版。

[4] 胡锦涛：《在学习〈江泽民文选〉报告会上的讲话》，《十六大以来重要文献选编》（下），中央文献出版社2008年版。

[5] 胡锦涛：《坚定不移沿着中国特色社会主义道路前进 为全面建成小康社会而奋斗——在中国共产党第十八次全国代表大会上的报告》，人民出版社2012年版。

[6] 习近平：《关于中国特色社会主义理论体系的几点学习体会和认识》，《求是》2008年第7期。

[7] 习近平：《坚持实事求是的思想路线》，《学习时报》2012年5月28日。

[8] 习近平：《紧紧围绕坚持和发展中国特色社会主义深入学习宣传贯彻党的十八大精神》，《人民日报》2012年11月19日。

[9] 中共中央宣传部：《中国特色社会主义学习读本》，学习出版社2013年版。

第二章

新民主主义革命理论

【教学目的与要求】

通过本章的教学使学生了解近代中国国情及时代特征，理解新民主主义革命的总路线、新民主主义的政治、经济和文化纲领，掌握中国革命走农村包围城市、武装夺取政权道路的必然性和重大意义，以及统一战线、武装斗争、党的建设是新民主主义革命胜利的基本经验。

【教学内容】

新民主主义革命的理论是中国共产党在分析近代中国国情和时代特征的基础上，对中国革命实践经验的概括和总结。近代中国社会性质和主要矛盾决定了中国革命的首要任务是推翻帝国主义、封建主义和官僚资本主义的统治。中国共产党创立和运用独具特色的新民主主义革命理论，指导中国革命取得了伟大胜利。

【教学重点与难点】

学习重点：

1. 近代中国国情和中国革命的时代特征。
2. 新民主主义革命的总路线、基本纲领、基本经验。

学习难点：

1. 新民主主义革命理论是对中国革命经验的概括和总结。
2. 新民主主义革命的道路。

【难点问题解析】

一、近代中国的社会性质与基本特点是什么？

近代中国社会的性质是半殖民地、半封建社会。其主要特点是：

第一，帝国主义侵略势力成为统治中国的太上皇。

第二，中国的封建势力与帝国主义侵略势力相互勾结，成为其统治和奴役中国的社会基础。

第三，封建社会自给自足的自然经济的基础被破坏了，但封建剥削的根基依旧保留着，并同买办资本和高利贷资本结合在一起，在中国的社会经济生活中，占据着明显的优势。

第四，民族资本主义有了某些发展，但始终没有成为中国经济上的主要形式。

第五，中国政治、经济、文化的发展表现出极端的不平衡。

第六，在帝国主义和封建主义的双重压迫下，中国人民经济上的贫困和政治上不自由的程度，是世界上很少见的。

二、新民主主义革命的总路线、基本纲领、基本经验

（1）新民主主义革命的总路线

新民主主义革命的总路线是党在民主革命时期的政治路线，其内容主要是：无产阶级领导的，人民大众的，反对帝国主义、封建主义和官僚资本主义的革命。

（2）新民主主义的基本纲领

新民主主义的政治纲领：推翻帝国主义和封建主义的统治，建立一个无产阶级领导的、以工农联盟为基础的、各革命阶级联合专政的新民主主义的共和国。

新民主主义的经济纲领：没收封建地主阶级的土地归农民所有，没收官僚资产阶级的垄断资本归新民主主义的国家所有，保护民族工商业。

新民主主义的文化纲领：无产阶级领导的人民大众的反帝反封建的文化。即民族的科学的大众的文化。

（3）新民主主义革命的基本经验

统一战线、武装斗争和党的建设是中国新民主主义革命的三大法宝，是新民主主义革命的胜利的基本经验。毛泽东指出，统一战线和武装斗争，是战胜敌人的两个基本武器。统一战线，是实行武装斗争的统一战线，武装斗争是统一战线的武装斗争。而党的组织是掌握这两个武器以实现对敌冲锋陷阵的英勇战士。正确地理解了这三个问题及其相互关系，就等于正确地领导了中国革命。

【自我检测】

（一）单项选择题

1. 1939 年，毛泽东第一次明确提出“新民主主义”这一命题的文章是（　　）。
   A. 《新民主主义论》　B. 《中国革命和中国共产党》
   C. 《五四运动》　D. 《〈共产党人〉发刊词》
2. 主张将民主革命和社会主义革命“毕其功于一役”的主要代表是（　　）。
   A. 陈独秀　B. 瞿秋白
   C. 王明　D. 张国焘
3. 中国共产党明确提出反帝反封建民主革命纲领的会议是（　　）。
   A. 中共一大　B. 中共二大
   C. 中共三大　D. 中共四大
4. 新民主主义的政治目标是（　　）。
   A. 实现共产主义
   B. 推动资本主义
   C. 建立无产阶级专政的共和国
   D. 建立无产阶级领导的各革命阶级联合专政的民主共和国
5. 中国近代民主革命的主力军是（　　）。
   A. 工人阶级　B. 知识分子
   C. 农民阶级　D. 资产阶级
6. 毛泽东明确地把官僚资本主义列为新民主主义革命对象之一的著作是（　　）。
   A. 《中国革命和中国共产党》　B. 《论人民民主专政》
   C. 《新民主主义论》　D. 《在晋绥干部会议上的讲话》
7. 新民主主义革命总路线的核心是（　　）。
   A. 无产阶级的领导　B. 人民大众的参与
   C. 反帝反封建　D. 建立统一战线
8. 新民主主义革命的指导思想是（　　）。
   A. 新三民主义　B. 三大政策
   C. 马克思主义　D. 新民主主义
9. 新民主主义国家的政体是（　　）。
   A. 政治协商制　B. 民主集中制的人民代表大会制

C. 多党合作制　　D. 新的议会制

10. 新民主主义社会的国体是（　　）。

A. 工农联合专政　　B. 无产阶级专政

C. 资产阶级专政　　D. 几个革命阶级的联合专政

11. 新民主主义革命的前途是（　　）。

A. 建立新的资本主义制度　　B. 经过新民主主义过渡到社会主义

C. 建立社会主义社会　　D. 实现共产主义

12. 实现无产阶级领导权的根本保证是（　　）。

A. 坚持独立自主的原则　　B. 建立广泛的革命统一战线

C. 建立强大的革命武装　　D. 加强无产阶级政党的建设

13. 毛泽东完整地提出新民主主义革命总路线和总政策的著作是（　　）。

A.《中国社会各阶级的分析》　　B.《新民主主义论》

C.《在晋绥干部会议上的讲话》　　D.《论人民民主专政》

14. 近代中国贫穷落后的总根源，也是阻碍中国社会发展的根本原因是（　　）。

A. 帝国主义侵华　　B. 封建主义的统治

C. 科学技术落后　　D. 社会制度腐败

15. 近代中国革命的两大历史任务是（　　）。

A. 进行反帝反封建的民族民主革命，求得民族独立和人民解放

B. 推翻资本主义统治，实现共产主义社会

C. 求得民族独立和人民解放，实现国家繁荣富强和人民共同富裕

D. 发展生产力，使我国由农业国转变为工业国

16. 中国旧民主主义革命与新民主主义革命的根本区别是（　　）。

A. 时代条件不同　　B. 领导阶级不同

C. 指导思想不同　　D. 革命前途不同

17. 中国革命的主要对象是（　　）。

A. 帝国主义　　B. 帝国主义、封建主义

C. 官僚资本主义　　D. 帝国主义、封建主义、官僚资本主义

18. 新民主主义革命的直接目标是（　　）。

A. 推翻帝国主义、封建主义和官僚资本主义的统治，建立新民主主义共和国

B. 建立资产阶级共和国

C. 建立社会主义社会

D. 建立无产阶级专政的共和国

19. 导致近代中国落后挨打的内在原因是（　　）。

A. 帝国主义侵略　　B. 封建主义的统治

C. 资本主义的统治　　D. 科学技术落后

20. 中国革命的最广大的动力是（　　）。

A. 工人、农民、小资产阶级、民族资产阶级

B. 小资产阶级

C. 无产阶级

D. 贫农（包括雇农）

（二）多项选择题

1. 中国新民主主义革命的动力包括（　　）。

A. 农民阶级　　B. 城市小资产阶级

C. 工人阶级　　D. 民族资产阶级

2. 中国共产党的新民主主义革命的三大经济纲领是（　　）。

A. 没收封建阶级的土地归农民所有

B. 没收官僚垄断资本归新民主主义国家所有

C. 建立集体所有制经济

D. 保护民族工商业

3. 新民主主义社会的经济构成包括（　　）。

A. 国有经济和合作社经济　　B. 个体经济

C. 私人资本主义经济　　D. 国家资本主义经济

4. 新民主主义的文化是（　　）。

A. 共产主义思想领导的文化　　B. 民族的文化

C. 科学的文化　　D. 大众的文化

5. 新民主主义革命的对象是（　　）。

A. 帝国主义　　B. 封建主义

C. 买办资产阶级　　D. 民族资产阶级

6. 中国半殖民地半封建社会是一个“两头小中间大”的社会，“两头小”指的是（　　）。

A. 农民　　B. 城市小资产阶级

C. 无产阶级　　D. 大地主大资产阶级

7. 近代以来中华民族面对的两大历史任务，一个是求得民族独立和人民解放，一个是实现国家的繁荣富强和人民的共同富裕。这两大任务的相互关系是（　　）。

A. 两者的主题、内容与实现方式各不相同，不能相互替代

B. 两者又息息相关，不能分离

C. 前一任务为后一任务扫清障碍，创造必要的前提

D. 后一任务是前一任务的最终目的与必然要求

8. 新旧民主主义革命的区别在于（　　）。

A. 领导阶级　　B. 时代条件

C. 指导思想　　D. 革命前途

9. 新民主主义总路线包括的具体内容有（　　）。

A. 革命对象　　B. 革命动力

C. 革命领导权　　D. 革命性质

10. 中国革命的对象是（　　）。

A. 帝国主义　　B. 封建主义

C. 官僚资本主义　　D. 民族资本主义

11. 中国革命之所以要反对官僚资本主义，是因为（　　）。

A. 它严重阻碍了中国社会经济的发展

B. 它与外国帝国主义、本国地主和旧式富农密切结合着

C. 四大家族官僚资本是国民党反动统治的经济基础

D. 它具有买办性、封建性、垄断性

12. 毛泽东在新民主主义革命总路线中所说的“人民大众”，即新民主主义革命的动力是指（　　）。

A. 无产阶级　　B. 农民阶级

C. 小资产阶级　　D. 民族资产阶级

13. 中国革命的基本问题是农民问题，这是由于（　　）。

A. 在半殖民地半封建的中国，农民占人口绝大多数，具有很强的革命性

B. 无产阶级对农民的领导，是中国革命中无产阶级领导的中心问题

C. 农民是无产阶级最可靠的同盟军，与无产阶级有天然的联系

D. 农民是中国革命的主力军

14. 新民主主义革命必须由无产阶级领导（实质是共产党领导），这是（　　）。

A. 由无产阶级的特性决定的

B. 由中国革命的历史要求决定的

C. 毛泽东对马克思列宁主义关于无产阶级在民主革命中领导权思想的发展

D. 区分新旧民主主义革命的根本标志，是中国革命成败的关键

15. 中国共产党在中国革命中战胜敌人的三个法宝是（ ）。

A. 统一战线　　　　B. 土地革命

C. 武装斗争　　　　D. 党的建设

（三）辨析题

1. 在中国民族民主革命中，无产阶级是革命的“天然领导者”。
2. 中国民族资产阶级是一个具有革命性的阶级。
3. 中国新民主主义革命的任务是反对帝国主义、封建主义和资本主义。
4. 中国共产党领导的武装斗争实质上就是农民革命战争。
5. 农民问题是中国革命的中心问题，因此，农民是中国革命的天然领导者。
6. “工农武装割据”是中国革命的重要内容和主要形式。

（四）综合问答题

1. 近代中国社会的主要矛盾和革命任务分别是什么？
2. 中国无产阶级及其政党如何实现对各革命阶级的领导？
3. 中国民族资产阶级的两重性是什么？
4. 毛泽东提出的关于中国革命三大法宝及其相互关系是什么？
5. 农村包围城市、武装夺取政权道路理论的伟大意义是什么？

（五）材料分析题

1. 以下材料是陈独秀对中国革命基本问题的一些观点：

材料 1

无产阶级客观的力量是随着资产阶级之发达而发达的，殖民地半殖民地的资产阶级既然不能成为一个独立的革命势力，无产阶级便更不用说了。……工人阶级在国民革命中固然是主要分子，然亦只是重要分子而不是独立的革命势力，概括说起来，是因为殖民地、半殖民地产业还未发达，连资产阶级都很幼稚，工人阶级在客观上更是幼稚。详细说起来，产业幼稚的中国，工人阶级不但在数量上很幼稚，而且在质量上也很幼稚；……所以不能成为一个独立的革命势力。……农民占中国人口之大多数，自然是国民革命之伟大势力，中国之国民革命若不得农民之加之，终不能成为一个大的民众革命。但是农民居处散漫，势力不易集中，文化低，生活欲望简单，易于趋向保守，中国土地广大易于迁徙被难苟安。这三种环境是造成农民难以加入革命运动的原因。……殖民地半殖民地的各社会阶级固然一体幼稚，然而资产阶级的力量究竟比农民集中，比工人雄厚，因此国民运动若轻视了资产阶级，是一个很大的错误观点。

——摘自陈独秀：《中国国民革命与社会各阶级》

（1993 年 12 月 1 日）原载《前锋》第 2 期

材料 2

国民革命的性质虽然是资产阶级的革命，他的胜利虽然是资产阶级的胜利，然而革命运动中的形式及要求都只有一个国民革命，这种特殊形式的革命，本是殖民地半殖民地的政治经济状况所自然演成的。……在普通形势之下，国民革命的胜利，自然是资产阶级的胜利。……国民革命成功后，在普遍形势之下，自然是资产阶级握得政权；但彼时若有特殊的环境，也许有新的变化，工人阶级在彼时若能获得若干政权，乃视工人阶级在革命中的势力至何程度及世界的形势而决定。……但是这种未来机会我们没有预计的可能，也并没有预计的必要，现在只有一心不乱的干国民革命。

——摘自陈独秀：《中国国民革命与社会各阶级》

（1993 年 12 月 1 日）原载《前锋》第 2 期

材料 3

无产阶级也明明知道此种民主革命的成功诚然是资产阶级的胜利，然幼稚的无产阶级目前只有在此胜利之奋斗中才有获得若干自由及扩大自己能力之机会，所以和革命的资产阶级合作，也是中国无产阶级目前必由之路。……中国国民党目前的使命及进行的正轨应该是：统率革命的资产阶级，联合革命的无产阶级，实现资产阶级的民主革命。

——摘自陈独秀《资产阶级革命与革命的资产阶级》

（1923 年 4 月 25 日）原载《向导》第 22 期

请回答：

（1）根据材料 1，陈独秀对参加国民革命的几个主要阶级的观点是什么？

（2）根据材料 2，陈独秀是如何分析中国民主革命的性质和前途的？

（3）综合材料 1～3，分析陈独秀关于中国革命基本问题的理论及实质。

2. 阅读下列材料，请结合所学知识分析材料回答问题。

材料 1

“观察过去及现在的革命运动，确是资产阶级的民主革命，而且我们也应该希望他能成为一个实实在在的资产阶级的民主革命”、“因此，我们以为国民党应该明白觉悟负了中国历史上资产阶级民主革命的使命，这在革命运动中，不可有拒绝资产阶级之‘左’倾的观念，……我们也知道中国资产阶级势力的微弱，尚不足克服封建军阀及国际帝国主义，所以使革命党易于采用右倾的妥协政策”、“无产阶级也明明知道此种民主革命的成功诚然是资产阶级的胜利，然而幼稚的无产阶级目前只有在此胜利之奋斗中才有获得若干自由及扩大自己能力之机会，所以和革命的资产阶级合作，也是中国无产阶级目前必由之路”、“总括起来说：

在每个革命运动中，浪漫的‘左’倾观念和妥协的右倾观念都能妨碍革命的进行；中国国民党目前的使命及进行的正轨应该是：统帅革命的资产阶级，联合革命的无产阶级，实现资产阶级的民主革命”。

——摘自陈独秀：《资产阶级的革命和革命的资产阶级》

材料 2

“中国现时确实还是处在资产阶级民权革命的阶段。中国彻底的民权主义革命的纲领，包括对外推翻帝国主义，求得彻底的民族解放；对内肃清买办阶级在城市的势力，完成土地革命，消灭乡村的封建关系，推翻军阀政府。必定要经过这样的民权主义革命，方能造成过渡到社会主义的真正基础。”

——摘自毛泽东：《井冈山的斗争》（1928 年 11 月 25 日）

材料 3

“中国革命的现时阶段依然是资产阶级民主主义性质的革命，不是无产阶级社会主义性质的革命，这是十分明显的。”“革命的动力，基本上依然是工人、农民和城市小资产阶级，现在则可能增加一个民族资产阶级。”“革命的转变，那是将来的事。在将来，民主主义的革命必然要转变为社会主义的革命。”

——摘自毛泽东：《论反对日本帝国主义的策略》（1935 年 12 月）

材料 4

“中国革命的历史特点是分为民主主义和社会主义两个步骤，而其第一步现在已不是一般的民主主义，而是中国式的、特殊的、新式的民主主义，而是新民主主义。”“很清楚的，中国现时社会的性质，既然是殖民地、半殖民地、半封建的性质，它就决定了中国革命必须分为两个步骤。第一步，改变这个殖民地、半殖民地、半封建的社会形态，使之变成一个独立的民主主义的社会。第二步，使革命向前发展，建立一个社会主义的社会。”

——摘自毛泽东：《新民主主义论》（1940 年 1 月）

根据材料请回答问题：

（1）结合材料 1 分析材料 2 和 3 中毛泽东关于中国民主革命的动力和性质的观点。

（2）结合材料 1 分析材料 3 和 4 中毛泽东关于中国革命发展阶段的观点。

【参考答案】

（一）单项选择题

1. B　2. C　3. B　4. D　5. C　6. D　7. A　8. C　9. B　10. D
11. B　12. D　13. C　14. A　15. C　16. B　17. D　18. A　19. B　20. A

（二）多项选择题

1. ABCD	2. ABD	3. ABCD	4. ABCD	5. ABC
6. CD	7. ABCD	8. ABCD	9. ABCD	10. ABC
11. ABCD	12. ABCD	13. ABCD	14. ABCD	15. ACD

（三）辨析题

1. 在中国民族民主革命中，无产阶级是革命的“天然领导者”。

答：错误。一般的革命规律是：资产阶级民主革命由资产阶级及其政党领导，无产阶级革命由无产阶级及其政党领导。中国资产阶级应当担负起反帝反封建的民族民主革命的领导重任，但由于其自身的软弱性和妥协性，它终究没有能力担负起中国革命的领导责任，资本主义道路在中国行不通。中国革命客观上要求有新的领导阶级，走新的道路。中国无产阶级顺应时代要求，加之自身特殊优点，必然担负起领导中国革命的重任，成为中国革命的领导阶级、一个特别能战斗的最革命的阶级。领导者并非天然地属于无产阶级，中国民主革命的实践证明，无产阶级及其政党是通过不断的斗争来实现对民主革命的领导权的。

2. 中国民族资产阶级是一个具有革命性的阶级。

答：错误。中国民族资产阶级的特点，就是它的两面性，一方面遭受外国资本主义的排挤、打击和本国封建势力的摧残、压迫，具有反帝反封建的要求；另一方面，它在不同程度上又同外国资本主义和本国的封建势力有着千丝万缕的联系，因而又缺乏彻底的反帝反封建的勇气。中国民族资产阶级这种既有革命性，又有妥协性的特点，是由民族资产阶级产生的半殖民地半封建社会条件尤其是脆弱的经济条件所决定的。

3. 中国新民主主义革命的任务是反对帝国主义、封建主义和资本主义。

答：错误。旧中国是一个半殖民地半封建社会，帝国主义和封建主义阻碍了中国生产力的发展，是中国革命的对象。官僚资本主义是凭借地主买办资产阶级专政的国家政权力量而发展起来的国家垄断资本主义，是中国反动和落后的生产关系，阻碍中国社会生产力的发展，也是中国革命的对象。因此，中国新民主主义革命的任务是反对帝国主义、封建主义和官僚资本主义。中国的资本主义分为官僚资本主义和民族资本主义两部分。中国民主革命不是一般地反对资本主义。因此，不区别官僚资本主义和民族资本主义，就是混淆了民主革命和社会主义革命的界限。

4. 中国共产党领导的武装斗争实质上就是农民革命战争。

答：正确。中国共产党领导的武装斗争实质是农民革命战争，主要由中国资产阶级民主革命的性质和中国革命的长期性所决定。中国是一个政治经济发展极不平衡的半殖民地半封建社会，决定了农民是中国社会反帝反封建的主力军；广大农村是中国革命走向胜利的主要战略基地，反革命的力量对农村的控制相对薄弱；中国共产党要积蓄和锻炼力量，避免在力量不够时与强大敌人作决定胜负的战斗，那就必须领导农民，把落后的农村建成先进的根据地。事实上，人民军队的产生和发展是依靠农村、农民、根据地建设。中国的武装斗争正是同无产阶级领导下的土地革命相结合，发动农民支持和参加革命战争，才形成人民战争取之不竭的力量源泉。

5. 农民问题是中国革命的中心问题，因此，农民是中国革命的天然领导者。

答：错误。农民是中国的主力军，农民问题是中国革命的中心问题。但是由于农民不是先进生产力的代表，受到教育水平的制约，没有科学的思想作指导，这些阶级局限性决定了中国的农民不能领导中国的民族民主革命。而中国的无产阶级是受压迫最深、有觉悟，最有组织性、纪律性，革命最坚决最彻底的阶级，是新的生产力的代表，中国革命只能由无产阶级来领导。

6. “工农武装割据”是中国革命的重要内容和主要形式。

答：错误。中国半殖民地半封建社会的国情决定中国的新民主主义革命必须坚持走农村包围城市的道路，坚持工农武装割据。“工农武装割据”即在中国共产党领导下，以土地革命为主要内容，以武装斗争为主要形式，以农村革命根据地为战略阵地的三者紧密结合。工农武装割据是半殖民地中国在无产阶级领导之下的农民斗争的最高形式和半殖民地农民斗争发展的必然结果，是促进全国革命高潮的最重要因素，是新民主主义革命的重要内容和主要形式。

（四）综合问答题

1. 近代中国社会的主要矛盾和革命任务分别是什么？

答：近代中国社会的主要矛盾是：帝国主义同中华民族的矛盾，封建主义同人民大众的矛盾，其中帝国主义与中华民族的矛盾是最主要的矛盾。

近代中国革命的两大任务是：对外推翻帝国主义的统治，实现国家民族独立和人民解放；对内推翻封建主义和官僚资本主义统治，实现国家富强和人民幸福，走现代化道路。

2. 中国无产阶级及其政党如何实现对各革命阶级的领导？

答：（1）必须建立以工农联盟为基础的广泛的统一战线，这是实现领导权的关键。中国新民主主义革命实质就是无产阶级领导下的农民革命。（2）在同资产阶级建立统一战线时必须坚持独立自主的原则，保持党在思想、政治、组织上的独立性，实行又联合又斗争的方针。这是坚持领导权的基本策略。（3）必须建立和发展人民的革命武装力量。这是保持领导权的坚强支柱。（4）坚强无产阶级政党建设，是实现领导权的根本保证。

3. 中国民族资产阶级的两重性是什么？

答：中国民族资产阶级的两重性是：一方面遭受外国资本主义的排挤、打击和本国封建势力的摧残、压迫，具有反帝反封建的要求，具有革命的一面；另一方面，在不同程度上又同外国资本主义和本国的封建势力有着千丝万缕的联系，因而又缺乏彻底的反帝反封建的勇气，具有软弱性、妥协性和革命的不彻底性。

4. 毛泽东提出的关于中国革命三大法宝及其相互关系是什么？

答：毛泽东提出的关于中国革命三大法宝是：统一战线、武装斗争和党的建设。毛泽东指出，统一战线和武装斗争，是战胜敌人的两个基本武器。统一战线，是实行武装斗争的统一战线，武装斗争是统一战线的武装斗争。而党的组织是掌握这两个武器以实现对敌冲锋陷阵的英勇战士。正确地理解了这三个问题及其相互关系，就等于正确地领导了中国革命。

5. 农村包围城市、武装夺取政权道路理论的伟大意义是什么？

答：中国革命道路的理论，反映了中国半殖民地半封建社会民主革命发展的客观规律。党在探索中国革命道路的过程中，没有照抄俄国十月革命的经验，而是从中国实际出发，开辟了引导中国革命走向胜利的正确道路，独创性地发展了马克思列宁主义。中国革命道路的理论，是党运用马克思主义的立场、观点和方法，分析、研究和解决中国革命具体问题的光辉典范，对于推进马克思主义中国化具有重要的方法论意义。

（五）材料分析题

1. 答案要点：

（1）陈独秀认为：中国无产阶级数量和质量上都很幼稚，不能成为独立的革命势力；中国农民虽然人数多，但分散、文化低、保守，难以加入革命运动；中国资产阶级虽然幼稚，但比农民集中，比工人力量雄厚。

（2）陈独秀认为：中国革命的性质是资产阶级领导的资产阶级革命，中国革命的前途是国民革命成功后由资产阶级掌握政权，要视将来的发展决定何时进行无产阶级革命。

（3）基本理论："二次革命论"，即首先由无产阶级辅佐资产阶级领导取得革命胜利，再待条件成熟后进行无产阶级革命。其实质是割裂了两个革命阶段之间的内在联系，犯了"右倾投降主义"错误。

2. 答案要点：

（1）在材料2和3中，毛泽东认为："中国现时确实还处在资产阶级民权革命的阶段"，"中国革命的现阶段依然是资产阶级民主主义性质的革命。"中国的民族民主革命的动力是工人、农民、城市小资产阶级和民族资产阶级。新民主主义革命是无产阶级领导的人民大众的反对帝国主义、封建主义和官僚资本主义的革命。新民主主义革命是新式的资产阶级的民族民主革命，其前途是社会主义。在新民主主义革命时期，中国人民的根本任务是要实现国家和民族的独立，推翻封建地主官僚资本的统治，走上民主发展的道路。因此，中国的新民主主义革命是无产阶级领导的资产阶级民主主义革命，而不是社会主义革命。

（2）在材料4中，毛泽东从分析中国的社会性质出发，认为中国革命必须分两个步骤：第一步，改变半殖民地半封建的社会形态，使中国成为一个独立的新民主主义国家；第二步，使革命向前发展，建立一个社会主义社会。民主革命是社会主义革命的必要准备，社会主义革命是民主革命的必然趋势。

【延伸阅读】

充分认识新形势下统一战线重要作用

——论学习贯彻习近平中央统战工作会议重要讲话精神

人心是最大的政治，团结是永恒的主题。在协调推进“四个全面”战略布局、奋力实现“两个一百年”奋斗目标的关键阶段，党中央隆重召开中央统战工作会议。习近平总书记的重要讲话，对加强和改进新形势下统战工作作出全面部署，对深入学习贯彻《中国共产党统一战线工作条例（试行）》提出明确要求，为扎实推进各领域统战工作提供了根本遵循，是指导统一战线事业发展的纲领性文献。

统一战线是夺取革命、建设、改革事业胜利的重要法宝，是增强党的阶级基础、扩大党的群众基础、巩固党的执政地位的重要法宝，是全面建成小康社会、加快推进社会主义现代化、实现中华民族伟大复兴中国梦的重要法宝。我们党始终把统一战线摆在全党工作的重要位置，团结一切可以团结的力量，调动一切可以调动的积极因素，使之成为具有深刻历史印迹、铸就不朽历史功勋的“传家宝”。习近平总书记指出，统一战线是做人的工作，搞统一战线是为了壮大共同奋斗的力量。人心向背、力量对比是决定事业成败的关键，统一战线的本质是大团结大联合，解决的就是人心和力量问题。这是党中央立足大局、把握规律、直面问题作出的科学论断，深刻阐述了我们党力量弱小时需要统一战线，为什么力量强大、长期执掌政权了还需要；搞革命需要统一战线，为什么搞建设、搞改革还需要，体现了高度的历史继承性和现实针对性，把对统一战线地位作用的认识提升到了新的高度。

当年党中央离开西柏坡时，毛泽东同志说是“进京赶考”。初掌政权是赶考，长期执政是更艰难的赶考，永恒的考题是人心，永远的考官是人民。目前，我们党领导的统一战线已经发展成为全体社会主义劳动者、社会主义事业建设者、拥护社会主义爱国者、拥护祖国统一和致力于中华民族伟大复兴爱国者的广泛联盟，民主党派、无党派人士、民族界、宗教界、新的社会阶层、港澳台海外等各方面统一战线成员达数亿之多。把这些方面的力量都团结起来，我们的事业才有更稳固的基础。

当前，我们正在协调推进“四个全面”战略布局，努力实现中华民族伟大复兴的中国梦，这是一场具有许多新的历史特点的伟大斗争。面对宏伟的事业、艰巨的任务，单靠我们党“千里走单骑”是不行的，必须凝聚各方面力量共同奋斗。推动发展，离不开统一战线广大成员的积极参与和创新创造；深化改革，离不开统一战线形成最大公约数、汇聚正能量；维护稳定，离不开统一战线发挥理顺情绪、协调关系、化解矛盾的特殊作用；促进统一，离不开统一战线在争取港澳台海外同胞人心中发挥基础性作用。因此，统一战线的任务不是减轻了，而是更重了。

能用众力，则无敌于天下；能用众智，则无畏于圣人。全党同志一定要充分认识到，只要我们党领导的伟大事业没有完成，最终目标没有完全实现，就要不断巩固壮大最广泛的统一战线，最充分地凝聚共识、凝聚人心、凝聚智慧、凝聚力量，为党和国家事业提供强大持久广泛的力量支持。

来源：《人民日报》，2015 年 05 月 21 日 01 版

【参考文献】

［1］毛泽东：《中国社会各阶级的分析》，《毛泽东选集》第 1 卷，人民出版社 1991 年版。

［2］毛泽东：《星星之火，可以燎原》，《毛泽东选集》第 1 卷，人民出版社 1991 年版。

［3］毛泽东：《〈共产党人〉发刊词》，《毛泽东选集》第 2 卷，人民出版社 1991 年版。

［4］毛泽东：《中国革命和中国共产党》，《毛泽东选集》第 2 卷，人民出版社 1991 年版。

［5］毛泽东：《新民主主义论》，《毛泽东选集》第 2 卷，人民出版社 1991 年版。

［6］毛泽东：《论联合政府》，《毛泽东选集》第 3 卷，人民出版社 1991 年版。

［7］毛泽东：《论人民民主专政》，《毛泽东选集》第 4 卷，人民出版社 1991 年版。

第三章

社会主义改造理论

【教学目的与要求】

通过本章的教学使学生了解从新中国成立后到社会主义制度建立的历史，理解新中国建立初期选择走社会主义道路的基本依据，掌握有中国特色的社会主义三大改造的理论、方针、政策，社会主义改造的宝贵历史经验，以及社会主义制度建立的伟大意义。

【教学内容】

新民主主义社会是一个过渡性的社会，从新民主主义社会向社会主义转变是历史发展的必然。党把马克思列宁主义基本原理与中国实际相结合，创造性地开辟了一条社会主义改造道路，成功地完成了生产资料私有制的社会主义改造，积累了宝贵的历史经验。社会主义基本制度的确立是20世纪中国划时代的历史巨变，对世界社会主义和中国发展具有深远的历史意义和现实意义。

【教学重点与难点】

学习重点：

1. 党在过渡时期的总路线及其理论依据。
2. 我国社会主义改造的道路及历史经验。
3. 我国确立社会主义制度的重大意义。

学习难点：

1. 社会主义是近代中国的历史的、必然的选择。
2. 我国社会主义改造的历史经验。

【难点问题解析】

一、为什么说新民主主义社会是一个过渡性的社会？

新中国的成立，标志着我国新民主主义革命阶段的基本结束和社会主义革命阶段的开始。从中华人民共和国成立到社会主义改造基本完成，是我国从新民主主义向社会主义过渡的时期。这一时期，我国社会的性质是新民主主义社会。新民主主义社会不是一个独立的社会形态，而是由新民主主义向社会主义转变的过渡性的社会形态。

在新民主主义社会中，存在着五种经济成分，即社会主义性质的国有经济、半社会主义性质的合作社经济、农民和手工业者的个体经济、私人资本主义经济和国家资本主义经济。在这些经济成分中，通过没收官僚资本而形成的社会主义的国有经济，掌握了主要经济命脉，居于领导地位。与新民主主义时期三种不同性质的主要经济成分相联系，中国社会的阶级构成主要表现为三种基本的阶级力量：工人阶级、农民阶级和其他小资产阶级、民族资产阶级。由于农民和手工业者的个体经济既可以自发地走向资本主义，也可以被引导走向社会主义，其本身并不代表一种独立的发展方向。随着土地改革的基本完成，工人阶级和资产阶级的矛盾逐步成为国内的主要矛盾。而解决这一矛盾，必然使中国社会实现向社会主义的转变。

在我国新民主主义社会中，社会主义的因素不论在经济上还是政治上都已居于领导地位，加上当时有利于发展社会主义的国际条件，决定了社会主义因素将不断增长并获得最终胜利，非社会主义因素将不断受到限制和改造。为了促进社会生产力的进一步发展，实现国家富强、民族振兴，我国新民主主义社会必须适时地逐步过渡到社会主义社会。因此，我国新民主主义社会是属于社会主义体系的，是逐步过渡到社会主义社会的过渡性质的社会。

【自我测验】

（一）单项选择题

1. 1956 年我国在生产资料所有制的社会主义改造基本完成后，开始进入（　　）。

A. 新民主主义时期　　　　　　　B. 国民经济恢复时期

C. 从新民主主义向社会主义过渡时期　　D. 全面建设社会主义时期

2. 我国从新民主主义进入社会主义的标志是（　　）。

A. 中华人民共和国的成立

B. 社会主义改造的基本完成

C. 第一部《中华人民共和国宪法》的通过

D. 十一届三中全会

3. 对资本主义工商业社会主义改造的正确方针是（　　）。

A. 利用、团结、教育　　B. 利用、团结、改造

C. 利用、限制、批评　　D. 利用、限制、改造

4. 下列对新民主主义社会的说法中最准确的是（　　）。

A. 是社会主义社会的准备阶段　　B. 不是一个完整的社会形态

C. 具有两种社会形态的因素　　D. 是由新民主主义向社会主义转变的过渡时期

5. 中华人民共和国的成立，标志着中国已经进入了（　　）。

A. 资本主义社会　　B. 新民主主义社会

C. 社会主义社会　　D. 社会主义初级阶段

6. 新民主主义社会属于（　　）。

A. 社会主义体系　　B. 资本主义体系

C. 封建主义体系　　D. 前资本主义体系

7. 过渡时期总路线的主体是（　　）。

A. 对农业的社会主义改造

B. 对资本主义工商业的社会主义改造

C. 对手工业的社会主义改造

D. 实现国家的社会主义工业化

8. 新民主主义革命在全国胜利及土地革命在全国完成后，国内的主要矛盾是（　　）。

A. 中华民族与帝国主义的矛盾　　B. 农民阶级与地主阶级的矛盾

C. 工人阶级与资产阶级的矛盾　　D. 人民大众与封建主义的矛盾

9. 中国共产党对个体农业实行社会主义改造的方针是（　　）。

A. 趁热打铁，积极领导　　B. 自愿互利，国家帮助

C. 积极领导，稳步前进　　D. 国家帮助，典型示范

10. 对资本主义工商业社会主义改造形式是（　　）。

A. 国家资本主义　　B. 和平赎买

C. 合作化　　D. 改造企业和改造人相结合

11. 我国对资本主义工商业的社会主义改造采取的政策是（　　）。

A. 经销代销　　B. 和平赎买

C. 统购包销　　D. 加工订货

12. 我国农业合作化采取了循序渐进的步骤是（　　）。

A. 由互助组到高级社再到集体化　　B. 由互助组到初级社再到高级社

C. 由初级社到互助组再到高级社　　D. 个体小农到互助组再到高级社

13. 剥削制度在我国被消灭的标志是（　　）。

A. 中华人民共和国建立　　B. 全国大陆的解放和统一

C. 三大改造的基本完成　　D. 土地改革的完成

14. 党在农业社会主义改造中对待富农的政策是（　　）。

A. 征收富农的多余土地财产　　B. 由逐步限制到最后消灭富农经济

C. 消灭富农经济　　D. 限制富农经济

15. 我党对官僚资本和民族资本采取的政策分别是（　　）。

A. 没收、没收　　B. 没收、和平赎买

C. 和平赎买、没收　　D. 和平赎买、和平赎买

16. 党在“过渡时期总路线”中提到的过渡时期是指从（　　）。

A. 旧中国向新中国过渡　　B. 资本主义向社会主义过渡

C. 社会主义向共产主义过渡　　D. 新民主主义向社会主义过渡

17. 国家资本主义企业生产关系发生根本变化是在（　　）。

A. 开始委托订货之后　　B. 全行业的公私合营之后

C. 个别企业公私合营之后　　D. 实行了统购统销之后

18. 中国民族资产阶级在社会主义革命时期的两面性是（　　）。

A. 革命性与妥协性

B. 主动性与被动性

C. 进步性与反动性

D. 剥削工人的一面与拥护宪法、愿意接受改造的一面

19. 过渡时期总路线的主体是（　　）。

A. 对个体农业、手工业与资本主义工商业进行社会主义改造

B. 国家的社会主义工业化

C. 私营经济的国有化

D. 个体农业的集体化

20. 新民主主义社会中，处于领导地位的经济成分是（　　）。

A. 个体经济　　B. 私营经济

C. 国有经济　　D. 国有经济与合作社经济

21. 新中国成立之初，我国社会主义国有经济建立的主要途径与手段是（　　）。

A. 没收官僚资本　　B. 没收地主阶级的土地

C. 没收帝国主义在华企业　　D. 没收民族资产阶级的资产

22. 我国进入社会主义初级阶段的重要标志是（　　）。

A. 中华人民共和国的建立　　B. 社会主义改造的完成

C. 全国大陆的统一　　D. 土地改革的顺利完成

23. 社会主义改造完成后，我国政治生活的主题是（　　）。

A. 坚持四项基本原则　　B. 大力发展生产力

C. 正确处理人民内部矛盾　　D. 依法治国

24. 社会主义改造完成后我国国内的主要矛盾是（　　）。

A. 人民对于经济文化发展的需要同当前经济文化不能满足人民需要状况之间的矛盾

B. 先进的生产关系同落后的生产力之间的矛盾

C. 无产阶级与资产阶级之间的矛盾

D. 社会主义道路与资本主义道路之间的矛盾

25. 我国对个体手工业进行社会主义改造的主要方式是（　　）。

A. 赎买　　B. 统购统销

C. 公私合营　　D. 合作化

26. “我们无产阶级有我们自己阶级的利益，民主主义革命成功了，无产阶级不过得着一些自由与权利，还是不能完全解放。而且民主主义成功，幼稚的资产阶级便会迅速发展，与无产阶级处于对抗地位。因此无产阶级便须对付资产阶级，实行‘与贫苦农民联合的无产阶级专政’的第二步奋斗。如果无产阶级的组织力和战斗力强固，这第二步奋斗是能跟着民主主义革命胜利以后即刻成功的。”这段话本质上（　　）。

A. 找到了正确处理无产阶级和资产阶级关系的方法

B. 指出了新旧民主主义革命的区别

C. 提出了无产阶级应当掌握民主革命领导权的问题

D. 分清了民主主义革命与社会主义革命的界限

27. 中国民族资产阶级在社会主义革命时期的两面性是（　　）。

A. 革命性与妥协性

B. 主动性与被动性

C. 进步性与反动性

D. 剥削工人的一面与拥护宪法、愿意接受改造的一面

(二)多项选择题

1. 中国从新民主主义向社会主义过渡的主要条件是( )。
   A. 近代中国资本主义经济及现代工业初步发展
   B. 社会主义国营经济的壮大
   C. 无产阶级政党的领导
   D. 有利的国际因素
2. 在中国进行社会主义改造的目的是( )。
   A. 消灭富农分子 B. 继续解放和发展生产力
   C. 确立社会主义生产关系 D. 健全社会主义上层建筑
3. 具有中国特色的社会主义改造道路的内容是( )。
   A. 社会主义工业化和社会主义改造同时并举
   B. 通过一系列逐步过渡的由低级到高级的社会主义改造形式
   C. 和平改造特别是对资产阶级实现了和平赎买
   D. 对经济制度的改造与对人的改造相结合
4. 1949 年 10 月 1 日,中华人民共和国成立标志着( )。
   A. 中国新民主主义革命基本胜利
   B. 新民主主义向社会主义转变的开始
   C. 中国进入了新民主主义社会
   D. 半殖民半封建社会的结束
5. 中国共产党对农业实行社会主义改造的原则是( )。
   A. 自愿互利 B. 稳步前进
   C. 典型示范 D. 国家帮助
6. 新中国成立初期的新民主主义经济成分有( )。
   A. 国有经济 B. 合作社经济
   C. 国家资本主义经济 D. 个体经济
7. 过渡时期总路线的基本思想主要包括( )。
   A. 实现从新民主主义向社会主义的过渡
   B. 一化与三改同时并举
   C. 稳步地实现向社会主义转变
   D. 实现对农业、手工业和资本主义工商业的社会社会主义改造
8. 中国民族资产阶级在社会主义改造时期的两面性表现为( )。
   A. 反帝反封建的革命性

B. 软弱性和妥协性

C. 剥削工人取得利润

D. 拥护宪法，愿意接受社会主义改造

9. 建国初期，中国共产党对民族资本主义经济所采取的政策是（　　）。

A. 利用　　B. 限制

C. 团结　　D. 改造

10. 对资本主义民族工商业实行保护政策的含义是（　　）。

A. 利用其有利于国计民生的积极作用

B. 没收其财产归新民主主义国家所有

C. 限制其不利于国计民生的消极作用

D. 调整其不合理的经济结构

11. 低级的国家资本主义的形式包括（　　）。

A. 加工订货　　B. 统购包销

C. 个别企业公私合营　　D. 经销代销

12. 在新民主主义社会中各种非社会主义因素是（　　）。

A. 私人资本主义经济

B. 个体经济

C. 国家资本主义经济中的私人成分

D. 民族资产阶级作为一个阶级参加国家政权

13. 对资本主义工商业的社会主义改造采取的形式是（　　）。

A. 加工订货　　B. 统购包销

C. 经销代销　　D. 个别公私合营

14. 新民主主义时期我国基本的阶级力量包括（　　）。

A. 工人阶级　　B. 贫下中农

C. 民族资产阶级　　D. 城市小资产阶级

15. 在新民主主义社会的多种经济成分中，主要的经济成分是（　　）。

A. 社会主义经济　　B. 个体经济

C. 外资经济　　D. 资本主义经济

16. 毛泽东指出："应限制和排挤的是那些不利于国计民生的工商业，即投机商业、奢侈品和迷信品工商业，而不是正当的有利于国计民生的工商业，对这些工商业当它们困难时应给以扶助使之发展。"作出这一论断的依据有（　　）。

A. 新民主主义革命的性质

B. 民族资本的特点

C. 民族资产阶级在新民主主义革命中的表现

D. 巩固和扩大统一战线的需要

17. 新中国成立后到社会主义改造基本完成的中国新民主主义条件下的国家资本主义，是社会主义性质的国有经济与私人资本主义经济之间发生合作关系的一种（　　）。

A. 新型社会主义经济　　B. 带有很大社会主义性质的经济

C. 混合所有制经济　　D. 新型资本主义经济

18. 我国对资本主义工商业的社会主义改造的主要经验有（　　）。

A. 严格区别官僚资本与民族资本的界限

B. 创造了一系列从低级到高级的国家资本主义的过渡形式

C. 注意对企业的改造与对人的改造结合起来

D. 社会主义改造与社会主义建设同时并举

19. 20 世纪 50 年代初，我国对个体农业进行社会主义改造的成功经验有（　　）。

A. 在土地改革基础上，不失时机地引导个体农民走互助合作的道路

B. 遵循自愿互利、典型示范、国家帮助的原则

C. 实行“三级所有，队为基础”的农村经济政策

D. 采取从互助组到初级社再到高级社的逐步过渡形式

20. 虽然社会主义改造遗留了一些问题，但必须肯定的基本事实是，这场深刻的社会变革是在（　　）。

A. 保证国民经济基本上稳定发展的情况下实现的

B. 与资产阶级进行斗争并取得胜利的情况下实现的

C. 坚持马克思主义正确指导的情况下实现的

D. 人民群众基本上普遍拥护的情况下实现的

21. 1947 年 12 月。毛泽东在《目前形势和我们的任务》中明确提出了新民主主义的经济纲领。即（　　）。

A. 确立五种经济成分并存的新民主主义经济制度

B. 没收封建阶级的土地归农民所有

C. 没收官僚资本归新民主主义国家所有

D. 保护民族工业

22. 毛泽东在中共七届二中全会上论述了新民主主义经济制度，其中社会主义因素的经济成分有（　　）。

A. 国有经济　　B. 合作社经济

C. 私人资本主义经济与个体经济　　D. 国家资本主义经济

23. “四马分肥”中“四马”分别指（　）。

A. 企业所得税　　B. 企业公积金

C. 工人福利基金　　D. 资本家的利润（包括股息和红利）

（三）辨析题

1. 中华人民共和国的成立，实现了从新民主主义社会到社会主义社会的转变。

2. 新民主主义革命是资产阶级性质的革命，所以新民主主义社会也是资本主义性质的社会。

3. 新中国成立初期，对资本主义民族工商业实行了剥夺的政策。

（四）综合问答题

1. 为什么说我党创造性地开辟了一条适合中国特点的社会主义改造的道路？

2. 在中国社会主义改革与社会主义改造关系问题上，有人说：早知如此，何必当初？你如何看待？

3. 对农业社会主义改造的主要经验是什么？

4. 为什么说新中国的诞生和社会主义制度的建立是20世纪中国的一次历史性巨变？

（五）材料分析题

1. 下列材料，均自出党的有关文献。阅读材料，回答题后的问题。

材料1

毛泽东指出：“对于反动阶级和反动派的人们，在他们的政权被推翻以后，只要他们不造反，不破坏，不捣乱，也给土地，给工作，让他们活下去，让他们在劳动中改造自己，成为新人。他们如果不愿意劳动，人民的国家就要强迫他们劳动。也对他们做宣传教育工作，并且做得很用心，很充分”。

——毛泽东：《论人民民主专政》，1949年

材料2

我国的地主阶级，通过土地制度的改革被消灭了。对地主分子和富农分子的改造，早在1950年政务院关于划分农村阶级成分的“若干新决定”中就作了规定：“凡地主成分，在土地改革完成后，完全服从政府法令，努力从事劳动生产，或作其他经营，没有任何反动行为，连续五年以上者，经乡人民代表大会通过，县人民政府批准后，得按照其所从事之劳动或经营的性质，改变其地主成分为劳动者的成分或其他成分。”“富农在土地改革完成后合于上述条件满三年者，亦得

以同样的方式改变其成分”。

——《关于建国以来党的若干历史问题的决议注释本》，1983 年 6 月，中共中央文献研究室

材料 3

据统计，1977 年底全国尚有地主分子 277.7 万人，富农分子 189.5 万人，合计 467.2 万人。全国各地为贯彻中共中央决定做了大量的工作，将原来的地主、富农分子中的绝大多数摘了帽子。到 1980 年底全国只剩有地主分子 4 万余人，富农分子 2 万余人，合计 6 万余人。

材料 4

经过资本主义工商业的社会主义改造，到 1956 年，资本家在企业中的地位，已由原来的支配者、剥削者，变为在党的领导和工人监督下为社会主义服务的体力或脑力劳动者。资本家虽然还拿年息五厘的定息，但对大多数人来说已不是他们的主要收入。定息原定 7 年，后来又决定延长，到 1966 年 9 月停止付息。从这以后，他们中间绝大多数有劳动能力的人，就全部以自己的工资收入为生了。

材料 5

官僚资本是在半殖民地半封建的旧中国凭借地主买办资产阶级专政的国家政权力量而发展起来的国家垄断资本。随着人民民主革命的胜利，国家没收了一切以前在国家经济生活中占统治地位的官僚资本企业。把大银行、几乎全部铁路、绝大部分黑色冶金工业和其他重工业部门的大部分企业，以及轻工业某些最重要的部门都收归人民民主专政的国家所有。经过改造，便产生了在国民经济中占领导地位的社会主义经济。

阅读上述材料，回答下列问题：

（1）根据材料 1、2 指出在我国消灭剥削阶级是否意味着消灭剥削阶级的人们。应该怎样做才对？

（2）根据材料 2、3、4 指出经过三大改造后，我国社会的阶级状况怎样。

（3）根据材料 2、3、4、5 指出对不同的剥削阶级采取的政策是否不同。为什么？

2. 阅读下列材料并回答问题

材料 1

根据我国的经验，农民这种在生产上逐步联合起来的具体道路，就是经过简单的共同劳动的临时互助组和在共同劳动的基础上实行某些分工分业而有某些少量公共财产的常年互助组，到实行土地入股，统一经营而有较多公共财产的农业生产合作社，到完全的社会主义的集体农民公有制的更高级的农业生产合作社（也就是

集体农庄)。这种由具有社会主义萌芽，到具有更多社会主义因素，到完全的社会主义的合作化的发展道路，就是我们党所指出的对农业逐步实现社会主义改造的道路。……发展农业合作社，无论何时何地，都必须根据农民自愿这一根本的原则。……必须采用说服、示范和国家援助的方法来使农民自愿联合起来。

——摘自《中共中央关于发展农业生产合作社的决议》，《中共党史参考资料》(八)，第 11-16 页。

材料 2

我们同民族资产阶级建立联盟的政策，不论是在民主革命时期，或者是在中华人民共和国成立以后，都是必要的，正确的，是符合工人阶级和全体人民利益的。……但是这样做，并不是不要付出代价的。为了结成和继续这个联盟，为了借助国家资本主义达到社会主义的目的，我们就需要对资产阶级偿付一笔很大的物质代价。这就是对于资产阶级私有的生产资料，不是采取没收的政策，而是采取赎买的政策。这是从我们中国特殊历史条件中产生出来的政策。

——摘自《中共中央关于资本主义改造问题的决议》，《中共党史参考资料》(八)，第 247-250 页。

材料 3

我们党一掌握了国家权力，就应该干脆地剥夺大土地占有者，就像剥夺工厂主一样。这一剥夺是否要用赎买来实行，这一般不是取决于我们，而是取决于掌握政权时的情况，尤其是取决于土地占有者老爷们自己的行为。我们决不认为，赎买在任何情况下都是不容许的。马克思曾向我们讲过他的意见：假如我们能够用赎买摆脱这整个匪帮，那对于我们是最便宜不过的事情了。

——摘自恩格斯：《法德农民问题》，《马克思恩格斯选集》第 4 卷，第 314-315 页。

请回答：

(1) 材料 1 关于农业社会主义改造的观点是什么？

(2) 材料 2 对资本主义工商业改造的观点是什么？里面提到的“特殊历史条件”是指什么？

(3) 材料 3 的观点对我国的社会主义改造有什么指导意义？

【参考答案】

(一) 单项选择题

1. D　2. B　3. D　4. D　5. B　6. A　7. D　8. C　9. C　10. A
11. B　12. B　13. C　14. B　15. B　16. D　17. B　18. D　19. B　20. C

21. A　22. B　23. C　24. A　25. D　26. D　27. D

（二）多项选择题

1. ABCD	2. BCD	3. ABCD	4. ABCD	5. ACD
6. ABCD	7. BCD	8. CD	9. ABD	10. AC
11. ABD	12. ABCD	13. ABCD	14. ABCD	15. ABD
16. ABCD	17. BD	18. ABC	19. ABD	20. ACD
21. BCD	22. AB	23. ABCD		

（三）辨析题

1. 中华人民共和国的成立，实现了从新民主主义社会到社会主义社会的转变。

答：错误。中华人民共和国的成立，标志着新民主主义革命阶段的基本结束和社会主义革命的开始，但并不等于说社会主义改造的任务已经完成了。它只是开始从新民主主义社会向社会主义社会的过渡。

2. 新民主主义革命是资产阶级性质的革命，所以新民主主义社会也是资本主义性质的社会。

答：错误。资产阶级革命的性质和新民主主义社会的性质是两个不同的概念。资产阶级革命的主要任务是反帝反封建，所以是资产阶级性质的革命；而新民主主义社会无论在政治方面、经济方面还是文化方面。既有社会主义的因素，也有资本主义的因素，但因为社会主义的因素占主导地位，所以它属于社会主义体系的社会。

3. 新中国成立初期，对资本主义民族工商业实行了剥夺的政策。

答：错误。新中国成立初期党和政府对资本主义民族工商业实行了和平赎买的政策。我国的民族资产阶级，不仅在民主革命时期具有两面性，并参加民主革命，是我们的同盟者。在社会主义革命时期也具有两面性，既有剥削工人取得利润的一面，又有拥护宪法，愿意接受社会主义改造的一面。对资本主义工商业实行和平赎买的政策，可以充分利用资本主义工商业有利于国计民生的积极方面，促进整个国民经济的恢复和发展。

（四）综合问答题

1. 为什么说我党创造性地开辟了一条适合中国特点的社会主义改造的道路？

答：我国生产资料私有制社会主义改造的伟大胜利，充分证明了中国共产党善于把马列主义普遍原理同本国具体实践相结合，创造性地开辟了一条适合中国特点的社会主义改造的道为路。其具体表现为：

(1) 和平赎买。党对民族资本主义工商业采取了利用、限制和改造的政策，创造了一系列国家资本主义的过渡形式，使资本主义生产资料私有制逐步改造为社会主义公有制，丰富和发展了马克思主义关于国家资本主义的学说，是国际共产主义运动史上的一个创举。

(2) 逐步过渡。无论是对农业、手工业或者是对资本主义工商业的改造，都采取了从低级到高级的多种过渡形式，使被改造者能够逐步适应新的经济制度，而不致感到突然。

(3) 把对经济制度的改造和对人的改造结合在一起。我党对民族资产阶级分子，实行贯彻团结、教育、改造政策，使他们中间的绝大多数终于成为自食其力的社会主义劳动者。

(4) 社会主义建设和社会主义改造同时并举。社会主义建设和改造是相辅相成、相互促进的。只有通过社会主义改造，解放了生产力，才能实现社会主义工业化。也只有实现社会主义工业化，进一步发展生产力，才能保证社会主义改造的胜利完成，巩固社会主义公有制。

2. 在中国社会主义改革与社会主义改造关系问题上，有人说：早知如此，何必当初？你如何看待？

答：社会主义改造是为了在中国建设社会主义基本经济制度，以继续解放和发展生产力；它反映了中国社会发展的历史必然，实现了中国历史上最广泛最深刻的社会变革。

社会主义改革不是对社会主义改造的否定，也不是要回到改造前的状态，而是对生产关系和上层建筑不适应生产力发展要求的部分进行了调整和改革，是社会主义制度的自我完善和发展，目的是进一步解放和发展生产力。

3. 对农业社会主义改造的主要经验是什么？

答：对农业社会主义改造的主要经验有：第一，创造了“先合作化，后机械化”的经验；第二，采取了从互助组到初级社再到高级社的逐步过渡形式；第三，贯彻了自愿互利、典型示范和国家帮助的原则；第四，正确贯彻了依靠贫农、巩固地团结中农的阶级路线。

4. 为什么说新中国的诞生和社会主义制度的建立是20世纪中国的一次历史性巨变？

答：第一，从国家性质上说，是一次巨大的改变。即代表大地主大资产阶级的国民党反动统治政权覆灭了，代表人民的国家政权诞生了。这是伟大的历史巨变之一。

第二，从社会性质上说，半殖民地半封建的社会结束了，新民主主义社会产生了，而现在又完成了向社会主义过渡的任务，社会主义制度的确立，这又是一个伟大的巨变。

第三，从国家和民族方面说，它标志着国家的独立和民族的解放，而且已步入到社会主义社会历史阶段。

第四，从历史发展方向上说，完全改变了中国历史发展的方向，中国可以不经过资产阶级专政的历史阶段进入社会主义，避免了资本主义在中国建立的可能性。

第五，从社会主义革命上说，已开辟了一条具有中国特色的社会主义和平改造的道路，树立了一个新的典型，极大地推动了毛泽东思想的发展。

第六，从中国共产党来说，不仅完成了领导反帝反封建的革命任务，而且又完成了社会主义改造任务。从上述六个方面说明，新中国的诞生和社会主义制度的建立是20世纪中国最伟大的历史巨变。

(五) 材料分析题

1. 答案要点：

(1) 我国消灭剥削阶级并不意味着消灭剥削阶级的人们，正确的做法是把消灭剥削阶级和改造剥削者相结合。

(2) 剥削阶级作为一个阶级已经消灭，剥削分子被改造成为自食其力的劳动者。

(3) 对不同的剥削阶级采取的政策不同，对地主和对富农的政策有区别，对民族资产阶级和对大资产阶级的政策又不同，原因是其阶级性质不同，地主和大资产阶级是民主革命的对象，而民族资产阶级是革命的动力。

2. 答案要点：

(1) 材料1中指出，根据我国互助合作的历史经验，创造了由临时互助组到初级社，再到高级社逐步过渡的形式，开辟了一条适合中国特点的农业合作化道路。规定发展互助组和生产合作社必须贯彻自愿和互利的原则，采取典型示范、国家帮助、逐步推广的方法，使农民比较自然地、比较顺利地脱离了土地和其他主要生产资料的私有制，避免了农业减产，同时也培养了干部。

(2) 我们对资本主义工商业的改造实行“和平赎买政策”。这个“特殊历史条件”是：第一，中国民族资产阶级具有两面性，在资产阶级民主革命时期，它有革命性的一面，又有妥协性的一面；在社会主义革命时期，它有剥削工人阶级取得利润的一面，又有拥护宪法和愿意接受社会主义改造的一面。第二，我国经济落后，工商业不发达，需要利用私营工商业有利于国计民生的积极作用，以利于国民经济的恢复和发展。第三，我国民族资产阶级中的大多数人具有不同程度的现代科学文化知识，实行和平改造，有利于发挥他们的知识和才能为社会主义建设服务。

(3) 恩格斯提出了以赎买方法解决资产阶级问题的伟大思想。他还提出，无产阶级取得政权后，究竟采取哪种形式实现社会主义生产资料的公有制的任务，只能根据各国的社会历史特点和具体情况来决定。恩格斯的这些思想为中国的资本主义工商业的社会主义改造提供了重要的理论依据。

【延伸阅读】

《中国人民政治协商会议共同纲领》(节选)

(1949年9月29日中国人民政治协商会议第一届全体会议通过)

第四章　经济政策

第二十六条　中华人民共和国经济建设的根本方针，是以公私兼顾、劳资两利、城乡互助、内外交流的政策，达到发展生产、繁荣经济的目的。国家应在经营范围、原料供给、销售市场、劳动条件、技术设备、财政政策、金融政策等方面，调剂国营经济、合作社经济、农民和手工业者的个体经济、私人资本主义经济和国家资本主义经济，使各种社会经济成分在国营经济领导之下，分工合作，各得其所，以促进整个社会经济的发展。

第二十七条　土地改革为发展生产力和国家工业化的必要条件。凡已实行土地改革的地区，必须保护农民已得土地的所有权。凡尚未实行土地改革的地区，必须发动农民群众，建立农民团体，经过清除土匪恶霸、减租减息和分配土地等项步骤，实现耕者有其田。

第二十八条　国营经济为社会主义性质的经济。凡属有关国家经济命脉和足以操纵国民生计的事业，均应由国家统一经营。凡属国有的资源和企业，均为全体人民的公共财产，为人民共和国发展生产、繁荣经济的主要物质基础和整个社会经济的领导力量。

第二十九条　合作社经济为半社会主义性质的经济，为整个人民经济的一个重要组成部分。人民政府应扶助其发展，并给以优待。

第三十条　凡有利于国计民生的私营经济事业，人民政府应鼓励其经营的积极性，并扶助其发展。

第三十一条　国家资本与私人资本合作的经济为国家资本主义性质的经济。在必要和可能的条件下，应鼓励私人资本向国家资本主义方向发展，例如为国家企业加工，或与国家合营，或用租借形式经营国家的企业，开发国家的富源等。

第三十二条 在国家经营的企业中，目前时期应实行工人参加生产管理的制度，即建立在厂长领导之下的工厂管理委员会。私人经营的企业，为实现劳资两利的原则，应由工会代表工人职员与资方订立集体全同。公私企业目前一般应实行八小时至十小时的工作制，特殊情况得斟酌办理。人民政府应按照各地各业情况规定最低工资。逐步实行劳动保险制度。保护青工女工的特殊利益。实行工矿检查制度，以改进工矿的安全和卫生设备。

第三十三条 中央人民政府应争取早日制定恢复和发展全国公私经济各主要部门的总计划，规定中央和地方在经济建设上分工合作的范围，统一调剂中央各经济部门和地方各经济部门的相互关系。

中央各经济部门和地方各经济部门在中央人民政府统一领导之下各自发挥其创造性和积极性。

第三十四条 关于农林渔牧业：在一切已彻底实现土地改革的地区，人民政府应组织农民及一切可以从事农业的劳动力以发展农业生产及其副业为中心任务，并应引导农民逐步在按照自愿和互利的原则，组织各种形式的劳动互助和生产合作。在新解放区，土地改革工作的每步骤均应与恢复和发展农业生产相结合。人民政府应根据国家计划和人民生活的需要，争取于短时期内恢复并超过战前粮食、工业原料和外销物资的生产水平，应注意兴修水利，防洪抗旱，恢复和发展畜力，增加肥料，改良农具和种子，防止病虫害，救济灾荒，并有计划地移民开垦。

保护森林，并有计划地发展林业。

保护沿海渔场，发展水产业。

保护和发展畜牧业，防止兽疫。

第三十五条 关于工业：应以有计划有步骤地恢复和发展重工业为重点，例如矿业、钢铁业、动力工业、机器制造业、电器工业和主要化学工业等，以创立国家工业化的基础。同时，应恢复和增加纺织业及其他有利于国计民生的轻工业的生产，以供应人民日常消费的需要。

第三十六条 关于交通：必须迅速恢复并逐步增建铁路和公路，疏浚河流，推广水运，改善发展邮政和电信事业，有计划有步骤地建造各种交通工具和创办民用航空。

第三十七条 关于商业：保护一切合法的公私贸易。实行对外贸易的管制，并采用保护贸易政策。在国家统一的经济计划内实行国内贸易的自由，但对于扰乱市场的投机商业必须严格取缔。国营贸易机关应负调剂供求、稳定物价和扶助人民合作事业的责任。人民政府应采取必要的办法，鼓励人民储蓄，便利侨汇，引导社会游资及无益于国计民生的商业资本投入工业及其他生产事业。

第三十八条 关于合作社：鼓励和扶助广大劳动人民根据自愿原则，发展合作事业。在城镇中和乡村中组织供销合作社、消费合作社、信用合作社、生产合作社和运输合作社，在工厂、机关和学校中应尽先组织消费合作社。

第三十九条 关于金融：金融事业应受国家严格管理。货币发行权属于国家。禁止外币在国内流通。外汇、外币和金银的买卖，应由国家银行经理。依法营业的私人金融事业，应受国家的监督和指导。凡进行金融投机、破坏国家金融事业者，应受严厉制裁。

第四十条 关于财政：建立国家预算决算制度，划分中央和地方财政范围，厉行精简节约，逐步平衡财政收支，积累国家生产资金。

国家的税收政策，应以保障革命战争的供给、照顾生产的恢复和发展及国家建设的需要为原则，简化税制，实行合理负担。

来源：《建国以来重要文献选编》第1册，中央文献出版社2011年版

毛泽东：《革命的转变和党在过渡时期的总路线》[1]

（一九五三年十二月）

一

我们说标志着革命性质的转变、标志着新民主主义革命阶段的基本结束和社会主义革命阶段的开始的东西是政权的转变，是国民党反革命政权的灭亡和中华人民共和国的成立，并不是说社会主义改造这样一个伟大的任务，在人民共和国成立以后就可以立即在全国一切方面着手施行了。不是的，那时我们还须在广大的农村中解决封建主义与民主主义即地主与农民之间的矛盾。那时在农村中的主要矛盾是封建主义与民主主义之间的矛盾，而不是资本主义与社会主义之间的矛盾，因此需要有两年至三年时间在农村实行土地改革。那时我们一方面在农村实行民主主义的土地改革，一方面在城市立即着手接收官僚资本主义企业使之变为社会主义的企业，建立社会主义的国家银行，同时在全国范围内着手建立社会主义的国营商业和合作社商业，并已在过去几年中对私人资本主义企业开始实行了国家资本主义的措施。所有这些显示着我国过渡时期头几年中的错综复杂的形象。

二

从中华人民共和国成立，到社会主义改造基本完成，这是一个过渡时期。党在这个过渡时期的总路线和总任务，是要在一个相当长的时期内，逐步实现国家

的社会主义工业化，并逐步实现国家对农业、对手工业和对资本主义工商业的社会主义改造。这条总路线是照耀我们各项工作的灯塔，各项工作离开它，就要犯右倾或“左”倾的错误。

三

党在过渡时期的总路线的实质，就是使生产资料的社会主义所有制成为我国国家和社会的唯一的经济基础。[2]我们所以必须这样做，是因为只有完成了由生产资料的私人所有制到社会主义所有制的过渡，才利于社会生产力的迅速向前发展，才利于在技术上起一个革命，把在我国绝大部分社会经济中使用简单的落后的工具农具去工作的情况，改变为使用各类机器直至最先进的机器去工作的情况，借以达到大规模地出产各种工业和农业产品，满足人民日益增长着的需要，提高人民的生活水平，确有把握地增强国防力量，反对帝国主义的侵略，以及最后地巩固人民政权，防止反革命复辟这些目的。要完成这个任务，大约需要经过三个五年计划，就是大约十五年左右的时间（从一九五三年算起，到一九六七年基本上完成，加上经济恢复时期的三年，则为十八年，这十八年中已经过去了四年），那时中国就可以基本上建设成为一个伟大的社会主义国家。

注释：

［1］这是毛泽东在审阅中共中央宣传部编写的《为动员一切力量把我国建设成为一个伟大的社会主义国家而斗争——关于党在过渡时期总路线的学习和宣传提纲》稿时，加写或改定的三段文字。关于党在过渡时期的总路线，毛泽东从一九五二年下半年开始提出，一九五三年六月十五日在中共中央政治局会议上作了比较完整的表述，八月正式写到周恩来在一九五三年全国财经工作会议上的结论中。本篇二是毛泽东最后改定的关于过渡时期总路线的表述。

［2］这句话是中共中央宣传部《关于党在过渡时期总路线的学习和宣传提纲》送审稿中原有的。

来源：《毛泽东文集》第 6 卷，人民出版社 1999 版

【参考文献】

［1］《中国人民政治协商会议共同纲领》，《建国以来重要文献选编》第 1 册，中央文献出版社 2011 年版。

［2］毛泽东：《在中国共产党第七届中央委员会第二次全体会议上的报告》，《毛泽东选集》第 4 卷，人民出版社 1991 年版。

［3］毛泽东：《革命的转变和党在过渡时期的总路线》，《毛泽东文集》第 6

卷，人民出版社 1999 年版。

[4] 毛泽东：《关于农业互助合作的两次谈话》，《毛泽东文集》第 6 卷，人民出版社 1999 年版。

[5] 毛泽东：《关于国家资本主义经济》，《毛泽东文集》第 6 卷，人民出版社 1999 年版。

第四章
社会主义建设道路初步探索的理论成果

【教学目的与要求】

通过本章的教学使学生正确认识和理解在我国社会主义基本制度确立以后，党在中国社会主义建设道路初步探索中形成的理论成果、取得的重大成就、总结的经验教训，掌握党对社会主义建设道路初步探索的重要意义。正确认识改革开放前后两个历史时期的关系。

【教学内容】

社会主义基本制度在中国确立后，党对在中国如何建设社会主义的问题进行了艰辛的探索，既取得了许多重要的理论成果和巨大成就，又经历了严重曲折。这一探索具有重要意义，也留下了深刻的经验教训。党在探索中形成的关于社会主义建设的正确理论原则和经验总结，是毛泽东思想科学体系中的重要内容和中国特色社会主义理论体系的重要思想来源。

【教学重点与难点】

学习重点：

1. 社会主义建设道路初步探索的思想理论成果。
2. 社会主义建设道路初步探索的重要意义和经验教训。
3. 改革开放前后两个历史时期的关系。

学习难点：

1. 社会主义建设道路初步探索的经验教训。

【难点问题解析】

一、党在中国社会主义建设道路的初步探索中取得了哪些重要的理论成果？

第一，调动一切积极因素为社会主义事业服务的思想。毛泽东认为，充分调动一切积极因素，尽可能地克服消极因素，并且努力化消极因素为积极因素，这是社会主义事业前进的需要，也是党关于社会主义建设的一个极为重要的基本方针。对于最大限度地团结全国各族人民，建设社会主义现代化国家，具有长远的指导意义。

第二，正确认识和处理社会主义社会矛盾的思想。毛泽东分析了社会主义社会的基本矛盾的性质、特点和解决途径，揭示了社会主义社会发展的一般规律。社会主义社会的矛盾反映在政治上可以划分为敌我矛盾和人民内部矛盾，这是两类性质完全不同的矛盾。同时论述了正确处理两类不同性质社会矛盾的基本方法——专政和民主。

第三，走中国工业化道路的思想。走中国工业化道路，是党探索我国社会主义建设道路的一个重要思想，强调正确处理重工业和轻工业、农业的关系，符合中国人口多、工业基础薄弱的实际，对于加快我国经济建设具有重要意义。

第四，初步探索的其他理论成果。关于社会主义发展阶段，关于社会主义现代化建设的战略目标和步骤，关于经济建设方针，关于所有制结构的调整，关于经济体制和运行机制改革，关于社会主义民主政治建设，关于科学和教育，关于知识分子工作等重要思想观点。毛泽东以及党的其他领导人还在国防建设和军队建设、实现祖国统一、外交和国际战略、执政党建设等方面，提出了一系列重要思想观点。党在探索社会主义建设道路过程中取得的重要理论成果，是毛泽东思想的重要组成部分，丰富和发展了科学社会主义，成为中国特色社会主义理论体系的重要思想来源。

二、党对社会主义建设道路的初步探索有哪些经验教训？

第一，必须把马克思主义与中国实际相结合，探索符合中国特点的社会主义建设道路。实践证明，只有科学理解、运用马克思主义基本原理，准确把握中国基本国情和社会主义建设规律，才能开辟适合中国特点的社会主义建设道路。

第二，必须正确认识社会主义社会的主要矛盾和根本任务，集中力量发展生产力。实践证明，社会主义初级阶段要始终坚持党对社会主要矛盾的科学判断，以经济建设为中心，不断提高人民物质文化生活水平。避免犯阶级斗争扩大化的错误。

第三，必须从实际出发进行社会主义建设，建设规模和速度要和国力相适应，不能急于求成。实践证明，社会主义建设必须采取科学态度，深入了解和分析实际情况，努力按照客观经济规律办事。

第四，必须发展社会主义民主，健全社会主义法制。新中国成立后我们制定颁布宪法、法律、规章制度，从根本上保证了人民当家做主的权利。但民主法制不健全，结果导致阶级斗争扩大化、“文化大革命”的严重错误。

第五，必须坚持党的民主集中制和集体领导制度，加强执政党建设。实践证明，无产阶级政党在执政后，必须坚持民主集中制和集体领导原则，反对个人崇拜，不断加强党的自身建设，大力发扬党内民主，保证党的决策的科学化、民主化。

第六，必须坚持对外开放，不能关起门来搞建设，要借鉴和吸收人类文明的共同成果建设社会主义。邓小平在总结段历史经验时指出：“关起门来搞建设是不行的，发展不起来。”

三、如何正确认识改革开放前后两个历史时期的关系？

习近平总书记深刻指出，我们党领导人民进行社会主义建设，有改革开放前和改革开放后两个历史时期，这是两个相互联系又有重大区别的时期，但本质上都是我们党领导人民进行社会主义建设的实践探索。他强调，对改革开放前的历史时期要正确评价，不能用改革开放后的历史时期否定改革开放前的历史时期，也不能用改革开放前的历史时期否定改革开放后的历史时期。

第一，新中国成立以来的历史包括改革开放前后两个历史时期，两个时期都不能否定。我们党领导的革命、建设、改革，也是一脉相承、薪火相传、生生不息的壮丽事业。新中国取得的一切成就，都是在新民主主义革命胜利基础上接续奋斗、接力探索的结果。以党的十一届三中全会为标志，新中国历史分为改革开放前后两个历史时期。无数事实表明，这两个历史时期都是不能否定的。如果没有 1978 年党果断实行和坚定不移进行改革开放，把握改革开放的正确方向，社会主义中国就不可能有今天的大好局面，可能遇到像苏联、东欧国家那样的亡党亡国危机。如果没有 1949 年建立新中国并进行社会主义革命和建设，积累重要的思想、物质、制度条件、正反两方面经验，改革开放很难顺利进行。

第二，改革开放前后两个历史时期本质上都是党领导人民进行社会主义建设的实践探索，不能相互否定。站在中国特色社会主义事业发展全局看，改革开放前后两个历史时期既有重大区别，又有本质联系。我们要坚持辩证唯物主义和历史唯物主义的基本观点，在充分肯定各自历史贡献、充分注意各自历史特点基础上，牢牢把握两个历史时期的辩证统一，决不能相互否定。改革开放前社会主义的实践探索为改革开放后社会主义的实践探索提供了重要条件，改革开放后社会主义的实践探索是对改革开放前社会主义实践探索的坚持、改革、发展，坚持用历史的观点、实践的观点、辩证的观点正确看待改革开放前后两个历史时期。虽然两个时期进行社会主义建设的思想指导、方针政策、实际工作有很多差别，但决不能彼此割裂、更不能根本对立。

第三，在正确认识和把握改革开放前后两个历史时期基础上坚持和发展中国特色社会主义。习近平总书记指出："一个国家实行什么样的主义，关键要看这个主义能否解决这个国家面临的历史性课题。"中国特色社会主义，凝结着实现中华民族伟大复兴这个近代以来中华民族最根本的梦想，也体现着近现代以来中国人民对社会主义的美好憧憬和不懈探索。正确认识和把握改革开放前后两个历史时期，就要在新的历史条件下毫不动摇地坚持和发展中国特色社会主义。正确认识和把握改革开放前后两个历史时期是对党的历史的尊重和珍惜，有利于增强党的历史自信，正确认识和把握改革开放前后两个历史时期是应对意识形态领域挑战、推动党和人民事业发展的现实需要，正确认识和准确把握改革开放前后两个历史时期，在中国特色社会主义道路上奋力实现中国梦。

【自我测验】

（一）单项选择题

1. 1955 年底毛泽东在党内首先提出（　　）重大问题。

A. 以苏联经验为戒，探索适合中国国情的社会主义建设道路

B. 对斯大林要正确评价他的功与过

C. 总结我国社会主义建设经验

D. 照抄照搬苏联经验不符合中国国情

2. 三大改造完成后中国国内的主要矛盾是（　　）。

A. 工人阶级同资产阶级的矛盾

B. 社会主义道路同资本主义道路的矛盾

C. 人民对于经济文化迅速发展的需要同当前经济文化不能满足人民需要之间的矛盾

D. 帝国主义和中华民族的矛盾

3. 社会主义社会的基本矛盾是指（　　）。

A. 人民群众日益增长的物质文化需要与落后的社会生产力之间的矛盾

B. 先进的社会主义生产关系与落后的社会生产力之间的矛盾

C. 生产关系与生产力之间的矛盾，上层建筑与经济基础之间的矛盾

D. 社会主义与资本主义之间的矛盾，无产阶级与资产阶级之间的矛盾

4. 邓小平说，在搞社会主义方面，毛泽东最成功的是（　　）。

A. 社会主义改造　　B. 政治战线上的社会主义革命

C. 思想战线上的社会主义革命　　D. 文化大革命

5. 1956 年底毛泽东发表的《论十大关系》成为探索中国特色的社会主义建设道路的先声，文章中提出我国社会主义建设必须围绕着一个基本方针，就是（　　）。

A. 正确区分和处理两类不同性质的矛盾

B. 调动国内外一切积极因素，把中国建设成为社会主义强国

C. 中国共产党和民主党派“长期共存、互相监督”

D. “调整、巩固、充实、提高”的方针

6. 中共八大在探索中国自己的社会主义建设道路方面最重要的贡献是（　　）。

A. 对当时和其后一个时期我国社会主义条件的阶级状况、社会状况及国情的判断、主要矛盾和党的主要任务的分析是基本正确的

B. 提出了加强民主与法制建设的思想

C. 提出了加强执政党建设的思想

D. 提出了既反保守、又反冒进，在综合平衡中稳步前进的经济建设的方针

7. 在 20 世纪 60 年代初的国民经济调整时期，中央领导人邓子恢最早支持和提倡实行（　　）。

A. 人民公社化　　B. 农业生产责任制

C. 工业化　　D. 现代化

8. 在 1956 年知识分子问题会议上，周恩来对知识分子的阶级属性的表达是（　　）。

A. 小资产阶级

B. 民族资产阶级

C. 知识分子的绝大部分已经是工人阶级的一部分

D. 大资产阶级

9. “阶级斗争基本结束，但没有完全结束”出自（　　）。

A. 《不要四面出击》　　B. 《论联合政府》

C. 《论十大关系》　　D. 《关于正确处理人民内部矛盾的问题》

10. 20 世纪 50 年代，我国提出了建设四个现代化的社会主义强国的战略目

标，其中四个现代化是指（ ）。

A. 工业、农业、商业和交通业 B. 工业、农业、商业和科学技术

C. 工业、农业、国防和科学技术 D. 工业、农业、国防和交通业

11. 毛泽东在《关于正确处理人民内部矛盾的问题》中提出解决社会主义社会基本矛盾的途径是（ ）。

A. 进行新民主主义革命 B. 进行社会主义革命

C. 依靠社会主义制度本身的力量进行改革

D. 进行无产阶级专政下的继续革命

12. 1956 年中共八大提出我国国内的主要矛盾是（ ）。

A. 人民大众同帝国主义、封建主义及其走狗国民党反动派残余势力的矛盾

B. 无产阶级同资产阶级的矛盾

C. 社会主义道路与资本主义道路的矛盾

D. 人民对于经济文化迅速发展的需要同当前经济文化不能满足人民需要的状况之间的矛盾

13. 《论十大关系》报告中的“十大关系”前五条主要讨论（ ）。

A. 经济问题 B. 革命与反革命的关系

C. 政治生活问题 D. 汉族与少数民族的关系

14. 毛泽东第一次系统地阐述社会主义社会矛盾问题的著作是（ ）。

A.《论十大关系》 B.《关于正确处理人民内部矛盾的问题》

C.《矛盾论》 D.《论人民民主专政》

15. 提出实现国家工业化的目标的会议是（ ）。

A. 党的七届二中全会 B. 党的八大

C. 十一届三中全会 D. 1956 年中央政治局会议

16. 在探索社会主义建设道路过程中，关于所有制结构调整方面，陈云提出（ ）。

A. “两参一改三结合”的思想 B. “三个主体，三个补充”思想

C. “既反保守又反冒进”方针 D. “统筹兼顾”方针

17. 毛泽东在《论十大关系》中提出我国社会主义建设必须围绕的一个基本方针是（ ）。

A. 发展生产力，把我国尽快地从落后的农业国变为先进的工业国

B. 正确处理无产阶级同资产阶级的矛盾

C. 调动国内外一切积极因素，为社会主义服务

D. 彻底消灭剥削制度，继续肃清反革命残余势力

18. 社会主义改造基本完成后，我国国家政治生活的主题是（ ）。

A. 集中力量发展社会生产力　　B. 正确处理人民内部矛盾

C. 进行思想战线上的社会主义革命　　D. 加强社会主义民主与法制建设

19. 20 世纪 50 年代，毛泽东提出，中国工业化道路的问题主要是指（ ）。

A. 优先发展重工业的问题

B. 将落后的农业国建设成为先进的工业国的问题

C. 重工业、轻工业和农业的发展关系问题

D. 建立独立的比较完整的工业体系问题

20. 下列选项中不属于毛泽东提出的“两条腿走路”方针的是（ ）。

A. 重工业和轻工业同时并举　　B. 中央工业和地方工业同时并举

C. 工业和农业同时并举　　D. 大型企业和中小型企业同时并举

21. 1953 年 9 月，毛泽东在对民主党派和工商界部分代表讲话时指出，改造资本主义工商业和逐步完成社会主义过渡的必经之路是（ ）。

A. 剥夺资本家的财产　　B. 排挤私营工商业

C. 采取国家资本主义　　D. 保护民族工商业

22. 1959—1960 年毛泽东在读斯大林《苏联社会主义经济问题》和苏联《政治经济学教科书》的谈话时，明确提出了（ ）。

A. “社会主义商品生产”的概念

B. “两参一改三结合”的制度

C. “以农业为基础。以工业为主导”的方针

D. “三个主体，三个补充”的思想

23. “大鸣、大放、大辩论、大字报”等“大民主”的极端现象给出的经验教训是（ ）。

A. 必须发展社会主义民主，健全社会主义法制

B. 必须坚持党的民主集中制和集体领导制度，加强执政党建设

C. 必须正确认识主要矛盾

D. 必须坚持对外开放

24. “一言堂”、“家长制”等现象给出的经验教训是（ ）。

A. 必须发展社会主义民主，健全社会主义法制

B. 必须坚持党的民主集中制和集体领导制度，加强执政党建设

C. 必须正确认识主要矛盾

D. 必须坚持对外开放

25. 1957 年，毛泽东在《关于正确处理人民内部矛盾的问题》中指出，在我

国，工人阶级与民族资产阶级之间的矛盾属于人民内部矛盾，如果处理不当，会变成（ ）。

A. 对抗性的敌我矛盾 B. 非对抗性的敌我矛盾

C. 对抗性的人民内部矛盾 D. 非对抗性的人民内部矛盾

26. 毛泽东在《关于正确处理人民内部矛盾的问题》一文中，强调要正确处理人民内部矛盾的问题，其目的是（ ）。

A. 解决社会主义社会存在的人民内部矛盾

B. 有利于巩固社会主义制度

C. 调动一切积极因素发展经济和文化，巩固社会主义新制度，建设社会主义新国家

D. 有利于充分发挥社会主义制度的优越性

27. 毛泽东提出发展工业必须同发展农业同时并举的工业化方针是在（ ）。

A.《论十大关系》 B.《关于正确处理人民内部矛盾的问题》

C.《七届二中全会报告》 D.《新民主主义论》

28. 在《关于正确处理人民内部矛盾的问题》一文中，毛泽东明确提出什么样的道路（ ）。

A. 要走出一条有别于苏联的中国工业化道路

B. 要走现代化道路

C. 要走出一条农业现代化的道路

D. 要侧重发展重工业和基础设施发展的道路

29. 下列选项中不属于毛泽东提出的所谓“民主的方法”的是（ ）。

A. 讨论的方法 B. 说服教育的方法

C. 批评的方法 D. 从事劳动的方法

30. 关于正确处理人民内部矛盾的问题是国家政治生活的主题，这一论断的根本着眼点是（ ）。

A. 集中力量发展社会生产力

B. 正确处理人民内部矛盾

C. 加强社会主义民主与法制建设

D. 调动一切积极因素，团结一切可以团结的力量，把全党的注意力转到社会主义建设上来

（二）多项选择题

1. 社会主义社会的基本矛盾（ ）。

A. 仍然是生产关系与生产力之间的矛盾，上层建筑与经济基础之间的

矛盾

B. 不是对抗性的矛盾

C. 具有又相适应又相矛盾的特点

D. 是推动社会主义社会不断前进的根本动力

2. 毛泽东把社会主义划分的两个阶段为（ ）。

A. 不发达的社会主义阶段　　B. 发达的社会主义阶段

C. 社会主义初级阶段　　D. 共产主义阶段

3. 集中体现毛泽东探索中国社会主义建设道路所取得的理论成果的著作有（ ）。

A. 《中国人民站起来了》　　B. 《论人民民主专政》

C. 《论十大关系》　　D. 《关于正确处理人民内部矛盾》

4. 在探索社会主义建设道路的初期，以毛泽东为代表的党的第一代领导人在经济体制和管理制度上提出的思想有（ ）。

A. “三个主体，三个补充”的思想

B. 消灭资本主义，又搞资本主义

C. 实行农业生产责任制

D. 发展社会主义商品生产，重视价值规律

5. 毛泽东在《关于正确处理人民内部矛盾的问题》中认为社会主义社会两类不同性质的矛盾是（ ）。

A. 生产关系和生产力的矛盾

B. 上层建筑和经济基础之间的矛盾

C. 敌我矛盾

D. 人民内部矛盾

6. 在社会主义改造基本完成以后，正确处理人民内部矛盾的具体方针是（ ）。

A. 经济上实行“统筹兼顾、适当安排”

B. 政治上实行团结—批评—团结

C. 科学文化上实行“百花齐放、百家争鸣”

D. 共产党和各民主党派关系上实行“长期共存，互相监督”

7. 毛泽东指出，从建设社会主义基本制度到建成一个伟大的社会主义国家，至少需要五十年到一百年的时间，这是由于（ ）。

A. 我国进入社会主义的特殊历史条件决定的

B. 我国的现实状况决定的

C. 我国现代化建设所处的国际环境和时代特点决定的

D. 社会发展的自身规律决定的

8. 20 世纪 60 年代，党提出了实现四个现代化的战略目标，并提出了要分两步走的发展战略，这两步走是指（ ）。

A. 第一步，用 15 年的时间，即在 1980 年以前，建成一个独立的比较完整的工业体系和国民经济体系

B. 第二步，在本世纪内，全面实现工业、农业、国防和科学技术的现代化，使我国国民经济走在世界的前列

C. 不发达的社会主义

D. 比较发达的社会主义

9. 下列关于社会主义矛盾的说法中正确的有（ ）。

A. 社会主义基本矛盾是对抗性的矛盾

B. 社会主义存在阶级矛盾和人民内部矛盾两种矛盾

C. 在社会主义条件下，阶级矛盾基本结束，但还没有完全结束

D. 社会主义基本矛盾可以通过社会主义制度自身得到解决

10. 下列关于党在五六十年代探索社会主义的发展阶段的说法中正确的是（ ）。

A. 社会主义可以分成不发达的社会主义和比较发达的社会主义两个阶段

B. 中国处于不发达的社会主义阶段

C. 比较发达的社会主义要比不发达的社会主义阶段需要更长的时间

D. 社会主义在中国将很快建成，共产主义很快就会实现

11. 毛泽东在《论十大关系》的重要讲话中提出要正确处理（ ）。

A. 重工业和轻工业农业的关系　　B. 沿海工业和内地工业的关系

C. 敌我矛盾和人民内部矛盾的关系　D. 经济建设和国防建设的关系

12. 针对具体实践情况不同，正确处理人民内部矛盾的各项具体方针（ ）。

A. 政治上实行“团结—批评—团结”的方针

B. 在经济上实行“统筹兼顾，适当安排”的方针

C. 在共产党与民主党派关系上实行“长期共存，互相监督”的方针

D. 在科学文化工作上实行“百花齐放，百家争鸣”的方针

13. 中国共产党在中国社会主义建设道路的初步探索中取得了重要的理论成果（ ）。

A. 调动一切积极因素为社会主义事业服务的思想

B. 正确认识和处理社会主义社会矛盾的思想

C. 走中国工业化道路的思想

D. 关于社会主义发展阶段的思想

14. 中国共产党在中国社会主义建设道路的初步探索的其他理论成果（ ）。

A. 关于社会主义发展阶段的思想

B. 关于社会主义现代化建设的战略目标和步骤

C. 关于关于经济建设方

D. 关于所有制结构的调整

15. 毛泽东提出了以农业为基础，以工业为主导，以农轻重为序发展国民经济的总方针，以及一整套“两条腿走路”的方针，即（ ）。

A. 农业和工业同时并举

B. 重工业和轻工业同时并举

C. 中央工业和地方工业同时并举

D. 沿海工业和内地工业同时并举

16. 下列关于过渡时期总路线的说法正确的是（ ）。

A. 它的主要内容是“一化三改造”

B. 它的直接目的是解放和发展生产力

C. 它体现了发展生产力与变革生产关系的统一

D. 它是社会主义改造与建设同时并举的路线

17. 毛泽东关于社会主义商品生产的主要思想有（ ）。

A. 分析了商品生产的社会性质，提出了“社会主义商品生产”的概念

B. 中国商品生产很不发达。需要有一个商品生产发展的阶段。充分利用商品生产这一有力工具为社会主义建设服务

C. 商品生产的活动范围不仅限于个人消费品。有些生产资料也是商品

D. 两种所有制的存在是商品生产和商品交换存在的主要前提。其最终的结果取决于社会生产力的发展水平

18. 毛泽东关于社会主义商品经济条件下价值规律的思想有（ ）。

A. 价值规律是客观经济规律，不能违背，只能利用

B. 价值规律在生产资料各部门之间和生产领域内也发生作用

C. 经济单位都要利用价值规律进行经济核算

D. 价值规律在社会主义国民经济中仍起广泛作用

19. 在领导国家经济建设实践中，以毛泽东为代表的中国共产党人逐步形成了我国经济建设的指导方针，其中最主要的有（ ）。

A. 在综合平衡中稳步前进的方针

B. 统筹兼顾的方针

C. 以工业为主导，优先发展重工业的方针

D. 以自力更生为主，争取外援为辅的方针

20. 1956 年中共八大前后，毛泽东在探索中国自己的社会主义建设道路中提出的重要思想有（ ）。

A. 不要四面出击，树敌过多，造成全国紧张

B. 把国内外一切积极因素调动起来，为社会主义事业服务

C. 中国共产党同各民主党派长期共存、互相监督

D. 正确区分和处理两类不同性质的矛盾

（三）辨析题

1. 毛泽东在《关于正确处理人民内部矛盾的问题》中提出解决社会主义社会基本矛盾的途径是依靠社会主义制度本身的力量进行改革。

2. 1956 年中共八大提出我国国内的主要矛盾是人民大众同帝国主义、封建主义及其走狗国民党反动派残余势力的矛盾。

（四）综合问答题

1. 毛泽东的《论十大关系》对我们今天建设有中国特色的社会主义有哪些指导意义？

2. 论述毛泽东在《关于正确处理人民内部矛盾的问题》这一著作中提出的新理论及其意义。

（五）材料分析题

1. 下列是摘自毛泽东的《关于正确处理人民内部矛盾的问题》一文的材料：

材料 1

为了正确地认识敌我之间和人民内部这两类不同的矛盾，应该首先弄清楚什么是人民，什么是敌人。人民这个概念在不同的国家和各个国家的不同的历史时期，有着不同的内容。

材料 2

敌我之间的矛盾是对抗性的矛盾。人民内部的矛盾，在劳动人民之间说来，是非对抗性的，在被剥削阶级和剥削阶级之间说来，除了对抗性的一面以外，还有非对抗性的一面。

材料 3

工人阶级和民族资产阶级之间存在着剥削和被剥削的矛盾，这本来是对抗性的矛盾。但是在我国的具体条件下，这两个阶级的对抗性的矛盾如果处理得当，可以转变为非对抗性的矛盾，可以用和平的方法解决这个矛盾；如果我们处理不当，那么工人阶级同民族资产阶级之间的矛盾就会变成敌我之间的矛盾。

请结合材料，回答下列回答：

（1）分析材料1，结合所学的知识，分别指出抗日战争时期、解放战争时期与社会主义建设时期人民的范围、敌人的范围。

（2）分析材料1、2，结合所学知识，指出社会主义时期人民内部矛盾包括的范围。

（3）结合材料1、2与3，指出人民内部矛盾与敌我矛盾的性质及相互关系。

2. 根据下列材料回答问题

材料1

“要说清关于社会主义革命和社会主义建设，毛泽东同志有哪些贡献。他的思想还在发展中。我们要恢复毛泽东思想，坚持毛泽东思想，以后还要发展毛泽东思想，在这些方面，他都提供了一个基础。”

——摘自邓小平在对起草《关于建国以来党的若干历史问题的决议》的意见

材料2

毛泽东同志毕生最突出最伟大的贡献，就是领导我们党和人民找到了新民主主义革命的正确道路，完成了反帝反封建的任务，建立了中华人民共和国，确立了社会主义基本制度，并从中国实际出发，探索社会主义建设的道路，为古老的中国赶上时代发展潮流、阔步走向繁荣昌盛创造了根本前提，奠定了坚实的理论和实践基础。

——摘自胡锦涛《在纪念毛泽东同志诞辰110周年座谈会上的讲话》

材料3

党的十一届三中全会，标志着邓小平同志成为党的第二代领导集体的核心。邓小平同志同中央领导集体一起，顺应时代要求和人民愿望，指导我们党总结建国以来的历史经验，解决了科学评价毛泽东同志的历史地位和毛泽东思想的科学体系，以及根据新的实际和发展要求确立中国社会主义现代化建设的正确道路这样两个相互联系的重大历史课题，根本否定了“文化大革命”的错误实践和理论，为我们党和国家的发展确定了正确方向。

——摘自2004年8月22日胡锦涛《在邓小平同志诞辰100周年纪念大会上的讲话》

根据材料，请回答：

（1）分析毛泽东在探索中国特色社会主义建设道路初期取得的积极成果。

（2）如何理解探索中国特色社会主义建设道路“始于毛泽东，成于邓小平”？

【参考答案】

(一) 单项选择题

1. A	2. C	3. C	4. A	5. B	6. A	7. B	8. C	9. D	10. C
11. C	12. D	13. A	14. B	15. A	16. B	17. C	18. B	19. C	20. C
21. C	22. A	23. A	24. B	25. C	26. C	27. A	28. A	29. D	30. D

(二) 多项选择题

1. ABCD	2. AB	3. CD	4. ABCD	5. CD
6. ABCD	7. ABCD	8. AB	9. BCD	10. ABC
11. ABD	12. ABCD	13. ABCD	14. ABCD	15. BCD
16. ACD	17. ABCD	18. ABCD	19. AB	20. BCD

(三) 辨析题

1. 毛泽东在《关于正确处理人民内部矛盾的问题》中提出解决社会主义社会基本矛盾的途径是依靠社会主义制度本身的力量进行改革。

答：正确。毛泽东认为社会主义的基本矛盾仍是生产关系和生产力、上层建筑和经济基础之间的矛盾。但社会主义社会的矛盾不是对抗性矛盾，它可以通过社会主义制度本身不断得到解决。解决的方式方法就是通过调整和改善生产关系同生产力、上层建筑同经济基础不相适应的方面，使社会主义制度不断得到巩固和发展。这就为在坚持社会主义基本制度的前提下进行改革提供了理论依据，丰富和发展了马克思主义关于社会主义社会的学说。

2. 中共八大提出我国国内的主要矛盾是人民大众同帝国主义、封建主义及其走狗国民党反动派残余势力的矛盾。

答：错误。中共八大政治报告指出：我国的社会主义改造已经取得决定性的胜利，我国的无产阶级同资产阶级之间的矛盾已经基本上解决，几千年来的阶级剥削制度的历史已经基本上结束，社会主义的社会制度在我国已经基本上建立起来了。我国国内的主要矛盾已经是人民对于建立先进的工业国的要求同落后的农业国的现实之间的矛盾，已经是人民对于经济文化迅速发展的需要同当前经济文化不能满足人民需要的状况之间的矛盾。

(四) 综合问答题

1. 毛泽东的《论十大关系》对我们今天建设有中国特色的社会主义有哪些指导意义?

答：1956 年 4 月，毛泽东发表了《论十大关系》的讲话，其主要内容是：

①提出我国社会主义建设必须“围绕着一个基本方针，就是要把国内外一切积极因素调动起来，为社会主义事业服务”。调动一切积极因素的方针，充分体现了党的群众路线。依据这一方针，党取得了民主革命、社会主义革命和社会主义建设初期的辉煌成就。今天，党继续贯彻这一方针，建立爱国统一战线，调动一切积极因素，积极建设有中国特色的社会主义。②从我国社会主义的改造和建设的实际出发，揭示了我国社会经济生活和政治生活的十种关系。十种关系涉及社会主义建设中的重大问题，对这些问题的分析和解答，不仅为中国共产党探索社会主义道路奠定了坚实的基础，而且对今天有中国特色的社会主义建设事业仍然有重要的借鉴意义。

2. 论述毛泽东在《关于正确处理人民内部矛盾的问题》这一著作中提出的新理论及其意义。

答：在这一著作中，毛泽东以苏联经验为借鉴，在总结自己经验的基础上，从理论上提出关于社会主义社会矛盾的新学说。①指出矛盾是普遍存在的，社会主义社会也充满着矛盾，社会主义社会的基本矛盾仍然是生产关系和生产力、上层建筑和经济基础之间的矛盾；但社会主义社会的基本矛盾同旧社会的基本矛盾具有根本不同的性质和情况，可以经过社会主义制度本身的自我调整和完善，不断得到解决。②指出社会主义社会存在敌我矛盾和人民内部矛盾两类不同性质的矛盾，两类矛盾性质不同，处理的方法也应不同，前者需要用强制的、专政的方法去解决，后者只能用民主的方法去解决。③指出正确处理人民内部矛盾，调动一切积极因素，发展我们的经济和文化，已经成为国家政治生活的主题。这一理论是探索中国社会主义建设道路的新成果，为马克思主义理论宝库增加了新内容，对今天建设有中国特色社会主义仍有重要的指导意义。

（五）材料分析题

1. 答案要点：

（1）抗战时期，敌人是指日本帝国主义、汉奸、亲日派；人民是指一切抗日的阶级、阶层和社会集团。解放战争时期，敌人是指美帝国主义和它的走狗即官僚资产阶级、地主阶级以及代表这些阶级的国民党反动派；人民是指反对这些敌人的阶级、阶层和社会集团。社会主义建设时期，敌人是指一切反抗社会主义革命和敌视、破坏社会主义建设的社会势力和社会集团；人民是指一切赞成、拥护和参加社会主义建设事业的阶级、阶层和社会集团。

（2）社会主义时期人民内部矛盾包括工人阶级内部的矛盾、农民阶级内部的矛盾、知识分子内部的矛盾、工农两个阶级之间的矛盾、工农同知识分子之间的矛盾、工人阶级和其他劳动人民同民族资产阶级之间的矛盾、民族资产阶级内部的矛盾等。

(3) 敌我之间的矛盾是对抗性矛盾，人民内部矛盾是非对抗性矛盾。对抗性矛盾和非对抗性矛盾的区别是相对的，也可以发生对抗的现象，尽管这只是局部和暂时的现象，但也是不可忽略的。

2. 答案要点：

(1) 1956 年苏共二十大后，毛泽东提出“以苏为鉴”，探索自己的道路。在这个探索中形成了一些正确的和比较正确的理论观点、方针政策和实践经验。比如，党的八大的正确思想，毛泽东在 1956 年作的《论十大关系》重要讲话，1957 年作的《关于正确处理人民内部矛盾的问题》重要讲话，以及许多关于中国社会主义建设的重要观点，涉及政治、经济、文化、国防、外交、党的建设等各个方面。

(2) ①探索中国自己的社会主义道路是毛泽东、邓小平两代领导人的共同使命。毛泽东率先提出以苏联经验为借鉴，走中国自己的建设道路。邓小平进而对苏联模式进行反思，提出走自己的路，建设有中国特色的社会主义。②从探索过程看，中国特色社会主义建设道路的探索是一个长期的历史过程，毛泽东进行了二十年的探索，期间有成功也有失误，但没有完成。邓小平吸取经验教训继续探索，成功地找到了有中国特色的社会主义道路。③毛泽东在探索中形成的正确和比较正确的思想理论成果被邓小平所继承，成为邓小平探索的思想渊源和理论先导。毛泽东提出的正确方针政策为邓小平所坚持、完善和发展，毛泽东探索中出现的失误为邓小平所纠正。

【延伸阅读】

毛泽东：《论十大关系》（节选）

（一九五六年四月二十五日）

一、重工业和轻工业、农业的关系

重工业是我国建设的重点。必须优先发展生产资料的生产，这是已经定了的。但是决不可以因此忽视生活资料尤其是粮食的生产。如果没有足够的粮食和其他生活必需品，首先就不能养活工人，还谈什么发展重工业？所以，重工业和轻工业、农业的关系，必须处理好。

在处理重工业和轻工业、农业的关系上，我们没有犯原则性的错误。我们比

苏联和一些东欧国家作得好些。像苏联的粮食产量长期达不到革命前最高水平的问题，像一些东欧国家由于轻重工业发展太不平衡而产生的严重问题，我们这里是不存在的。他们片面地注重重工业，忽视农业和轻工业，因而市场上的货物不够，货币不稳定。我们对于农业轻工业是比较注重的。我们一直抓了农业，发展了农业，相当地保证了发展工业所需要的粮食和原料。我们的民生日用商品比较丰富，物价和货币是稳定的。

我们现在的问题，就是还要适当地调整重工业和农业、轻工业的投资比例，更多地发展农业、轻工业。这样，重工业是不是不为主了？它还是为主，还是投资的重点。但是，农业、轻工业投资的比例要加重一点。

加重的结果怎么样？加重的结果，一可以更好地供给人民生活的需要，二可以更快地增加资金的积累，因而可以更多更好地发展重工业。重工业也可以积累，但是，在我们现有的经济条件下，轻工业农业积累得更多更快些。

这里就发生一个问题，你对发展重工业究竟是真想还是假想，想得厉害一点，还是差一点？你如果是假想，或者想得差一点，那就打击农业、轻工业，对它们少投点资。你如果是真想，或者想得厉害，那你就要注重农业、轻工业，使粮食和轻工业原料更多些，积累更多些，投到重工业方面的资金将来也会更多些。

我们现在发展重工业可以有两种办法，一种是少发展一些农业、轻工业，一种是多发展一些农业、轻工业。从长远观点来看，前一种办法会使重工业发展得少些和慢些，至少基础不那么稳固，几十年后算总账是划不来的。后一种办法会使重工业发展得多些和快些，而且由于保障了人民生活的需要，会使它发展的基础更加稳固。

四、国家、生产单位和生产者个人的关系

国家和工厂、合作社的关系，工厂、合作社和生产者个人的关系，这两种关系都要处理好。为此，就不能只顾一头，必须兼顾国家、集体和个人三个方面，也就是我们过去常说的“军民兼顾”、“公私兼顾”。鉴于苏联和我们自己的经验，今后务必更好地解决这个问题。

拿工人讲，工人的劳动生产率提高了，他们的劳动条件和集体福利就需要逐步有所改进。我们历来提倡艰苦奋斗，反对把个人物质利益看得高于一切，同时我们也历来提倡关心群众生活，反对不关心群众痛痒的官僚主义。随着整个国民经济的发展，工资也需要适当调整。关于工贸，最近决定增加一些，主要加在下面，加在工人方面，以便缩小上下两方面的距离。我们的工资一般还不高，但是因为就业的人多了，因为物价低和稳，加上其他种种条件，工人的生活比过去还是有了很大改善。在无产阶级政权下面，工人的政治觉悟和劳动积极性一直很高。去年年底中央号召反右倾保守，工人群众热烈拥护，奋战三个月，破例地超额完成了今年第一季度的计划。我们需要大力发扬他们这种艰苦奋斗的精神，也需要更多地注意解决他们在劳动和生活中的迫切问题。

这里还要谈一下工厂在统一领导下的独立性问题。把什么东西统统都集中在中央或省市，不给工厂一点权力、一点机动的余地、一点利益，恐怕不妥。中央、省市和工厂的权益究竟应当各有多大才适当，我们经验不多，还要研究。从原则上说，统一性和独立性是对立的统一，要有统一性，也要有独立性。比如我们现在开会是统一性，散会以后有人散步，有人读书，有人吃饭，就是独立性。如果我们不给每个人散会后的独立性，一直把会无休止地开下去，不是所有的人都要死光吗？个人是这样，工厂和其他生产单位也是这样。各个生产单位都要有一个与统一性相联系的独立性，才会发展得更加活泼。

再讲农民。我们同农民的关系历来都是好的，但是在粮食问题上曾经犯过一个错误。一九五四年我国部分地区因水灾减产，我们却多购了七十亿斤粮食。这样一减一多，闹得去年春季许多地方几乎人人谈粮食，户户谈统销。农民有意见，党内外也有许多意见。尽管不少人是故意夸大，乘机攻击，但是不能说我们没有缺点。调查不够，摸不清底，多购了七十亿斤，这就是缺点。我们发现了缺点，一九五五年就少购了七十亿斤，又搞了一个“三定”，就是定产定购定销，加上丰收，一少一增，使农民手里多了二百多亿斤粮食。这样，过去有意见的农民也说“共产党真是好”了。这个教训，全党必须记住。

苏联的办法把农民挖得很苦。他们采取所谓义务交售制等项办法，把农民生产的东西拿走太多，给的代价又极低。他们这样来积累资金，使农民的生产积极性受到极大的损害。你要母鸡多生蛋，又不给它米吃，又要马儿跑得好，又要马儿不吃草。世界上哪有这样的道理？

我们对农民的政策不是苏联的那种政策，而是兼顾国家和农民的利益。我们的农业税历来比较轻。工农业品的交换，我们是采取缩小剪刀差，等价交换或者近乎等价交换的政策。我们统购农产品是按照正常的价格，农民并不吃亏，而且收购的价格还逐步有所增长。我们在向农民供应工业品方面，采取薄利多销、稳定物价或适当降价的政策，在向缺粮区农民供应粮食方面，一般略有补贴。但是就是这样，如果粗心大意，也还是会犯这种或那种错误。鉴于苏联在这个问题上犯了严重错误，我们必须更多地注意处理好国家同农民的关系。

合作社同农民的关系也要处理好。在合作社的收入中，国家拿多少，合作社拿多少，农民拿多少，以及怎样拿法，都要规定得适当。合作社所拿的部分，都是直接为农民服务的。生产费不必说，管理费也是必要的，公积金是为了扩大再生产，公益金是为了农民的福利。但是，这几项各占多少，应当同农民研究出一个合理的比例。生产费管理费都要力求节约。公积金公益金也要有个控制，不能希望一年把好事都做完。

除了遇到特大自然灾害以外，我们必须在增加农业生产的基础上，争取百分之九十的社员每年的收入比前一年有所增加，百分之十的社员的收入能够不增不减，如有减少，也要及早想办法加以解决。

总之，国家和工厂，国家和工人，工厂和工人，国家和合作社，国家和农民，合作社和农民，都必须兼顾，不能只顾一头。无论只顾那一头，都是不利于社会主义，不利于无产阶级专政的。这是一个关系到六亿人民的大问题，必须在全党和全国人民中间反复进行教育。

五、中央和地方的关系

中央和地方的关系也是一个矛盾。解决这个矛盾，目前要注意的是，应当在巩固中央统一领导的前提下，扩大一点地方的权力，给地方更多的独立性，让地方办更多的事情。这对我们建设强大的社会主义国家比较有利。我们的国家这样大，人口这样多，情况这样复杂，有中央和地方两个积极性，比只有一个积极性好得多。我们不能像苏联那样，把什么都集中到中央，把地方卡得死死的，一点机动权也没有。

中央要发展工业，地方也要发展工业。就是中央直属的工业，也还是要靠地方协助。至于农业和商业，更需要依靠地方。总之，要发展社会主义建设，就必须发挥地方的积极性。中央要巩固，就要注意地方的利益。

现在几十只手插到地方，使地方的事情不好办。立了一个部就要革命，要革命就要下命令。各部不好向省委、省人民委员会下命令，就同省、市的厅局联成一线，天天给厅局下命令。这些命令虽然党中央不知道，国务院不知道，但都说是中央来的，给地方压力很大。表报之多，闹得泛滥成灾。这种情况，必须纠正。

我们要提倡同地方商量办事的作风。党中央办事，总是同地方商量，不同地方商量从来不冒下命令。在这方面，希望中央各部好好注意，凡是同地方有关的事情，都要先同地方商量，商量好了再下命令。

中央的部门可以分成两类。有一类，它们的领导可以一直管到企业，它们设在地方的管理机构和企业由地方进行监督；有一类，它们的任务是提出指导方针，制定工作规划，事情要靠地方办，要由地方去处理。

处理好中央和地方的关系，这对于我们这样的大国大党是一个十分重要的问题。这个问题，有些资本主义国家也是很注意的。它们的制度和我们的制度根本不同，但是它们发展的经验，还是值得我们研究。拿我们自己的经验说，我们建国初期实行的那种大区制度，当时有必要，但是也有缺点，后来的高饶反党联盟，就多少利用了这个缺点。以后决定取消大区，各省直属中央，也是正确的。但是由此走到取消地方的必要的独立性，结果也不那么好。我们的宪法规定，立法权集中在中央。但是在不违背中央方针的条件下，按照情况和工作需要，地方可以搞章程、条例、办法，宪法并没有约束。我们要统一，也要特殊。为了建设一个强大的社会主义国家，必须有中央的强有力的统一领导，必须有全国的统一计划和统一纪律，破坏这种必要的统一，是不允许的。同时，又必须充分发挥地方的积极性，各地都要有适合当地情况的特殊。这种特殊不是高岗的那种特殊，而是为了整体利益，为了加强全国统一所必要的特殊。

还有一个地方和地方的关系问题，这里说的主要是地方的上下级关系问题。省市对中央部门有意见，地、县、区、乡对省市就没有意见吗？中央要注意发挥省市的积极性，省市也要注意发挥地、县、区、乡的积极性，都不能够框得太死。当然，也要告诉下面的同志哪些事必须统一，不能乱来。总之，可以和应当统一的，必须统一；不可以和不应当统一的，不能强求统一。正当的独立性，正当的权利，省、市、地、县、区、乡都应当有，都应当争。这种从全国整体利益出发的争权，不是从本位利益出发的争权，不能叫作地方主义，不能叫作闹独立性。

省市和省市之间的关系，也是一种地方和地方的关系，也要处理得好。我们历来的原则，就是提倡顾全大局，互助互让。

在解决中央和地方、地方和地方的关系问题上，我们的经验还不多，还不成熟，希望你们好好研究讨论，并且每过一个时期就要总结经验，发扬成绩，克服缺点。

来源：《毛泽东文集》第7卷，人民出版社1999年版

【参考文献】

[1] 毛泽东：《论十大关系》，《毛泽东文集》第7卷，人民出版社1999年版。

[2] 毛泽东：《关于正确处理人民内部矛盾的问题》，《毛泽东文集》第 7 卷，人民出版社 1999 年版。

[3] 毛泽东：《读苏联〈政治经济学教科书〉的谈话》（节选），《毛泽东文集》第 8 卷，人民出版社 1999 年版。

[4] 毛泽东：《在扩大的中央工作会议上的讲话》，《毛泽东文集》第 8 卷，人民出版社 1999 年版。

[5] 毛泽东：《人的正确思想是从哪里来的？》，《毛泽东文集》第 8 卷，人民出版社 1999 年版。

第五章

建设中国特色社会主义总依据

【教学目的与要求】

通过本章的教学使学生正确认识建设中国特色社会主义总依据是社会主义初级阶段，理解社会主义初级阶段理论的形成和发展、科学含义和主要特征、发展的阶段性特征；理解和掌握社会主义初级阶段的主要矛盾、党在社会主义初级阶段的基本路线和基本纲领，提高贯彻落实党的基本路线的坚定性和自觉性。

【教学内容】

建设中国特色社会主义的总依据是我国现在处于并将长期处于社会主义初级阶段，社会主义初级阶段是长期性和阶段性的统一。在社会主义初级阶段必须坚持“一个中心、两个基本点”的基本路线和基本纲领，明确中国特色社会主义经济、政治、文化、社会、生态建设的基本目标和基本政策，正确处理最高纲领和最低纲领的关系。

【教学重点与难点】

学习重点：

1. 社会主义初级阶段的理论及其重大意义。
2. 社会主义初级阶段党的基本路线和基本纲领。
3. 社会主义初级阶段阶段性的特征。

学习难点：

1. 社会主义初级阶段是长期性和阶段性的统一。
2. 党的最高纲领和最低纲领的辩证统一。

【难点问题解析】

一、为什么说社会主义初级阶段是长期性和阶段性的统一?

第一，社会主义初级阶段是长期性与阶段性统一的动态发展过程。理解社会主义初级阶段，既要认识到其发展是一个相当长的历史阶段，又要认识到其在长期的发展进程中必然还要经历若干具体的阶段，不同时期会显现出不同的阶段性特征。

第二，社会主义初级阶段的长期性，从根本上说是由中国进入社会主义的历史条件和建成社会主义所需要的物质基础所决定的。

第三，21 世纪以来，我国进入了全面建设小康社会、加快推进社会主义现代化的新的发展阶段。尽管社会主义初级阶段的基本国情、主要矛盾和我国作为世界最大发展中国家的国际地位没有变，但经济和社会发展出现的许多新情况、新变化，显示出了一系列新的阶段性特征。

二、如何理解社会主义初级阶段的基本路线是党和国家的生命线、人民群众的幸福线?

第一，党的基本路线的制定极富政治智慧和远见，党的基本路线是立国、兴国、强国的重要法宝，是实现科学发展的重要保证，是党和国家的生命线、人民群众的幸福线。

第二，以经济建设为中心是兴国之要，而四项基本原则是立国之本，改革开放是强国之路，两者构成相互统一、缺一不可的两个基本点。

第三，坚持四项基本原则是以不变应万变，是为了抵御右的影响，防止走改旗易帜的邪路；坚持改革开放是积极求变，是为了抵御“左”的影响，防止走僵化封闭的老路。

第四，我们要始终坚持党的基本路线不动摇，做到思想上坚信不疑，行动上坚定不移。

【自我检测】

(一) 单项选择题

1. 党的十三大召开前夕，邓小平强调指出：“社会主义本身是共产主义的初级阶段，而我们中国又处在社会主义的初级阶段，就是不发达的阶段，一切都要从这个实际出发，根据这个实际来制定规划。”这一论述（　　）。

A. 首次提出了社会主义初级阶段概念

B. 首次系统阐述了社会主义初级阶段理论

C. 首次把社会主义初级阶段作为事关全局的基本国情加以把握

D. 首次对社会主义发展阶段进行了划分

2. 21世纪以来，我国经济和社会发展呈现出一系列新的阶段特征，但是，这些新的阶段特征的出现并没有改变我国仍处于社会主义初级阶段这一基本事实。这表明，社会主义初级阶段是（　　）。

A. 科学社会主义基本原则与时代精神相结合的过程

B. 长期性与阶段性统一的动态发展过程

C. 先进社会制度与落后社会生产的矛盾运动过程

D. 社会性质与发展程度的有机统一过程

3. 邓小平指出："社会主义究竟是个什么样子，苏联搞了很多年，也并没有搞清楚，可能列宁的思路比较好，搞了个新经济政策，但是最后苏联模式僵化了"，列宁新经济政策关于社会主义的思路之所以"比较好"是因为（　　）。

A. 提出了比较系统的社会主义建设纲领

B. 根据苏联的实际情况来探索社会主义建设的道路

C. 为苏联找到一种比较成熟的社会主义发展模式

D. 按照马克思恩格斯关于未来的设想来建设社会主义

4. 1981年党的十一届六中全会通过《关于建国以来党的若干历史问题的建议》对我国社会主要矛盾作了规范的表述："社会主义改造完成以后，我国所要解决的主要矛盾，是人民日益增长的物质文化需要同落后的社会生产之间的矛盾。"我国社会主要矛盾的主要方面将长期是（　　）。

A. 生产力落后　　B. 生产力不断发展的要求

C. 经济文化发展不平衡　　D. 人民日益增长的物质文化需要

5. 建设中国特色社会主义总依据是（　　）。

A. 我国已进入社会主义社会　　B. 地大物博、人口众多

C. 社会主义初级阶段　　D. 经济文化相对落后

6. 1981年，十一届六中全会通过的《中国共产党中央委员会关于建国以来党的若干历史问题的决议》对我国社会主义初级阶段的主要矛盾作了规范的表述是（　　）。

A. 上层建筑与经济基础的矛盾

B. 社会主义与资本主义的矛盾

C. 生产力与生产关系的矛盾

D. 人民群众日益增长的物质文化需要与落后的社会生产的矛盾

7. 我国现阶段各项方针政策的制定，必须以（　　）为出发点和依据。

A. 社会主义初级阶段　　B. 改革开放

C. 国家富强　　D. 国际环境

8.（　　）是立国之本。

A. 四项基本原则　　B. 改革开放

C. 党的建设　　D. 发展经济

9. 坚持党的基本路线不动摇，最重要的是正确处理（　　）的关系。

A. 改革和开放　　B. 一个中心和两个基本点

C. 四项基本原则和改革开放　　D. 经济体制改革和政治体制改革

10. 建设有中国特色社会主义的经济，就是在社会主义条件下（　　），不断解放和发展生产力。

A. 发展市场经济　　B. 实现改革开放

C. 进行经济体制改革　　D. 坚持以经济建设为中心

11. 建设有中国特色的社会主义政治，就是要在党的领导下，在人民当家做主的基础上，依法治国，发展（　　）。

A. 社会主义法治　　B. 社会主义生产关系

C. 社会主义经济基础　　D. 社会主义民主政治

12. 坚持四项基本原则，核心在于坚持（　　）。

A. 党的领导　　B. 人民民主专政

C. 以经济建设为中心　　D. 改革开放

13. 党在社会主义初级阶段的（　　），是党的基本路线在经济、政治、文化领域的具体化。

A. 基本方针　　B. 基本路线

C. 基本政策　　D. 基本纲领

14. 社会主义初级阶段是指（　　）。

A. 任何国家进入社会主义都会经历的起始阶段

B. 我国生产力落后，商品经济不发达条件下建设社会主义必然要经历的阶段

C. 资本主义向社会主义的过渡阶段

D. 新民主主义向社会主义过渡的阶段

15. 党在社会主义初级阶段基本路线的两个基本点是（　　）。

A. 坚持中国共产党的领导和社会主义道路

B. 坚持社会主义道路和改革开放

C. 坚持马列主义和中国共产党的领导

D. 坚持四项基本原则和改革开放

16. 中国社会主义初级阶段的起点是（　　）。

A. 中华人民共和国的成立　　B. 国民经济恢复任务的完成

C. 社会主义改造的基本完成　D. 中共十一届三中全会的召开

17. 党的十五大，明确提出党在社会主义初级阶段的（　　）。

A. 基本理论　　B. 基本路线

C. 基本纲领　　D. 基本方针

18. 邓小平曾说："现在虽说我们也在搞社会主义，但事实上不够格。"这说明（　　）。

A. 我国应该先走资本主义道路，再走社会主义道路

B. 我国实际上还处于向社会主义社会过渡的时期

C. 我们搞的社会主义事实上是在补资本主义的课

D. 我国的生产力不发达，还没有摆脱贫困

19. 社会主义初级阶段基本路线规定的党在社会主义初级阶段的奋斗目标是（　　）。

A. 把我国建设成为富强、民主、文明、和谐的社会主义现代化国家

B. 实现祖国统一

C. 建立各尽所能，按需分配的共产主义社会

D. 人均国民生产总值到2000年翻两番，实现小康

20. 社会主义初级阶段是不可逾越的，这主要取决于（　　）。

A. 市场经济的不可逾越性　　B. 生产力发展的不可逾越性

C. 生产关系发展的不可逾越性　D. 文化传统的不可逾越性

21. 我们强调社会主义初级阶段的长期性，下列选项不是原因的是（　　）。

A. 社会主义社会是一个相当长期的、独立的社会形态

B. 我国是一个经济文化落后的国家

C. 在这个阶段需要对资本主义进行补课

D. 要防止急躁、冒进超越社会发展阶段

22. 在社会主义思想发展史上，最早提到社会主义发展阶段问题的是（　　）。

A. 马克思　　B. 恩格斯

C. 列宁　　D. 斯大林

23. 实现社会主义初级阶段奋斗目标的根本立足点是（　　）。

A. 自力更生、艰苦创业　　B. 爱岗敬业、团结友善
C. 党领导和团结全国各族人民　　D. 坚持四项基本原则

24. 坚持四项基本原则和改革开放两个基本点的统一，必须旗帜鲜明地反对（　）。

A. 市场经济　　B. 资本主义的成果
C. 社会主义市场经济　　D. 资产阶级自由化

25. 党在社会主义初级阶段的基本路线最主要的内容是“一个中心、两个基本点”，其中一个中心是指（　）。

A. 改革开放　　B. 党的领导
C. 经济建设　　D. 四项基本原则

（二）多项选择题

1. 邓小平认为，从1956年中国进入社会主义算起，到中国基本实现现代化，至少需要上百年时间，而巩固和发展社会主义制度，则需要更长的时间。其依据是（　）。

A. 由我国进入社会主义的历史前提决定的
B. 由我国社会的阶级斗争这个主要矛盾决定的
C. 由我国现代化建设所处的时代特点与国际环境所决定的
D. 由我国现实的生产力、生产关系和上层建筑的国情决定的

2. 新世纪以来，尽管社会主义初级阶段的基本国情没有变，但显示出了一系列新的阶段性特征是（　）。

A. 目前达到的小康还是低水平、不全面、发展不平衡的小康
B. 经济实力显著增强，同时发展中不平衡、不协调、不可持续的问题依然突出
C. 经济社会发展取得全面进步，同时发展面临新的重大结构性问题，影响发展的体制机制障碍依然存在
D. 对外开放日益扩大，同时面临的国际竞争日趋激烈

3. 社会主义初级阶段的含义是（　）。

A. 我国已经是社会主义社会
B. 我国不是社会主义社会，还处于向社会主义的过渡阶段
C. 我国正处于社会主义社会的初级阶段
D. 社会主义初级阶段是共产主义社会的初期阶段

4. 社会主义初级阶段是我国建设社会主义不可逾越的一个历史阶段，因为（　）。

A. 它反映了社会主义替代资本主义的发展规律

B. 它反映了我国社会主义社会的特殊性

C. 它是由我国社会主义社会脱胎于半殖民地、半封建社会的历史前提所决定的

D. 它是由我国生产力落后等客观条件决定的

5. 党的十七大对新世纪新阶段我国发展呈现出来的特征做了新的总结，正确的是（ ）。

A. 经济实力显著增强，但长期形成的结构性矛盾和粗放型增长方式尚未根本改变

B. 社会主义市场经济体制初步建立，同时影响发展的体制机制障碍依然存在，改革攻坚面临深层次矛盾和问题

C. 人民生活总体上达到小康水平，同时收入分配差距拉大趋势还未根本扭转

D. 社会主义民主政治不断发展、依法治国基本方略扎实贯彻，同时民主法制建设与扩大人民民主和经济社会发展的要求还不完全适应，政治体制改革需要继续深化

6. 社会主义初级阶段与新民主主义社会的区别在于（ ）。

A. 社会主义公有制经济是否成为社会经济的主体

B. 社会主义根本政治制度、基本政治制度是否确立

C. 执政党是否能够以最广大人民的根本利益为出发点

D. 马克思主义世界观在整个社会思想文化领域中的指导地位是否确立

7. 下列属于社会主义初级阶段特征的是（ ）。

A. 基本实现社会主义现代化的历史阶段

B. 由农业国逐步转变为工业国的历史阶段

C. 科技教育文化由比较落后转变为比较发达的历史阶段

D. 由人民生活水平比较低转变为比较富裕的历史阶段

8. 改革开放以来我国在诸多方面都发生了重大变化，但是没有变化的是（ ）。

A. 生产力水平　　B. 社会性质

C. 党的执政能力　　D. 社会主要矛盾

9. 邓小平曾指出："现在虽说我们也在搞社会主义，但事实上不够格。"所谓"不够格"包括（ ）。

A. 物质技术基础不够格　　B. 社会经济制度不完善

C. 上层建筑方面不成熟　　D. 人民素质不够格

10. 下列关于社会主义初级阶段的基本路线的论述，正确的是（　　）。

A. "一个中心，两个基本点"是基本路线最主要的内容

B. "领导和团结全国各族人民"是实现社会主义现代化奋斗目标的领导力量和依靠力量

C. 社会主义初级阶段的奋斗目标是建设富强民主文明和谐的社会主义现代化国家

D. 富强、民主、文明、和谐的奋斗目标在现实中表现为经济建设、政治建设、文化建设和社会建设的统一

11. 经济建设、改革开放、四项基本原则的相互关系是（　　）。

A. 经济建设是中心　　B. 改革开放是动力

C. 四项基本原则是政治保证　　D. 四项基本原则是目的

12. 四项基本原则是指（　　）。

A. 坚持中国共产党的领导　　B. 坚持社会主义道路

C. 坚持马列主义、毛泽东思想　　D. 坚持无产阶级专政

13. 毛泽东认为社会主义可能分为的两个阶段是（　　）。

A. 第一阶段是不发达的社会主义　B. 第一阶段是过渡时期

C. 第二阶段是发达的社会主义　　D. 第二阶段是比较发达的社会主义

14. 中国共产党是最低纲领和最高纲领的统一论者，当前我党在社会主义初级阶段的最低纲领和最高纲领是（　　）。

A. 最低纲领是社会主义初级阶段的基本纲领

B. 最低纲领是坚持四项基本原则

C. 最高纲领是实现共产主义

D. 最高纲领是实现社会主义现代化

15. 马克思认为未来社会大体要经历（　　）。

A. 从资本主义社会到共产主义社会的革命转变期

B. 共产主义社会的第一阶段

C. 社会主义初级阶段

D. 共产主义社会的高级阶段

16. 2002 年党的十六大指出，我国正处于并将长期处于社会主义初级阶段，现在达到的小康呈现出的特点是（　　）。

A. 低水平的　　B. 发展不平衡的

C. 不全面的　　D. 高水平的

17. 党的十六大指出：认清中国的国情，认清中国正处在社会主义初级阶段，是认清社会主义建设一切问题的根据。这是因为社会主义初级阶段理论（　　）。

A. 是实现共产主义的必要条件

B. 是对马克思科学社会主义学说的丰富和发展

C. 是抵制“左”和右的错误观念的思想武器

D. 是制定路线方针政策的基本依据

18. 社会主义初级阶段的主要矛盾是人民日益增长的物质文化需要同落后的社会生产之间的矛盾。就落后的社会生产而言，主要包括（　　）。

A. 国际地位落后　　B. 生产力水平的落后

C. 时代条件落后　　D. 生产力的组织、经营和管理方式落后

19. 社会主义初级阶段的主要矛盾是人民日益增长的物质文化需要同落后的社会生产之间的矛盾。“人民”包括各阶层人民群众，具有整体性和层次性，“需要”是随着经济和社会发展而不断提高的，具有（　　）。

A. 市场性　　B. 动态性

C. 全面性　　D. 民族性

20. 实现社会主义现代化奋斗目标的领导力量和依靠力量分别是（　　）。

A. 工人阶级　　B. 知识分子

C. 中国共产党　　D. 全国各族人民

（三）辨析题

1. 提出“社会主义初级阶段”具有特定内涵的新概念在马克思主义发展史上是第一次。

2. 坚持四项基本原则和改革开放的统一，必须旗帜鲜明地反对资产阶级自由化。

3. 社会主义初级阶段的论断反映我国建设社会主义的特殊性。

（四）综合问答题

1. 如何正确把握“一个中心、两个基本点”的相互关系？

2. 如何认识社会主义初级阶段的阶段性特征？

3. 如何理解党的最高纲领和最低纲领的辩证统一？

（五）材料分析题

1. 阅读下列材料回答问题。

材料 1

邓小平指出，“我们搞社会主义才几十年，还处在初级阶段，巩固和发展社

会主义制度，还需要一个很长久历史阶段，需要我们几代人、十几代人，甚至几十代人坚持不懈的努力奋斗，绝不能掉以轻心”。

——摘自《邓小平文选》第3卷

材料2

江泽民在“七一”讲话中指出，“实现共产主义是一个非常漫长的历史过程”，“整个建设有中国特色社会主义”也是“很长历史过程”，而社会主义初级阶段，则是建设中国特色社会主义的“初级阶段”，我国还将“长期处于社会主义初级阶段”。

材料3

党的十六大报告指出，“我国正处于并将长期处于社会主义初级阶段，现在达到的小康还是低水平、不全面的、发展很不平衡的小康”。

材料4

党的十八大报告指出，“我们必须清醒地认识到，我国仍处于并将长期处于社会主义初级阶段的基本国情没有变，人民日益增长的物质文化需要同落后的社会生产之间的矛盾这一社会主要矛盾没有变，我国是世界最大发展中国家的国际地位没有变。在任何情况下都要牢牢把握社会主义初级阶段这个最大国情，推进任何方面的改革发展都要牢牢立足社会主义初级阶段这个最大实际。党的基本路线是党和国家的生命线，必须坚持把以经济建设为中心同四项基本原则、改革开放这两个基本点统一于中国特色社会主义伟大实践，既不妄自菲薄，也不妄自尊大，扎扎实实夺取中国特色社会主义新胜利。”

请回答：

(1) 结合材料分析我国将长期处于初级阶段的原因。

(2) 分析我国一再强调处于社会主义初级阶段的重大意义。

【参考答案】

(一) 单项选择题

1. C　2. B　3. B　4. A　5. C　6. D　7. A　8. A　9. B　10. A
11. D　12. A　13. D　14. B　15. D　16. C　17. C　18. D　19. A　20. B
21. C　22. C　23. A　24. D　25. C

(二) 多项选择题

1. ACD　2. BCD　3. AC　4. BCD　5. ABCD
6. ABD　7. ABCD　8. BD　9. ABC　10. ABCD

11. ABC 12. ABCD 13. AD 14. AC 15. ABD
16. ABC 17. BCD 18. BD 19. BC 20. CD

(三) 辨析题

1. 提出"社会主义初级阶段"具有特定内涵的新概念在马克思主义发展史上是第一次。

答：正确。(1) 社会主义初级阶段理论是在总结第一个社会主义国家建立以来的历史发展、特别是中国社会主义建设曲折发展的历史经验和教训的基础上逐步形成的。(2) 提出"社会主义初级阶段"具有特定内涵的新概念，在马克思主义发展史上是第一次。

2. 坚持四项基本原则和改革开放的统一，必须旗帜鲜明地反对资产阶级自由化。

答：正确。搞资产阶级自由化，即反对共产党的领导，否定社会主义制度，主张资本主义制度，主张全盘西化，是根本违背人民利益和历史潮流、为广大人民所坚决反对的。

3. 社会主义初级阶段的论断反映我国建设社会主义的特殊性。

答：正确。(1) 社会主义初级阶段不是泛指任何国家进入社会主义都会经历的起始阶段，而是专指我国的生产力落后、商品经济不发达条件下建设社会主义必然要经历的特定阶段。(2) 我国的社会主义起点低，它脱胎于半殖民地半封建极端落后的社会，从新民主主义向社会主义转变的时间又比较短。因此，当我们进入社会主义社会的时候，就生产力发展水平来说，还远远落后于发达国家。我们逾越资本主义的充分发展，走上社会主义道路，但不能逾越生产力的充分发展，去巩固和发展社会主义。生产力落后、商品经济不发达的条件，决定了我们必须经历一个不可逾越的特定的初级阶段，在社会主义条件下去实现别的国家在资本主义条件下实现的工业化和经济的社会化、市场化、现代化。所以，社会主义初级阶段的论断反映我国建设社会主义的特殊性。

(四) 综合问答题

1. 如何正确把握"一个中心、两个基本点"的相互关系？

答：(1)"一个中心、两个基本点"是党的基本路线的主要内容。"一个中心"是指"以经济建设为中心"，回答了社会主义的根本任务，体现了发展生产力的本质要求。"两个基本点"，一是"坚持四项基本原则"，回答了解放和发展生产力的政治保证，体现了社会主义基本制度的要求；二是"坚持改革开放"，回答了社会主义的发展动力和外部条件，体现了解放生产力的本质要求。

(2)“一个中心”与“两个基本点”是紧密联系、相辅相成、有机统一的整体。“两个基本点”必须服从和服务于经济建设这个中心，同时，经济建设这个中心，也要靠四项基本原则提供政治保证，靠改革开放提供发展动力和外部条件。

(3)“两个基本点”之间相互贯通，相互依存。四项基本原则是改革开放的政治保证，改革开放不断赋予四项基本原则以新的时代内容。

(4)“一个中心、两个基本点”统一于建设有中国特色社会主义的伟大实践。

2. 如何认识社会主义初级阶段的阶段性特征？

答：新时期以来，我国进入了全面建设小康社会、加快推进社会主义现代化的新的发展阶段。尽管社会主义初级阶段的基本国情、主要矛盾和我国作为世界上最大发展中国家的国际地位没有变，但经济和社会发展出现的许多新情况、新变化，显示出了一系列新的阶段性特征。

首先，经济实力显著增强，同时发展中不平衡、不协调、不可持续的问题依然突出。

其次，经济社会发展取得全面进步，同时发展面临新的重大结构性问题，影响发展的体制机制障碍依然存在。

最后，对外开放日益扩大，同时面临的国际竞争日趋激烈。

总之，社会主义初级阶段是一个相当长的历史发展阶段，在不同时期会显现出不同的阶段性特征。

3. 如何理解党的最高纲领和最低纲领的辩证统一？

答：实现社会主义初级阶段的基本纲领，必须正确认识和处理最高纲领和最低纲领之间的辩证统一关系。共产主义是共产党人的理想信念和精神支柱，实现共产主义是无产阶级政党的最高纲领；中国共产党制定的民主革命的纲领、向社会主义过渡的纲领、建设中国特色社会主义的纲领，都是党在特定历史阶段的最低纲领。最高纲领和最低纲领既有区别又有联系，辩证统一于为实现共产主义奋斗的全部历史进程。二者的辩证统一关系为：最高纲领为最低纲领的制定指明前进方向，影响、制约最低纲领的实现；最低纲领为最高纲领的实现准备必要的条件，坚持最高纲领与最低纲领的统一，就是坚持理想与现实的统一、方向和道路的统一、目标和过程的统一、不断发展和发展阶段的统一、革命精神和科学态度的统一。正确处理最高纲领和最低纲领的辩证关系，是中国共产党理论政治上清醒和成熟的重要标志。

(五) 材料分析题

1. 答案要点：

(1) 我国社会主义初级阶段的长期性的原因有：初级阶段的长期性从根本上

是由中国进入社会主义的历史条件和建成社会主义所需要的物质基础所决定的。

一方面，近代中国特殊的历史条件决定了我国只能从“两半社会”经过新民主主义走向社会主义。要改变生产力发展水平的落后状况，完善社会主义生产关系和上层建筑、实现现代化，是长期的历史任务。

另一方面，社会主义要求的物质技术基础是随着生产力的迅速发展、经济和社会现代化水平的提高而不断提高。我们既要完成工业化的历史任务，又要面临以信息化为标志的新科技革命的挑战，面临着综合国力竞争中所处不利地位的压力。

(2) 我国社会主义初级阶段理论的重要意义是：

首先，社会主义初级阶段是马克思主义关于社会主义发展阶段的新论断，是中国特色社会主义理论体系的理论基础。

其次，社会主义初级阶段是建设中国特色社会主义的总依据，是党制定和执行正确路线、方针、政策的基本出发点。

最后，历史实践表明，在坚持社会主义的问题上，只讲性质和方向，不讲程度和水平，或者只讲程度和水平，不讲性质和方向，都会使人们陷入盲目、不清醒的状态，发生“左”或右的错误，使社会主义事业遭受挫折和损失。

【延伸阅读】

邓小平：一切从社会主义初级阶段的实际出发

1987 年 8 月 29 日

我国经济发展分三步走，本世纪走两步，达到温饱和小康，下个世纪用三十年到五十年时间再走一步，达到中等发达国家的水平。这就是我们的战略目标，这就是我们的雄心壮志。要实现我们的雄心壮志，不改革不行，不开放不行。我们要走的路还很长，任务还很艰巨。我们要艰苦奋斗，一心一意搞建设，发展生产力。

今年十月我们党要召开十三大。十三大归根到底是改革开放的大会。十三大要重申我们党十一届三中全会以来制定的一系列方针和政策，深化经济体制改革，相应地进行政治体制改革。十三大要使领导班子更加年轻化，这样就会使党和国家的领导层更具有活力，同时保证我们政策的连续性。你们到农村去看了一下吗？我们真正的变化还是在农村，有些变化出乎我们的预料。农村实行承包责任制后，剩下的劳动力怎么办？我们原来没有想到很好的出路。长期以来，我们百分之七十至八十的农村劳动力被束缚在土地上，农村每人平均只有一两亩土地，多数人连温饱都谈不上。一搞改革和开放，一搞承包责任制，经营农业的人就减少了。剩下的人怎么办？十年的经验证明，只要调动基层和农民的积极性，发展多种经营，发展新型的乡镇企业，这个问题就能解决。乡镇企业容纳了百分之五十的农村剩余劳动力。那不是我们领导出的主意，而是基层农业单位和农民自己创造的。把权力下放给基层和人民，在农村就是下放给农民，这就是最大的民主。我们讲社会主义民主，这就是一个重要内容。同时，乡镇企业反过来对农业又有很大帮助，促进了农业的发展。

政治体制改革很复杂，每一个措施都涉及千千万万人的利益。所以，政治体制改革要分步骤、有领导、有秩序地进行。我们不能照搬资本主义国家那一套，不能搞资产阶级自由化。比如共产党的领导，这个丢不得，一丢就是动乱局面，或者是不稳定状态。一旦不稳定甚至动乱，什么建设也搞不成。我们有过“大民主”的经验，就是“文化大革命”那是一种灾难。我们的经济体制改革，也是有领导有秩序地进行，不能搞无政府主义。

我们党的十三大要阐述中国社会主义是处在一个什么阶段，就是处在初级阶段，是初级阶段的社会主义。社会主义本身是共产主义的初级阶段，而我们中国又处在社会主义的初级阶段，就是不发达的阶段。一切都要从这个实际出发，根据这个实际来制订规划。

来源：选自《邓小平文选》第 3 卷，人民出版社 1993 年版，第 251-252 页。

【参考文献】

[1] 邓小平：《我国方针政策的两个基本点》，《邓小平文选》第 3 卷，人民出版社 1993 年版。

[2] 邓小平：《一切从社会主义初级阶段的实际出发》，《邓小平文选》第 3 卷，人民出版社 1993 年版。

[3] 江泽民：《全面建设小康社会，开创中国特色社会主义事业新局面》，《江泽民文选》第 3 卷，人民出版社 2006 年版。

[4] 胡锦涛：《坚定不移沿着中国特色社会主义道路前进 为全面建成小康社会而奋斗——在中国共产党第十八次全国代表大会上的报告》，人民出版社 2012 年版。

第六章
社会主义本质和建设中国特色社会主义总任务

【教学目的与要求】

通过本章的教学有助于学生深刻理解社会主义本质理论的提出、科学内涵、重要意义，明确社会主义的根本任务是解放和发展生产力。掌握党提出的基本实现现代化的战略构想和“三步走”战略，以及全面建设小康社会和实现中华民族伟大复兴中国梦的奋斗目标。

【教学内容】

社会主义本质论把我们对社会主义认识提高到一个新的水平，具有重要的现实指导意义。解放和发展生产力是社会主义建设的根本任务，必须大力发展科技，坚持科学发展。努力实现中国特色社会主义的发展战略：“三步走”发展战略、全面建设小康社会和中华民族伟大复兴的中国梦。

【教学重点与难点】

学习重点：

1. 社会主义本质理论和根本任务。
2. 中国特色社会主义的发展战略。

学习难点：

1. 社会主义本质的科学内涵。
2. 全面建设小康社会和实现中华民族伟大复兴的中国梦。

【难点问题解析】

一、如何理解社会主义本质的科学内涵?

第一，社会主义的本质是解放生产力、发展生产力，消灭剥削，消除两极分化，最终达到共同富裕。

第二，解放生产力是社会主义的发展动力，发展生产力是社会主义的根本任务，消灭剥削、消除两极分化是社会主义的根本目的，共同富裕是社会主义的最终目标。

第三，强调解放和发展生产力，既反映了社会主义与生产力的一般联系，又揭示了社会主义与生产力的特殊联系。与剥削社会相比，只有社会主义才能不断解放生产力、发展生产力。强调消灭剥削、消除两极分化，揭示了社会主义与剥削制度的本质区别。强调共同富裕，既把社会主义与剥削制度区别开来，又把社会主义与原始社会共同贫穷区别开来，还把社会主义与共产主义内在联系起来。

第四，解放和发展生产力是消灭剥削、消除两极分化和最终达到共同富裕的物质基础和前提条件，消灭剥削、消除两极分化是最终达到共同富裕的制度保证，是解放和发展生产力的根本目的和最终目标。

第五，社会主义的本质体现了社会主义的生产力和生产关系、根本任务和根本目的、物质基础和社会关系、发展过程和最终目标等各方面的统一。

二、什么是中国梦的内涵及实现途径?

实现中华民族伟大复兴的中国梦，就是要实现国家富强、民族振兴、人民幸福，中国梦是民族的梦，也是每个中国人的梦。生活在我们伟大祖国和伟大时代的中国人民，共同享有人生出彩的机会，共同享有梦想成真的机会，共同享有同祖国和时代一起成长与进步的机会。实现中国梦，创造全体人民更加美好的生活，任重而道远，需要我们每一个人继续付出辛勤劳动和艰苦努力。

习近平总书记指出了实现中国梦的三项要求：必须走中国道路，即中国特色社会主义道路；必须弘扬中国精神，即以爱国主义为核心的民族精神，以改革创新为核心的时代精神；必须凝聚中国力量，即中国各族人民大团结的力量。“道路”、“精神”和“力量”是执政党、各级政府和每位民众在为中国梦奋斗时都必须注意的环节。此外，三项要求都突出了“中国”二字，这就要求我们时刻注意保持中国梦的中国特色和属性，不能随波逐流。

【自我测验】

(一) 单项选择题

1. 1980 年 5 月，邓小平说：社会主义是一个很好的名词，但是如果搞不好，不能正确理解，不能采取正确的政策，那就体现不出（ ）。

A. 社会主义的本质　　B. 社会主义的特征

C. 社会主义的目标　　D. 社会主义的原则

2. 在社会主义初级阶段，解放生产力的正确途径是（ ）。

A. 革命　　B. 改革

C. 政治运动　　D. 阶级斗争

3. 生产力中最活跃的因素是（ ）。

A. 劳动对象　　B. 人

C. 劳动工具　　D. 科学技术

4. 邓小平认为，在社会主义建设过程中，长期以来没有完全搞清楚的问题是（ ）。

A. 什么是社会主义现代化　　B. 什么是社会主义，怎样建设社会主义

C. 什么是社会主义公有制　　D. 什么是计划经济

5. 邓小平认为，衡量社会主义经济政策对不对的压倒一切的标准是（ ）。

A. 人们的社会主义思想觉悟有没有提高

B. 生产力是否发展，人民收入是否增加

C. 人们的经济收入差距是否不断缩小

D. 人们的社会主义道德素质有没有提高

6. 邓小平指出，社会主义最大的优越性是（ ）。

A. 高速发展生产力　　B. 共同富裕

C. 各尽所能，按需分配　　D. 让一部分人先富起来

7. 我们过去对“什么是社会主义”的问题没有完全搞清楚，一个重要原因就是（ ）。

A. 离开了阶级斗争谈社会主义

B. 离开了思想道德建设谈社会主义

C. 离开了生产力水平谈社会主义

D. 离开了生产关系变革谈社会主义

8. 邓小平社会主义本质理论中一个十分明显和突出的特点和创造是（ ）。

A. 强调解放生产力，发展生产力　B. 强调消灭剥削
C. 强调消除两极分化　D. 强调最终达到共同富裕

9. 在社会主义本质中，明确提出社会主义的根本目标是（　）。
A. 解放生产力和发展生产力　B. 消灭剥削
C. 消除两极分化　D. 实现共同富裕

10. 马克思主义认为，共产主义的最终目的是（　）。
A. 实现共同富裕　B. 实现人的自由而全面的发展
C. 实现人的自由而平等的发展　D. 实现人的平等而全面的发展

11. 社会主义在同资本主义的较量中能否不断地巩固和发展自己，体现社会主义制度的优越性，最根本的是（　）。
A. 人们的思想道德素质能否比资本主义发展得更好
B. 生产力能否比资本主义发展得更快更好
C. 人们的贫富差距能否比资本主义小
D. 人们的物质生活和精神生活能否比资本主义更协调

12. 中国特色社会主义的根本任务是（　）。
A. 改革开放　B. 优化经济结构
C. 提升国民生产总值　D. 解放和发展社会生产力

13. 要始终代表中国先进生产力的发展要求，实现生产力的跨越式发展，就必须（　）。
A. 大力增加对先进企业的投资　B. 大力推进科技进步和创新
C. 大力发展制造业　D. 大力调整生产关系

14. 马克思主义发展史中，第一个提出科学技术是生产力的是（　）。
A. 马克思　B. 列宁
C. 毛泽东　D. 邓小平

15. “努力造就数以亿计的专门人才和一大批拔尖创新人才，建设规模宏大、结构合理、素质较高的人才队伍，开创人才辈出、人尽其才的新局面”，这段话体现了我党的（　）。
A. 科教兴国的战略思想　B. 人才强国的战略思想
C. 培养革命事业接班人的战略思想　D. 发展先进生产力的战略思想

16. 邓小平关于建设有中国特色社会主义的首要的基本的理论问题是（　）。
A. 什么是市场经济，怎样建立市场经济体制
B. 解放思想、实事求是
C. 什么是社会主义，怎样建设社会主义

D. 一个中心，两个基本点

17. 邓小平明确提出社会主义本质的论断是在（　）。

A. 党的十二大　　B. 1992 年南方谈话

C. 党的十一届三中全会上　　D. 党的十三大

18. 发展生产力是社会主义的（　）。

A. 根本任务　　B. 优越性

C. 根本目的　　D. 发展动力

19. 体现社会主义本质的前提是（　）。

A. 坚持公有制和按劳分配，维护公有制和按劳分配的主体地位

B. 坚持三个有利于的标准

C. 坚持社会主义市场经济的改革目标

D. 坚持马克思列宁主义、毛泽东思想

20. 邓小平指出，在改革中社会主义必须始终坚持的两条根本原则是（　）。

A. 坚持四项基本原则，坚持改革开放

B. 坚持公有制为主体，实现共同富裕

C. 不断发展社会生产，增加社会财富

D. 实行按劳分配，增强综合国力

21. 邓小平指出，“贫穷不是社会主义，社会主义要消灭贫穷。”这个判断（　）。

A. 体现了社会主义本质的要求　　B. 概括了社会主义建设的目标

C. 指出了社会主义的根本任务　　D. 明确了社会主义的发展方向

22. 巩固和发展社会主义，充分发挥社会主义优越性的根本条件是（　）。

A. 调动人民的积极性　　B. 提高劳动者素质

C. 大力发展生产力　　D. 坚持改革开放

23. 党的十八大报告提出，到（　）年实现全面建成小康社会宏伟目标。

A. 2015 年　　B. 2020 年

C. 2030 年　　D. 2040 年

24. 习近平同志指出，中国梦归根到底是（　）的梦。

A. 人民　　B. 工人阶级

C. 中国共产党　　D. 全球华人

25. 习近平同志指出，实现中国梦必须凝聚中国力量。所谓中国力量，就是（　）。

A. 中国共产党领导的力量　　B. 中国各族人民大团结的力量

C. 工人阶级团结的力量　　D. 全球华人合作的力量

26. 邓小平指出“讲社会主义”，首先就要使（ ）。

A. 生产力发展　　B. 生产关系成熟

C. 上层建筑完善　　D. 法制健全

27. 新时期的解放思想，关键就是对建设中国特色社会主义的首要的基本理论问题的思想解放，这个首要的基本理论问题是（ ）。

A. 什么是解放思想、实事求是，怎样解放思想、实事求是

B. 建设什么样的党，怎样建设党

C. 什么是社会主义，怎样建设社会主义

D. 什么是社会主义初级阶段，怎样建设社会主义初级阶段

28. “什么叫社会主义？什么叫马克思主义？我们过去对这个问题认识不是完全清醒的。”这种不清醒的突出表现是（ ）。

A. 不重视发展生产力　　B. 不重视改革开放

C. 忽视了以人民利益为根本出发点　　D. 忽视了中国的国情

29. 邓小平指出：“我们的生产力发展水平很低，远远不能满足人民和国家的需要，这就是我们目前时期的主要矛盾，解决这个主要矛盾就是我们的中心任务。”这段话强调的是（ ）。

A. 社会主义的根本任务是解放、发展生产力

B. 社会主义的根本目的是共同富裕

C. 社会主义的首要的基本理论问题是“什么是社会主义，怎样建设社会主义”

D. 社会主义的主要矛盾是经济发展水平不均衡

30. 列宁说：“只有社会主义才可能广泛推行和真正根据科学原则进行产品的社会生产和分配，以便使所有的劳动者过最美好、最幸福的生活。”这句话的含义是只有社会主义才能实现（ ）。

A. 绝对平等　　B. 按需分配

C. 平等富裕　　D. 共同富裕

31. 关注民生是十七大报告的一大亮点，根本原因为（ ）。

A. 人民群众是历史的创造者，是实践的主体

B. 人民的生活关系着社会的稳定

C. 实现经济的发展必须依赖人民群众

D. 是由社会主义的本质决定的

32. 邓小平始终强调坚持走社会主义道路，如果没有公有制，不实行按劳分配就根本不可能消灭剥削、消除两极分化，不可能最终走向共同富裕，在改革开

放的实践中，这些原则被作为根本制度保留下来，融进了社会主义本质的内涵中。这表明（　　）。

A. 实现社会主义本质必须坚持社会主义基本制度

B. 社会主义本质就是社会主义基本制度

C. 社会主义基本制度包括社会主义本质

D. 社会主义本质是社会主义基本制度的应有之义

（二）多项选择题

1. 邓小平回答了“什么是社会主义，怎样建设社会主义”这一重大课题意味着（　　）。

A. 我们已经完全掌握了对社会主义的认识

B. 进一步丰富和发展了马列主义、毛泽东思想

C. 对建设有中国特色社会主义有重大的实践指导意义

D. 深刻揭示了社会主义本质

2. 邓小平关于社会主义本质的论断（　　）。

A. 突出了生产力的基础性地位

B. 突出了社会主义的价值目标

C. 在动态中描述了社会主义本质

D. 在目标层次上界定了社会主义本质

3. 解放生产力和发展生产力二者之间的辩证关系是（　　）。

A. 解放生产力是发展生产力的前提

B. 发展生产力是解放生产力的目的

C. 经济基础和上层建筑的统一

D. 社会主义根本任务和根本目的的统一

4. 邓小平关于社会主义本质的论断体现了（　　）。

A. 解放生产力与发展生产力的统一

B. 发展生产力与实现共同富裕的统一

C. 目的与手段的统一

D. 社会主义发展过程与最终目标的统一

5. 实现共同富裕是（　　）。

A. 社会主义的根本原则和本质内容　　B. 市场经济的客观要求

C. 社会主义优越性的体现　　D. 社会主义的根本目标

6. 社会主义与资本主义的本质区别在于（　　）。

A. 实现共同富裕　　B. 不存在两极分化

C. 解放和发展生产力　　D. 消灭剥削，消除阶级

7. 社会主义制度的基本特征的最重要的方面是（　　）。

A. 共同富裕　　B. 市场经济

C. 按劳分配　　D. 公有制占主体

8. 社会主义的根本任务是发展生产力，这是因为，发展生产力是（　　）。

A. 社会主义本质的内在要求　　B. 解决社会主要矛盾的要求

C. 提高人民生活水平的要求　　D. 巩固社会主义制度的要求

9. 邓小平在视察南方讲话中提出判断各方面工作是非得失的标准是（　　）。

A. 是否有利于发展社会主义社会的生产力

B. 是否有利于增强社会主义国家的综合国力

C. 是否有利于提高人民生活水平

D. 是否有利于坚持社会主义道路

10. 邓小平关于社会主义根本任务的主要论点有（　　）。

A. 社会主义的根本任务就是解放生产力

B. 发展生产力是社会主义本质的根本要求

C. 社会主义生产力的发展状况关系到社会主义的命运

D. 马克思主义最注重发展生产力

11. 邓小平同志在视察南方的谈话中阐述了一系列重要思想，其中有（　　）。

A. 关于计划和市场都是经济手段的思想

B. 关于发展才是硬道理的思想

C. 关于“三个有利于”的思想

D. 关于社会主义本质的思想

12. 消除贫困，逐步实现共同富裕是（　　）。

A. 社会主义的生产目的　　B. 社会主义优越性的体现

C. 社会主义的根本原则　　D. 社会主义的本质特征

13. 解放和发展社会生产力是中国特色社会主义的根本任务，这（　　）。

A. 符合唯物史观的要求

B. 契合社会主义的本质

C. 有利于解决我国现阶段的社会主要矛盾

D. 是中国特色社会主义理论体系的中心问题

14. 邓小平关于“三个有利于”标准的理论依据是（　　）。

A. 马克思主义关于所有制的原理

B. 马克思主义关于社会主义发展的最终决定力量是生产力的原理

C. 马克思主义关于社会主义生产目的的原理

D. 马克思主义关于社会主义初级阶段的主要矛盾的原理

15. 新中国成立以来，我们在社会主义建设中所经历的曲折和失误，归根到底，就在于没有搞清楚（　　），而这正是邓小平理论的首要的基本理论问题。

A. 什么是社会主义　　B. 怎样建设社会主义

C. 什么是社会主义的主要矛盾　　D. 什么是解放思想

16. 党的十八大提出，到 2020 年实现全面建成小康社会宏伟目标，即包括（　　）。

A. 经济持续健康发展

B. 人民民主不断扩大，人民生活水平全面提高

C. 文化软实力显著增强

D. 资源节约型、环境友好型社会建设取得重大进展

17. 习近平同志指出，实现中华民族伟大复兴的中国梦，就是要实现（　　）。

A. 国家富强　　B. 民族振兴

C. 人民幸福　　D. 社会和谐

18. 1992 年初，邓小平在南方谈话中指出："社会主义的本质是，解放生产，发展生产力。消灭剥削，消除两极分化，最终达到共同富裕。"这一概括对社会主义传统认识的突破主要体现在（　　）。

A. 破除了脱离生产力水平抽象谈论社会主义的认识

B. 否定了社会主义必须坚持公有制和按劳分配原则的认识

C. 摆脱了长期以来忽视建设社会主义根本目的和目标的认识

D. 制止了把社会主义本质等同于社会主义具体做法的认识

19. 有关社会主义本质论的说法中，正确的是（　　）。

A. 在目标上，奠定了达到共产主义的理论基石

B. 在理论上，深化了对科学社会主义的认识

C. 在实践上，为探索怎样建设社会主义指明了方向

D. 在制度上，为探索社会主义制度的有效实现形式开辟了道路

20. 在全国 31 个省、市、自治区中，15 个小康实现程度达 90%以上，9 个达80%～90%，7 个在 80%以下；目前农村还有 3 000 万人的温饱还没有完全解决，相当数量的人口虽然已经解决了温饱，但还未达到小康。这段材料表明(　　)。

A. 我国目前的小康是低水平的、不全面的、发展很不平衡的

B. 巩固和提高目前达到的小康水平，还需要长时期的奋斗

C. 人民生活总体上还没有达到小康水平

D. 全面建设小康社会目标提出的必要性和紧迫性

21. 我国社会经济发展战略的特点表现在（　　）。

A. 既具有雄心壮志，又坚持实事求是

B. 以提高人民生活水平为出发点和归宿点

C. 注重社会的全面协调发展

D. 体现了社会主义制度的优越性

22. 科学回答“什么是社会主义、怎样建设社会主义”这一理论问题的意义在于它：（　　）。

A. 有利于在新的历史条件下继续坚持和发展马克思主义，推进我国的社会主义事业

B. 有利于解决我们在改革开放过程中所遇到的疑问和困惑

C. 进一步深化了对社会主义的认识，丰富和发展了马克思列宁主义和毛泽东思想

D. 标志着我们已经完成了对社会主义的彻底地认识

23. 社会主义的优越性，是邓小平深入思考社会主义本质的起点。在社会主义优越性方面的混乱和错误的观念主要有：（　　）。

A. 误把单纯的“精神崇高”理解为社会主义的优越性

B. 误把“一大二公”当成社会主义的优越性

C. 误把“平均主义”当成社会主义的优越性

D. 误把“普遍贫穷”当成社会主义的优越性

24. 邓小平是在坚持社会主义基本制度的基础上认识和概括社会主义本质的。下列选项对于社会主义本质和社会主义制度的认识正确的是：（　　）。

A. 社会主义的本质包含社会主义制度的本质

B. 实现社会主义本质离不开社会主义制度

C. 社会主义的本质比社会主义制度的本质更为深刻更为根本

D. 社会主义制度本质的提出是以社会主义本质为基础的

25. 90 年代以来，通过各方面的改革，我国经济持续快速健康发展，国内生产总值跃居世界前列；但同时，其中国企改革就使 2 600 万职工下岗，党中央实行一系列社会保障制度，确保了下岗职工的最低生活保障和再就业。这段资料表明：（　　）。

A. 解放、发展生产力是社会主义本质的重要内容

B. 解放生产力只是社会形态变革的任务，我国社会主义社会根本任务是

发展生产力

C. 消灭剥削、消除两极分化是社会主义发展的根本方向和要求

D. 革命是解放生产力，改革也是解放生产力

（三）辨析题

1. 邓小平关于社会主义的本质论断体现了生产力和生产关系的有机统一。

2. 贫穷不是社会主义，富裕就是社会主义。

3. 发展生产力必然导致两极分化。

4. 实现共同富裕就是实现全体人民的同步富裕。

5. 建设有中国特色社会主义理论首要的基本理论问题是“解放生产力、发展生产力”。

6. “以人为本”和“以经济建设为中心”是完全一致的。

（四）综合问答题

1. 简述邓小平对社会主义本质概括的重要意义。

2. 简述人才强国战略和科教兴国战略的基本含义。

3. 为什么说解放和发展生产力是社会主义的根本任务？

4. 如何理解分“三步走”基本实现社会主义现代化的发展战略？

5. 党的十八大对全面建成小康社会提出了哪些要求？

（五）材料分析题

1. 阅读下列材料并回答问题

材料 1

什么叫社会主义？什么叫马克思主义？过去我们对这个问题的认识不是完全清醒的。马克思主义最注重发展生产力。我们讲社会主义是共产主义的高级阶段要实行各尽所能，按需分配。这就要求社会生产力高度发展，社会物质财富极大丰富。所以社会主义的根本任务就是发展生产力，社会主义的优越性归根到底要体现在它的生产力比资本主义发展得更快一些、更高一些，并且在发展生产力的基础上不断改善人民的物质文化生活。如果说我们建国以后有缺点，那就是对发展生产力有某种忽略。社会主义要消灭贫穷。贫穷不是社会主义，更不是共产主义。

——邓小平《建设有中国特色的社会主义》，《邓小平文选》1 版第 3 卷，北京：人民出版社，1993，第 63-64 页

材料 2

社会主义不是少数人富、大多数人穷，不是那个样子。社会主义最大的优越

性就是共同富裕，这是体现社会主义本质的一个东西。如果搞两极分化，情况就不同了，民族矛盾、区域间矛盾、阶级斗争都会发展，相应地，中央和地方的矛盾也会发展，就可能出乱子。

——邓小平《善于利用时机解决发展问题》，《邓小平文选》1版第3卷，北京：人民出版社，1993，第364页

材料3

搞社会主义，一定要使生产力发达，贫穷不是社会主义。我们坚持社会主义，要建设对资本主义具有优越性的社会主义，首先必须摆脱贫穷。现在虽说我们也在搞社会主义，但事实上不够格。只有到21世纪中叶时，达到了中等发达国家水平，才能说真的搞了社会主义，才能理直气壮地说社会主义优于资本主义。

——邓小平《社会主义必须摆脱贫穷》，《邓小平文选》1版第3卷，北京：人民出版社，1993，第225页

运用所学知识分析材料并回答问题：

(1) 根据材料1、2、3分析社会主义的本质。

(2) 根据材料1、3分析社会主义的根本任务。

2. 阅读下列材料并回答问题

材料1

我们干革命几十年，搞社会主义三十多年，截至一九七八年，工人的月平等工资只有四五十元，农村的大多数地区仍处于贫困状态，这叫什么社会主义的优越性？

——《邓小平文选》第3卷

材料2

根据我们自己的经验讲社会主义，首先要使生产力发展，这是主要的。只有这样，才能表明社会主义的优越性。

——《邓小平文选》第2卷

材料3

社会主义的原则，第一是发展生产，第二是共同致富。我们允许一部分人先好起来，一部分地区先好起来，目的是更快地实现共同富裕

——《邓小平文选》第3卷

根据以上材料，请回答：

(1) 材料1和材料2揭示了一个共同的道理是什么？

(2) 根据以上材料回答邓小平社会主义本质思想的主要内容和重大意义。

3. 结合材料回答问题

材料 1

1910 年，上海人陆士谔在幻想小说《新中国》里记载了一个神奇的梦，梦中主人公随时光穿梭，看到“万国博览会”在上海浦东举行，为方便市民参观，上海滩建成了浦东大铁桥和越江隧道，还造了地铁，工厂中的机器有鬼斧神工之妙，租界的治外法权已经收回，汉语成了世界通用的流行语言……最后梦中人一跤跌醒，却言道：“休说是梦，到那时，真有这景象也未可知。”

1920 年，孙中山先生完成《建国方略》一书，书中提出了修建三峡水利、建设高原铁路系统等宏伟设想，构想了工厂遍地、机器轰鸣、高楼大厦矗立城乡、火车轮船繁忙往返的现代化景象，描绘了“万众一心，急起直追，以我五千年文明优秀之民族，应世界之潮流，而建设一政治最修明、人民最安乐之国家”的愿景。

1935 年，方志敏在《可爱的中国》中写道：“中国一定有个可赞美的光明前途……到那时候，到处都是活跃跃的创造，到处都是日新月异的进步，欢歌将代替了悲叹，笑脸将代替了哭脸，富裕将代替了贫穷，康健将代替了疾苦，智慧将代替了愚昧，友爱将代替了仇杀，生之快乐将代替了死之悲哀，明媚的花园，将代替了凄凉的荒地！这时，我们民族就可以无愧色地立在人类的面前，而生育我们的母亲，也会最美丽地装饰起来，与世界上各位母亲平等地携手了。”“这么光荣的一天，决不在辽远的将来，而在很近的将来。”

摘编自《经济日报》(2012 年 12 月 12 日)、《方志敏文集》

材料 2

2012 年 11 月 29 日，中共中央总书记习近平到国家博物馆参观《复兴之路》展览，在 19 世纪末列强割占领土、设立租借地、划定势力范围示意图前，在鸦片战争期间虎门的大炮前，在反映辛亥革民的文物和照片前，在《共产党宣言》第一个中文全译本前，在《中国共产党的第一个纲领》等反映中国共产党成立的文物和照片前，在李大钊狱中亲笔自述前，在中华人民共和国第一面五星红旗前，在党的十一届三中全会照片前，习近平不时停下脚步，认真观看，仔细询问和了解有关情况，在参观过程中，习近平发表了重要讲话，他提出，每个人都有理想和追求，都有自己的梦想，实现中华民族伟大复兴，就是中华民族近代以来最伟大的梦想，中华民族的昨天，可以说是“雄关漫道真如铁”；中华民族的今天，正可谓“人间正道是沧桑”；中华民族的明天，可以说是“长风破浪会有时”，经过鸦片战争以来 170 多年的持续奋斗，中华民族伟大复兴展现出光明的前景。现在，我们比历史上任何时期都更接近中华民族伟大复兴的目标，比历史上任何时期都更有信心，有能力实现这个目标。

（1）为什么说“实现中华民族伟大复兴就是中华民族近代以来最伟大的梦想”？

（2）为什么说“现在我们比历史上任何时期都更接近中华民族伟大复兴的目标”？

【参考答案】

（一）单项选择题

1. A　2. B　3. B　4. B　5. B　6. B　7. C　8. A　9. D　10. B
11. B　12. D　13. B　14. A　15. B　16. C　17. B　18. A　19. A　20. B
21. A　22. C　23. B　24. A　25. B　26. A　27. C　28. A　29. A　30. D
31. D　32. A

（二）多项选择题

1. BCD　2. ABCD　3. ABD　4. ABCD　5. ACD
6. ABD　7. CD　8. ABCD　9. ABC　10. ABCD
11. ABCD　12. ABCD　13. ABCD　14. BCD　15. AB
16. ABCD　17. ABC　18. ACD　19. BCD　20. ABD
21. ABCD　22. ABC　23. ABCD　24. ABC　25. ACD

（三）辨析题

1. 邓小平关于社会主义的本质论断体现了生产力和生产关系的有机统一。

答：正确。邓小平指出，社会主义本质是解放生产力，发展生产力，消灭剥削，消除两极分化，最终达到共同富裕。对社会主义的新概括包含了两个方面的内容：一是强调生产力在社会主义本质中的地位；二是突出消灭剥削，消除两极分化，最终达到共同富裕。这体现了生产力和生产关系的有机统一。对社会主义来说，解放和发展生产力是基础，是建成社会主义的必由之路；消灭剥削，消除两极分化，最终达到共同富裕，是社会主义发展的目标，离开了这个目标，也不能建成社会主义。

2. 贫穷不是社会主义，富裕就是社会主义。

答：错误。其中前一句是正确的，后一句是不准确的。（1）从前一句来看，社会主义的本质是解放生产力，发展生产力，消灭剥削，消除两极分化，最终达到共同富裕，社会主义的最大优越性是共同富裕，这是社会主义本质的体现，所以，前一句是正确的。（2）从后一句来看，当今世界，由于历史等原因，最富裕的是少数发达资本主义国家，大多数发展中国家并不富裕，甚至处于某种程度的贫困状态。目前社会主义还处于不发达状态，还不富裕，而实现全体人民共同富裕是社会主义的目标。所以，后一句是不准确的。

3. 发展生产力必然导致两极分化。

答：错误。在社会主义制度下，发展生产力和实现共同富裕是互为条件的。(1) 实现共同富裕的目标有赖于生产力的高度发展。要彻底消灭剥削现象，消除贫富差距，实现共同富裕，还有赖于生产力的高度发展。就是说，人们只能在生产力所决定和所允许的范围之内逐步实现共同富裕。(2) 解放生产力和发展生产力又是以走共同富裕的道路为条件的。社会主义的根本任务是发展生产力，在社会主义初级阶段，尤其要集中力量进行经济建设；但是我们只能走共同富裕的道路去发展经济。

4. 实现共同富裕就是实现全体人民的同步富裕。

答：错误。共同富裕不等于同步富裕。共同富裕是社会主义的原则和优越性所在；但是，共同富裕不可能一蹴而就，不能理解为同步富裕，它需要随着社会生产力的发展而逐步实现，在这个过程中，应鼓励部分个人、部分地区先富起来，以带动全体人民走共同富裕的道路。

5. 建设有中国特色社会主义理论首要的基本理论问题是“解放生产力、发展生产力”。

答：错误。(1) 建设有中国特色社会主义理论首要的基本理论问题是“什么是社会主义，怎样建设社会主义”而“解放生产力、发展生产力”是社会主义的根本任务。我国社会主义事业在改革开放前所经历的曲折和失误，归根到底就在于对这个问题没有完全搞清楚；改革开放以来在前进中遇到的一些犹豫和困惑，归根到底也在于对这个问题没有完全搞清楚。(2) 搞清楚这个问题的关键，在于要在坚持社会主义基本制度的基础上认清社会主义的本质。正是基于思考了什么是社会主义、怎样建设社会主义这个首要的基本问题，邓小平才对社会主义的本质作出了科学的概括，并把“解放生产力、发展生产力”作为社会主义本质理论的一个重要内容。

6. “以人为本”和“以经济建设为中心”是完全一致的。

答：正确。以人为本和以经济建设为中心是完全一致的。(1) 因为要比较充分地实现以人为本，满足人的需要和促进人的全面发展，必须具有相应的物质基础。(2) 十一届三中全会以来，党领导人民以经济建设为中心，唯一的目的就是要满足人民日益增长的物质文化需要，而且实现了由温饱到小康的历史性跨越。(3) 以人为本，努力满足人民日益增长的物质文化需要和促进人的全面发展，又是一个不断发展、不断进步的过程，不可能一次性完成。

（四）综合问答题

1. 简述邓小平对社会主义本质概括的重要意义。

答：（1）社会主义本质理论把我们对社会主义的认识提高到了一个新的科学水平。社会主义本质理论的提出，把我们对社会主义的认识，从主要强调关于公有制、按劳分配等特征，进一步深入到实现共同富裕这个建设社会主义的根本目标上。

（2）社会主义本质理论为探索怎样建设社会主义开辟了广阔的前景。社会主义本质理论把搞清楚“什么是社会主义、怎样建设社会主义”紧密地结合起来，揭示了实现社会主义本质与建设社会主义的道路之间的内在逻辑关系。

总之，邓小平对社会主义本质所作的理论概括，对科学社会主义理论既是坚持和继承，又是发展和创新，为我们真正搞清楚什么是社会主义、怎样建设社会主义，并在实践中创造出充满活力的社会主义奠定了科学的思想基础。

2. 简述人才强国战略和科教兴国战略的基本含义。

答：人才强国战略的基本含义是：在建设中国特色社会主义伟大事业中，要把人才作为推进事业发展的关键因素，努力造就数以亿计的高素质劳动者、数以千万计的专门人才和一大批拔尖创新人才，建设规模宏大、结构合理、素质较高的人才队伍，开创人才辈出、人尽其才的新局面，把我国由人口大国转化为人才资源强国。

科教兴国的基本含义是：全面落实科学技术是第一生产力的思想，坚持教育为本，把科学和教育摆在经济、社会发展的重要位置，增强国家的科技实力及向现实生产力转化的能力，提高全民族的科技文化素质，把经济建设转移到依靠科技进步和提高劳动者素质的轨道上来，加速实现国家的繁荣富强。

3. 为什么说解放和发展社会生产力是社会主义的根本任务？

答：（1）高度发达的生产力是实现社会主义的物质基础；

（2）解放生产力是为促进生产力的发展开辟道路；

（3）解放和发展生产力是中国特色社会主义的根本任务：

①社会主义的根本目标是实现共同富裕，进而实现人的自由而全面的发展。要实现这些目标，根本途径是解放和发展生产力。

②只有不断解放和发展生产力，才能逐步提高人民的物质和文化生活水平，才能最终实现共同富裕的目标。

③只有不断解放和发展生产力，社会主义制度才能充分显示其优越性，才能不断得到巩固和发展。

4. 如何理解分“三步走”基本实现社会主义现代化的发展战略？

答：（1）为了规划中国现代化发展的蓝图，邓小平设想了著名的现代化发展“三步走”战略，即：第一步，从1981年到1990年，国民生产总值翻一番，实现温饱；第二步，从1991年到20世纪末，再翻一番，达到小康；第三步，到21世纪中叶，再翻两番，达到中等发达国家水平。

（2）江泽民同志在党的十五大上指出：21世纪我们的目标是，第一个十年实现国民生产总值比2000年翻一番，使人民的小康生活更加宽裕，形成比较完善的社会主义市场经济体制；再经过十年的努力，到建党一百年时，使国民经济更加发展，各项制度更加完善；到21世纪中叶建国一百年时，基本实现现代化，建成富强民主文明的社会主义国家。这是党最初提的“两个一百年”的奋斗目标。

（3）“新三步走”战略是在新的历史起点上对邓小平提出的“三步走”战略的进一步展开。完成这个阶段之时，中国社会的面貌将焕然一新，不仅完全实现了小康，而且全面进入了现代化社会，中国人民千百年来梦寐以求的理想将得以实现。一个世界上人口最多的国家实现现代化，是世界上最伟大的事业和壮举，具有划时代的意义，可以说是开辟历史的新纪元。

（4）“三步走”发展战略，把我国社会主义现代化建设的目标具体化为切实可行的步骤，展现了美好的前景，统一了全党和全国人民的意志，成为全国人民为共同理想而努力奋斗的行动纲领。

5. 党的十八大对全面建成小康社会提出了哪些要求？

答：（1）经济持续健康发展，实现国内生产总值和城乡居民人均收入比2010年翻一番；（2）人民民主不断扩大，依法治国基本方略全面落实；（3）文化软实力显著增强，全民文明素质和社会文明程度明显提高；（4）人民生活水平全面提高，基本公共服务均等化总体实现；（5）资源节约型、环境友好型社会建设取得重大进展。

（五）材料分析题

1. 答案要点：

（1）1992年邓小平对社会主义的本质进行了概括：社会主义的本质是解放生产力，发展生产力，消灭剥削，消除两极分化，最终达到共同富裕。

这个本质包含了两个方面的含义：第一，社会主义的根本任务是解放与发展生产力；第二，社会主义要消灭剥削，消除两极分化，最终达到共同富裕。从材料中可以看出：“所以社会主义的根本任务就是发展生产力，社会主义的优越性归根到底要体现在它的生产力比资本主义发展得更快一些、更高一些，并且在发展生产力的基础上不断改善人民的物质文化生活。”“社会主义要消灭贫穷。贫穷不是社会主义”。

(2) 社会主义的根本任务就是解放与发展生产力。从材料中看出：“马克思主义最注重发展生产力”，“社会主义的根本任务就是发展生产力，社会主义的优越性归根到底要体现在它的生产力比资本主义发展得更快一些、更高一些”，“搞社会主义，一定要使生产力发达，贫穷不是社会主义”。

2. 答案要点：

(1) 材料1和材料2，共同揭示了经济基础和社会主义本质及社会主义优越性之间的关系。即社会主义作为人类历史上在资本主义之后产生，并且高于和优于资本主义的社会制度，首先要有高于资本主义的劳动生产率，这是社会主义本质的要求，也是社会主义优越性的体现。

(2) 邓小平对社会主义本质的概括是：解放生产力、发展生产力、消灭剥削、消除两极分化，最终达到共同富裕。邓小平关于社会主义本质的论断，在坚持科学社会主义成果的基础上，把我们对社会主义的认识提高到了新的科学水平。

①这一论断体现了生产力和生产关系的统一。这一论断既讲了解放生产力，发展生产力，又讲了“消灭剥削、消除两极分化”，全面揭示了社会主义本质。只有解放和发展生产力，才能为最终消灭剥削奠定物质基础；只有消灭剥削，消除两极分化，才能促进，保证生产力的发展，满足人民日益增长的物质和文化生活需要。

②这一论断为我们坚持、完善和发展公有制指明了正确的方向。公有制的实现形式，以公有制为主体的所有制结构，按劳分配的实现形式和实现程度，归根到底只能根据生产力解放和发展的实际要求，根据逐步实现共同富裕的实际进程来确定。

③这一论断突破了把计划经济看作社会主义本质特征的传统观念，使人们的思想获得了解放，为确立社会主义市场经济体制的改革目标扫除了障碍。

④这一论断从根本上纠正了对社会主义本质的曲解，误解和不正确的观点，为我们提供了警惕“右”但主要是防止“左”的强大思想武器，也为我们党制定正确的路线、方针和政策提供了科学的理论依据。

3. 答案要点：

(1) 鸦片战争后，中国逐步沦为半殖民地半封建社会，争取民族独立、人民解放，实现国家富强、人民解放，成为中国人民必须完成的历史任务。为改变中华民族的命运，中国人民和无数仁人志士进行了千辛万苦的探索和不屈不挠的斗争。太平天国运动、戊戌变法和辛亥革命，不甘屈服的中国人民进行了一次次抗争，都是为了实现中华民族的伟大复兴。

(2) 为了实现中华民族伟大复兴，无数仁人志士奋起抗争，但一次又一次地失败了。中国共产党成立后，领导中国人民完成和推进了三件大事。第一件大事，我们党紧紧依靠人民完成了新民主主义革命，实现了民族独立、人民解放。第二件大事，我们党紧紧依靠人民完成了社会主义革命，确立了社会主义基本制度。第三件大事，我们党紧紧依靠人民进行了改革开放新的伟大革命，开创、坚持、发展中国特色社会主义。

这三件大事，从根本上改变了中国人民和中华民族的前途命运。贫穷落后的中国变成了一个初步繁荣昌盛，充满生机和活力的社会主义国家。面向 21 世纪，在中国共产党的领导下，继续坚定不移地沿着中国特色社会主义道路前进，中华民族伟大复兴的目标必将最终实现。

【延伸阅读】

邓小平：《科学技术是第一生产力》

（一九八八年九月五日、十二日）

一

世界在变化，我们的思想和行动也要随之而变。过去把自己封闭起来，自我孤立，这对社会主义有什么好处呢？历史在前进，我们却停滞不前，就落后了。马克思说过，科学技术是生产力，事实证明这话讲得很对。依我看，科学技术是第一生产力。我们的根本问题就是要坚持社会主义的信念和原则，发展生产力，改善人民生活，为此就必须开放。否则，不可能很好地坚持社会主义。拿中国来说，五十年代在技术方面与日本差距也不是那么大。但是我们封闭了二十年，没有把国际市场竞争摆在议事日程上，而日本却在此期间变成了经济大国。

二

从长远看，要注意教育和科学技术。否则，我们已经耽误了二十年，影响了发展，还要再耽误二十年，后果不堪设想。最近，我见胡萨克时谈到，马克思讲过科学技术是生产力，这是非常正确的，现在看来这样说可能不够，恐怕是第一生产力。将来农业问题的出路，最终要由生物工程来解决，要靠尖端技术。对科学技术的重要性要充分认识。科学技术方面的投入、农业方面的投入要注意。再一个就是教育方面。我们要千方百计，在别的方面忍耐一些，甚至于牺牲一点速度，把教育问题解决好。

要注意解决好少数高级知识分子的待遇问题。调动他们的积极性，尊重他们，会有一批人做出更多的贡献。我们自己的原子弹、氢弹、卫星、空间技术不也搞起来了吗？我们的正负电子对撞机工程在全世界也是居于前列的。知识分子待遇问题要分几年解决，使他们感到有希望。北京大学一位老教授说："我的工资从建国时候开始就是这么多，但是现在物价涨了，我的生活水平降了三分之二。"我们不论怎么困难，也要提高教师的待遇。这个事情，在国际上都有影响。我们的留学生有几万人，如何创造他们回来工作的条件，很重要。有些留学生，回来以后没有工作条件，也没有接纳他们的机构，有些学科我们还没有。可以搞个综合的科研中心，设立若干专业，或者在现有的一些科研机构和大学里增设一些专业，把这些人放在里面，攻一个方面，总会有些人做出重大贡献。否则，这些人不回来，实在可惜啊。科教投资的使用要改进，这也是改革的重要内容。要把"文化大革命"时的"老九"提到第一，科学技术是第一生产力嘛，知识分子是工人阶级一部分嘛。

当然，我这里说的关于教育、科技、知识分子的意见，是作为一个战略方针，一个战略措施来说的。从长远看，这个问题到了着手解决的时候了。

来源：这是邓小平同志两次谈话的节录，分别摘自一九八八年九月五日会见捷克斯洛伐克总统胡萨克时的谈话和一九八八年九月十二日听取关于价格和工资改革初步方案汇报时的谈话。

习近平同志谈"中国梦"综述摘编

1. 实现中华民族伟大复兴，就是中华民族近代以来最伟大的梦想。

《承前启后　继往开来　继续朝着中华民族伟大复兴目标奋勇前进——在参观"复兴之路"展览时的讲话》(2012 年 11 月 29 日)

每个人都有理想和追求，都有自己的梦想。现在，大家都在讨论中国梦，我以为，实现中华民族伟大复兴，就是中华民族近代以来最伟大的梦想。这个梦想，凝聚了几代中国人的夙愿，体现了中华民族和中国人民的整体利益，是每一个中华儿女的共同期盼。历史告诉我们，每个人的前途命运都与国家和民族的前途命运紧密相连。国家好，民族好，大家才会好。实现中华民族伟大复兴是一项光荣而艰巨的事业，需要一代又一代中国人共同为之努力。空谈误国，实干兴邦。我们这一代共产党人一定要承前启后、继往开来，把我们的党建设好，团结全体中华儿女把我们国家建设好，把我们民族发展好，继续朝着中华民族伟大复兴的目标奋勇前进。

2. 只有全党本领不断增强了，“中国梦”才能梦想成真。

《在中央党校建校 80 周年庆祝大会暨 2013 年春季学期开学典礼上的讲话》(2013 年 3 月 1 日)

很多同志有做好工作的真诚愿望，也有干劲，但缺乏新形势下做好工作的本领，面对新情况新问题，由于不懂规律、不懂门道、缺乏知识、缺乏本领，还是习惯于用老思路老套路来应对，蛮干盲干，结果是虽然做了工作，有时做得还很辛苦，但不是不对路子，就是事与愿违，甚至搞出一些南辕北辙的事情来。这就叫新办法不会用，老办法不管用，硬办法不敢用，软办法不顶用。我看这种状态，在党内相当一个范围、相当一个时期都是存在的。因此，全党同志特别是各级领导干部，都要有本领不够的危机感，都要努力增强本领，都要一刻不停地增强本领。只有全党本领不断增强了，“两个一百年”的奋斗目标才能实现，中华民族伟大复兴的“中国梦”才能梦想成真。

3.“中国梦”归根到底是人民的梦。

《在第十二届全国人民代表大会第一次会议上的讲话》(2013 年 3 月 17 日)

“实现全面建成小康社会、建成富强民主文明和谐的社会主义现代化国家的奋斗目标，实现中华民族伟大复兴的中国梦，就是要实现国家富强、民族振兴、人民幸福，既深深体现了今天中国人的理想，也深深反映了我们先人们不懈追求进步的光荣传统。

面对浩浩荡荡的时代潮流，面对人民群众过上更好生活的殷切期待，我们不能有丝毫自满，不能有丝毫懈怠，必须再接再厉、一往无前，继续把中国特色社会主义事业推向前进，继续为实现中华民族伟大复兴的中国梦而努力奋斗。

——实现中国梦必须走中国道路。这就是中国特色社会主义道路。这条道路来之不易，它是在改革开放 30 多年的伟大实践中走出来的，是在中华人民共和国成立 60 多年的持续探索中走出来的，是在对近代以来 170 多年中华民族发展历程的深刻总结中走出来的，是在对中华民族 5 000 多年悠久文明的传承中走出来的，具有深厚的历史渊源和广泛的现实基础。中华民族是具有非凡创造力的民族，我们创造了伟大的中华文明，我们也能够继续拓展和走好适合中国国情的发展道路。全国各族人民一定要增强对中国特色社会主义的理论自信、道路自信、制度自信，坚定不移沿着正确的中国道路奋勇前进。

——实现中国梦必须弘扬中国精神。这就是以爱国主义为核心的民族精神，以改革创新为核心的时代精神。这种精神是凝心聚力的兴国之魂、强国之魂。爱国主义始终是把中华民族坚强团结在一起的精神力量，改革创新始终是鞭策我们在改革开放中与时俱进的精神力量。全国各族人民一定要弘扬伟大的民族精神和时代精神，不断增强团结一心的精神纽带、自强不息的精神动力，永远朝气蓬勃迈向未来。

——实现中国梦必须凝聚中国力量。这就是中国各族人民大团结的力量。中国梦是民族的梦，也是每个中国人的梦。只要我们紧密团结，万众一心，为实现共同梦想而奋斗，实现梦想的力量就无比强大，我们每个人为实现自己梦想的努力就拥有广阔的空间。生活在我们伟大祖国和伟大时代的中国人民，共同享有人生出彩的机会，共同享有梦想成真的机会，共同享有同祖国和时代一起成长与进步的机会。有梦想，有机会，有奋斗，一切美好的东西都能够创造出来。全国各族人民一定要牢记使命，心往一处想，劲往一处使，用 13 亿人的智慧和力量汇集起不可战胜的磅礴力量。

中国梦归根到底是人民的梦，必须紧紧依靠人民来实现，必须不断为人民造福。

4. 中国人自古就主张和而不同，希望各国人民的意愿都能够得到尊重。

《接受金砖国家媒体联合采访》(2013 年 3 月 19 日)

实现中华民族伟大复兴的中国梦，是近代以来中华民族的夙愿。1840 年鸦片战争以后，中华民族蒙受了百年的外族入侵和内部战争，中国人民遭遇了极大的灾难和痛苦，真正是苦难深重、命运多舛。中国人民发自内心地拥护实现中国梦，因为中国梦首先是 13 亿中国人民的共同梦想。

中国人自古就主张和而不同。我们希望，国与国之间、不同文明之间能够平等交流、相互借鉴、共同进步，各国人民都能够共享世界经济科技发展的成果，各国人民的意愿都能够得到尊重，各国能够齐心协力推动建设持久和平、共同繁荣的和谐世界。

5. 面向未来，中国将相继朝着两个宏伟目标前进。

《携手合作　共同发展——在金砖国家领导人第五次会晤时的主旨讲话》(2013 年 3 月 27 日)

大家都很关心中国的未来发展。面向未来，中国将相继朝着两个宏伟目标前进：一是到 2020 年国内生产总值和城乡居民人均收入比 2010 年翻一番，全面建成惠及十几亿人口的小康社会。二是到 2049 年新中国成立 100 年时建成富强民主文明和谐的社会主义现代化国家。

为了实现这两大目标，我们将继续把发展作为第一要务，把经济建设作为中心任务，继续推动国家经济社会发展。我们将坚持以人为本，全面推进经济建设、政治建设、文化建设、社会建设、生态文明建设，促进现代化建设各个方面、各个环节相协调，建设美丽中国。

6. 展望未来，我们充满信心。

《共同创造亚洲和世界的美好未来——在博鳌亚洲论坛 2013 年年会上的主旨演讲》(2013 年 4 月 7 日)

去年 11 月，中国共产党召开了第十八次全国代表大会，明确了中国今后一个时期的发展蓝图。我们的奋斗目标是，到 2020 年国内生产总值和城乡居民人均收入在 2010 年的基础上翻一番，全面建成小康社会；到本世纪中叶建成富强民主文明和谐的社会主义现代化国家，实现中华民族伟大复兴的中国梦。展望未来，我们充满信心。

我们也认识到，中国依然是世界上最大的发展中国家，中国发展仍面临着不少困难和挑战，要使全体中国人民都过上美好生活，还需要付出长期不懈的努力。我们将坚持改革开放不动摇，牢牢把握转变经济发展方式这条主线，集中精力把自己的事情办好，不断推进社会主义现代化建设。

7. 工人阶级在实现“中国梦”中一定要发挥模范带头作用。

《在同全国劳动模范代表座谈时的讲话》(2013 年 4 月 28 日)

我们已经确定了今后的奋斗目标，这就是到中国共产党成立 100 年时全面建成小康社会，到新中国成立 100 年时建成富强民主文明和谐的社会主义现代化国家，努力实现中华民族伟大复兴的中国梦。

尽管前进道路并不平坦，改革发展稳定任务仍很艰巨而繁重，但面对未来，我们充满必胜信心。我国工人阶级一定要在坚持中国道路、弘扬中国精神、凝聚中国力量上发挥模范带头作用，万众一心、众志成城，为实现中华民族伟大复兴的中国梦而不懈奋斗。

我国工人阶级要增强历史使命感和责任感，立足本职、胸怀全局，自觉把人生理想、家庭幸福融入国家富强、民族复兴的伟业之中，把个人梦与中国梦紧密联系在一起，始终以国家主人翁姿态为坚持和发展中国特色社会主义作出贡献。

8. 让更多青少年敢于有梦、勇于追梦、勤于圆梦。

《在同各界优秀青年代表座谈时的讲话》(2013 年 5 月 4 日)

为实现中华民族伟大复兴的中国梦而奋斗，是中国青年运动的时代主题。共青团要在广大青少年中深入开展“我的中国梦”主题教育实践活动，为每个青少年播种梦想、点燃梦想，让更多青少年敢于有梦、勇于追梦、勤于圆梦，让每个青少年都为实现中国梦增添强大青春能量。要用中国梦打牢广大青少年的共同思想基础，教育和帮助青少年树立正确的世界观、人生观、价值观，永远热爱我们伟大的祖国，永远热爱我们伟大的人民，永远热爱我们伟大的中华民族，坚定跟着党走中国道路。要用中国梦激发广大青少年的历史责任感，发扬“党有号召、团有行动”的光荣传统，在党和国家工作大局中找准自身工作的切入点和结合点，组织动员广大青少年支持改革、促进发展、维护稳定。要积极为广大青少年实现梦想提供服务，切实改进作风，深入基层、走进青年，想青年之所想，急青年之所急，代表和维护青少年普遍性利益诉求，努力为广大青少年成长成才创造良好环境。

9. 珍惜韶华、奋发有为，为实现中国梦奉献智慧和力量。

《勇做走在时代前面的奋进者开拓者奉献者——给北京大学学生的回信》(2013 年 5 月 5 日)

你们在信中写道，中国梦让你们感受到了一份同心奋进的深沉力量，让你们更加懂得了当代青年所肩负的历史责任。说得很好。中国梦是国家的梦、民族的梦，也是包括广大青年在内的每个中国人的梦。“得其大者可以兼其小。”只有把人生理想融入国家和民族的事业中，才能最终成就一番事业。希望你们珍惜韶华、奋发有为，勇做走在时代前面的奋进者、开拓者、奉献者，努力使自己成为祖国建设的有用之才、栋梁之材，为实现中国梦奉献智慧和力量。

10. 实现中国梦给世界带来的是和平，不是动荡；是机遇，不是威胁。

《接受拉美三国媒体联合书面采访》(2013 年 5 月 31 日)

实现中国梦，必须坚持中国特色社会主义道路。我们已经在这条道路上走了30 多年，历史证明，这是一条符合中国国情、富民强国的正确道路，我们将坚定不移地沿着这条道路走下去。

实现中国梦，必须弘扬中国精神。用以爱国主义为核心的民族精神和以改革创新为核心的时代精神振奋起全民族的“精气神”。

实现中国梦，必须凝聚中国力量。空谈误国，实干兴邦。我们要用 13 亿中国人的智慧和力量，一代又一代中国人不懈努力，把我们的国家建设好，把我们的民族发展好。

实现中国梦，必须坚持和平发展。我们将始终不渝走和平发展道路，始终不渝奉行互利共赢的开放战略，不仅致力于中国自身发展，也强调对世界的责任和贡献；不仅造福中国人民，而且造福世界人民。实现中国梦给世界带来的是和平，不是动荡；是机遇，不是威胁。

11. 我们要实现的中国梦，不仅造福中国人民，而且造福各国人民。

《顺应时代前进潮流促进世界和平发展——在莫斯科国际关系学院的演讲》(2013 年 3 月 23 日)

实现中华民族伟大复兴，是近代以来中国人民最伟大的梦想，我们称之为“中国梦”，基本内涵是实现国家富强、民族振兴、人民幸福。中华民族历来爱好和平。近代以来，中国人民蒙受了外国侵略和内部战乱的百年苦难，深知和平的宝贵，最需要在和平环境中进行国家建设，以不断改善人民生活。中国将坚定不移走和平发展道路，致力于促进开放的发展、合作的发展、共赢的发展，同时呼吁各国共同走和平发展道路。中国始终奉行防御性的国防政策，不搞军备竞赛，不对任何国家构成军事威胁。中国发展壮大，带给世界的是更多机遇而不是什么威胁。我们要实现的中国梦，不仅造福中国人民，而且造福各国人民。

12. 同国际社会一道，推动实现持久和平、共同繁荣的世界梦。

《永远做可靠朋友和真诚伙伴——在坦桑尼亚尼雷尔国际会议中心的演讲》(2013 年 3 月 25 日)

13 亿多中国人民正致力于实现中华民族伟大复兴的中国梦，10 亿多非洲人民正致力于实现联合自强、发展振兴的非洲梦。中非人民要加强团结合作、加强相互支持和帮助，努力实现我们各自的梦想。我们还要同国际社会一道，推动实现持久和平、共同繁荣的世界梦，为人类和平与发展的崇高事业作出新的更大的贡献！

13. 实现中国梦，还需要付出长期艰苦的努力。

《促进共同发展　共创美好未来——在墨西哥参议院的演讲》(2013 年 6 月 5 日)

作为世界第二大进口市场，中国今后 5 年将进口 10 万多亿美元产品，对外投资规模将超过 5 000 亿美元。我们有信心保持中国经济持续较快发展，这将给包括拉美和加勒比在内的世界各国带来更多商机，为世界经济增长作出更大贡献。

同时，我们也清醒地认识到，中国仍然是世界上最大的发展中国家，创造 13 亿人的幸福美好生活绝非易事。中国在发展道路上仍然面临不少困难和挑战。实现中华民族伟大复兴的中国梦，还需要付出长期艰苦的努力。

14. 中国梦与世界各国人民的美好梦想相通。

《同奥巴马总统共同会见记者时的讲话》(2013 年 6 月 7 日)

我明确告诉奥巴马总统，中国将坚定不移走和平发展道路，坚定不移深化改革、扩大开放，努力实现中华民族伟大复兴的中国梦，努力促进人类和平与发展的崇高事业。

中国梦要实现国家富强、民族复兴、人民幸福，是和平、发展、合作、共赢的梦，与包括美国梦在内的世界各国人民的美好梦想相通。

15. 发展航天事业，建设航天强国，是我们不懈追求的航天梦。

《发展航天事业　建设航天强国　为实现航天梦谱写新的壮丽篇章——在酒

泉卫星发射中心观看发射和在接见天宫一号与神舟十号载人飞行任务参研参试单位代表的讲话》(2013 年 6 月 11 日)

发展航天事业，建设航天强国，是我们不懈追求的航天梦。党中央作出实施载人航天工程重大战略决策以来，航天战线的同志们秉持航天报国的理想和追求，艰苦奋斗，自强不息，开拓进取，取得了举世瞩目的伟大成就。同志们为祖国航天事业建立的卓越功勋，党和人民永远不会忘记。

16. 实现中华民族伟大复兴的中国梦，必须紧紧依靠人民。

《深入扎实开展党的群众路线教育实践活动　为实现党的十八大目标任务提供坚强保证——在党的群众路线教育实践活动工作会议上的讲话》(2013 年 6 月 18 日)

群众路线是我们党的生命线和根本工作路线。实现党的十八大确定的奋斗目标，实现中华民族伟大复兴的中国梦，必须紧紧依靠人民，充分调动最广大人民的积极性、主动性、创造性。开展党的群众路线教育实践活动，就是要使全党同志牢记并恪守全心全意为人民服务的根本宗旨，以优良作风把人民紧紧凝聚在一起，为实现党的十八大确定的目标任务而努力奋斗。

17. 为实现中国梦而奋斗，是中国青年运动的时代主题。

《紧跟党走在时代前列走在青年前列　在实现中华民族伟大复兴的征途中续写新光荣——同团中央新一届领导班子成员集体谈话时的讲话》(2013 年 6 月 20 日)

当前，全党全国各族人民正在为实现党的十八大提出的奋斗目标而奋发努力，正在朝着实现中华民族伟大复兴的中国梦而奋勇迈进。这是党和国家工作大局，也是中国青年运动的时代主题。团的工作要把握住根本性问题，把培养中国特色社会主义事业建设者和接班人作为根本任务，把巩固和扩大党执政的青年群众基础作为政治责任，把围绕中心、服务大局作为工作主线。

【参考文献】

[1] 邓小平：《社会主义首先要发展生产力》，《邓小平文选》第 2 卷，人民出版社 1994 年版。

[2] 邓小平：《科学技术是第一生产力》，《邓小平文选》第 3 卷，人民出版社 1993 年版。

[3] 江泽民：《高举邓小平理论伟大旗帜，把建设有中国特色社会主义事业全面推向二十一世纪》，《江泽民文选》第 2 卷，人民出版社 2006 年版。

[4] 胡锦涛：《坚定不移沿着中国特色社会主义道路前进　为全面建成小康

社会而奋斗——在中国共产党第十八次全国代表大会上的报告》，人民出版社1994年版。

[5] 习近平：《承前启后　继往开来　继续朝着中华民族伟大复兴目标奋勇前进》，《人民日报》2012年11月30日。

第七章

社会主义改革开放理论

【教学目的与要求】

通过本章的教学使学生了解改革开放是发展中国特色社会主义的必由之路，理解全面深化改革的重大意义和目标任务，在改革过程中必须坚持正确方向，以及处理好改革、发展、稳定之间关系的重大意义。正确把握改革开放的新形势，全面提高开放型经济水平，坚定改革开放是发展中国特色社会主义的必由之路的信念。

【教学内容】

改革开放是党领导下的第二次革命，是社会主义制度的自我完善和发展，是决定当代中国命运的关键抉择。全面深化改革必须坚持正确方向，正确处理改革、发展、稳定的关系。改革与开放是当代中国最鲜明的特色，坚持在实践中形成具有中国特色的对外开放道路，全面提高开放型经济水平。

【教学重点难点】

学习重点：

1. 改革开放是发展中国特色社会主义的必由之路。
2. 全面深化改革的重大意义和目标任务。
3. 坚持改革的正确方向。

学习难点：

1. 改革开放是发展中国特色社会主义的必由之路。
2. 正确处理改革、发展、稳定的关系。

【难点问题解析】

一、为什么说改革开放是发展中国特色社会主义的必由之路？

改革开放是决定当代中国命运的关键抉择，是社会主义制度的自我完善和发展。

第一，从国内背景来看，“文化大革命”给党和人民以及社会主义事业带来了严重灾难。纠正“文化大革命”的错误，彻底扭转当时的严重局势，改革开放是必由之路。

第二，从国际背景来看，世界范围内蓬勃兴起的新科技革命推动世界经济以更快的速度向前发展，我国经济实力、科技实力与国际先进水平的差距明显拉大。要赶上时代，在与资本主义竞争中赢得比较优势，改革开放是必由之路。

第三，从时代条件来看，和平与发展成为时代主题，中国争取一个长期和平发展的环境成为可能。

第四，从改革成果来看，改革开放使中国人民的面貌、社会主义中国的面貌、中国共产党的面貌发生了历史性的变化。

第五，从改革的理论依据来看，改革是解决社会主义社会基本矛盾（即生产力与生产关系、经济基础与上层建筑之间的矛盾）的根本途径。革命是解放生产力，改革也是解放生产力。改革是社会主义社会发展的直接动力。

总之，中国特色社会主义是改革开放的最重要的成果，改革开放是发展中国特色社会主义的必由之路。

二、如何正确处理改革、发展、稳定的关系？

改革、发展、稳定是我国社会主义现代化建设的三个重要支点，三者相互交融、相互作用、相互影响。

第一，改革是动力、发展是关键、稳定是前提。具体地说，改革是经济社会发展的强大动力，发展是解决一切经济社会问题的关键，稳定是改革发展的前提。只有社会稳定，改革发展才能不断推进。只有改革发展不断推进，社会稳定才能具有坚实基础。

第二，要把改革力度、发展速度和社会可承受度统一起来。任何一项改革既不能落后于发展也不能超越于发展，任何发展与改革也必须为社会所承受，否则适得其反。

第三，要把改善人民生活作为正确处理改革、发展、稳定关系的重要结合点，在保持社会稳定中推进改革和发展，通过改革发展促进社会稳定。

【自我检测】

(一) 单项选择题

1. 坚持改革的正确方向，最根本的是要坚持（ ）。

A. 四项基本原则 B. 以人为本

C. 实事求是 D. 统一战线

2. 坚持全面深化改革，要以（ ）为出发点和落脚点。

A. 经济体制的改革

B. 社会主义基本制度的根本变革

C. 促进社会公平正义、增进人民福祉

D. 中国共产党的领导

3. 改革开放最重要的成果是（ ）。

A. 中国特色社会主义 B. 毛泽东思想

C. 马克思主义理论 D. 科学发展观

4. 我国社会主义改革是一场新的革命，其性质是（ ）。

A. 解放生产力，发展生产力

B. 社会主义基本制度的根本变革

C. 社会主义制度的自我完善和发展

D. 建立和完善社会主义市场经济体制

5. 当今世界是开放的世界，中国的发展离不开世界，实行对外开放是我国的一项基本国策，坚持这一国策的基本立足点是（ ）。

A. 内外联动，互惠互利 B. 多方平衡，共同发展

C. 相互借鉴，求同存异 D. 独立自主，自力更生

6. 社会主义社会的基本矛盾是（ ）。

A. 人民日益增长的物质文化需求同落后的社会生产之间的矛盾

B. 资产阶级与无产阶级之间的矛盾

C. 生产力与生产关系、经济基础与上层建筑之间的矛盾

D. 社会化大生产与生产资料私人占有之间的矛盾

7. 社会主义社会发展的直接动力是（ ）。

A. 阶级斗争 B. 改革

C. 发展生产力 D. 物质利益原则

8. 我国最先建立的经济特区是（　　）。
A. 厦门特区　　B. 珠海特区
C. 深圳特区　　D. 海南特区
9. （　　）是发展中国特色社会主义的必由之路。
A. 革命　　B. 改革开放
C. 实事求是　　D. 党的领导
10. （　　）是社会主义制度的自我完善。
A. 改造　　B. 提高综合国力
C. 改善党的领导　　D. 改革
11. 改革开放为经济建设提供了（　　）。
A. 政治保证　　B. 组织保证
C. 思想保证　　D. 发展动力
12. 改革和发展的前提是（　　）。
A. 四项基本原则　　B. 依法治国
C. 社会公平　　D. 社会稳定
13. 阶级社会发展的直接动力是（　　）。
A. 改革　　B. 阶级斗争
C. 引进先进技术　　D. 对外开放
14. 全面深化改革的总目标是（　　）。
A. 完善和发展中国特色社会主义制度，推进国家治理体系和治理能力现代化
B. 提高人民生活水平
C. 解决社会主义和资本主义之间的矛盾
D. 实现人自由而全面的发展
15. 社会主义社会基本矛盾的特点是（　　）。
A. 又相适应又相矛盾　　B. 根本上冲突，不可能解决
C. 有时存在　　D. 根本不存在矛盾
16. 解决社会主义初级阶段主要矛盾的途径是（　　）。
A. 革命　　B. 改制
C. 改良　　D. 改革
17. 符合中国国情的全面深化改革的方法是（　　）。
A. 摸着石头过河　　B. 对原有制度的根本变革
C. 对原有体制进行修补　　D. 顶层设计与摸着石头过河相结合

18.“三个有利于”标准是（　　）。

A. 判断改革姓“社”姓“资”的标准

B. 判断改革和一切工作是非得失的标准

C. 判断一切改革政策的标准

D. 判断经济成就的标准

19. 中国的改革是全面的改革，其中重点是（　　）。

A. 政治体制改革　　B. 经济体制改革

C. 文化卫生体制改革　　D. 教育体制改革

20. 邓小平在我国改革开放全面展开的历史进程中，反复强调压倒一切的问题是（　　）。

A. 国家安全　　B. 民族团结

C. 稳定　　D. 防止和平演变

21. 改革、发展、稳定在动态中保持相互协调和促进，其中目的是（　　）。

A. 改革　　B. 发展

C. 稳定　　D. 开放

22. 我国进入社会主义现代化建设新时期最鲜明的特征是（　　）。

A. 建立三资企业　　B. 实行对外开放和改革

C. 发展私营个体经济　　D. 建立经济特区

23. 我国对外开放是指（　　）。

A. 对世界所有国家开放　　B. 对发达国家开放

C. 对第三世界国家开放　　D. 对发展中国家开放

24. 2013 年 9 月 7 日，习近平主席在哈萨克斯坦纳扎尔巴耶夫大学发表重要演讲，首次提出了加强政策沟通、道路联通、贸易畅通、货币流通、民心相通，共同建设（　　）的战略倡议。

A. 中哈友谊之路　　B. 21 世纪海上丝绸之路

C. 丝绸之路经济带　　D. 人类命运共同体

25. 2013 年 10 月 3 日，习近平主席在印度尼西亚国会发表重要演讲时明确提出，中国致力于加强同东盟国家的互联互通建设，愿同东盟国家发展好海洋合作伙伴关系，共同建设（　　）。

A. 21 世纪海上丝绸之路　　B. 中印友谊之路

C. 丝绸之路经济带　　D. 人类命运共同体

（二）多项选择题

1. 改革、发展、稳定好比现代化建设棋盘上的三个紧密关联的战略性棋子，第一步下好了，相互促进，就会全局皆活；如果有一招下不好，其他两步也会进入困境，还可能全局受挫。改革开放以来，党在处理改革、发展、稳定关系方面积累需要原则包括（　　）。

A. 保持改革、发展、稳定在动态中的相互协调和相互促进

B. 把实现社会稳定作为促进改革、发展的根本出发点

C. 把改革的力度、发展的速度和社会可以承受的程度统一起来

D. 把不断改善人民生活作为处理改革、发展、稳定关系的重要结合点

2.1957 年 2 月，毛泽东在《关于正确处理人民内部矛盾的问题》的讲话中强调指出（　　）。

A. 社会主义社会也存在矛盾

B. 社会主义社会的基本矛盾仍然是生产关系和生产力之间、上层建筑和经济基础之间的矛盾

C. 社会主义社会的矛盾可以通过社会主义制度本身得到解决

D. 把正确处理人民内部矛盾作为国家政治生活的主题

3. 近年来，我国企业“走出去”的步伐明显加快。非金融类对外直接投资从 2007 年的 248 亿美元上升到 2012 年的 773 亿美元，年均增长 25.5%，跻身对外投资大国行列。我国企业“走出去”战略的重要意义是（　　）。

A. 充分利用国外资源

B. 增强我国企业国际化经营能力

C. 培育我国具有世界水平的跨国公司

D. 拓展我国经济发展空间

4.2013 年 9 月 29 日，中国（上海）自由贸易试验区正式启动运作，36 家中外企业和金融机构颁布证照，首批入驻试验区，建设该试验区的主要任务是（　　）。

A. 促进转变经济增长方式和优化经济结构

B. 推动加快转变政府职能和行政体制改革

C. 为全面深化改革和扩大开放探索新途径、积累新经验

D. 推动构建更加公平合理的市场经济体制

5. 实行改革开放是（　　）。

A. 社会主义中国的强国之路　　B. 决定当代中国命运的历史性决策

C. 新时期中国最明显的特征　　D. 社会主义国家的一贯政策

6. 我国实行对外开放是（　　）。

A. 社会化大生产的客观要求　　B. 市场经济的要求

C. 世界经济一体化的要求　　D. 社会主义现代化建设的要求

7. 全面提高开放型经济水平，要完善（　　）的开放型经济体系。

A. 互利共赢　　B. 与时俱进

C. 多元平衡　　D. 安全高效

8. 邓小平同志关于对外开放的主要论述有（　　）。

A. 现在的世界是开放的世界

B. 中国的发展离不开世界

C. 开放政策不会导致资本主义

D. 独立自主、自力更生，无论过去、现在和将来，都是我们的立足点

9. 改革开放的成功实践为全面深化改革提供了（　　）重要经验。

A. 坚持党的领导

B. 坚持解放思想、实事求是、与时俱进、求真务实

C. 坚持以人为本

D. 坚持正确处理改革发展稳定关系

10. 我国对外开放格局的特点是（　　）。

A. 全方位　　B. 多层次

C. 宽领域　　D. 多环节

11. 改革、发展、稳定的关系是（　　）。

A. 改革是动力　　B. 发展是目的

C. 稳定是前提　　D. 稳定是目的

12. 我国改革必须遵循的原则是（　　）。

A. 必须坚持四项基本原则

B. 必须坚持从我国国情出发

C. 必须在共产党领导下有步骤有秩序地进行

D. 改革必须坚定，步子要稳妥

13. 邓小平提出判断各方面工作是非得失的标准是“三个有利于”，即（　　）。

A. 是否有利于提高经济效益

B. 是否有利于发展社会主义的生产力

C. 是否有利于提高人民生活水平

D. 是否有利于增强社会主义国家的综合国力

14. 社会主义社会的基本矛盾具有的性质和特点是（　　）。

A. 非对抗性　　B. 又相适应又相矛盾

C. 对抗性的　　D. 不相互适应的

15. 邓小平对社会主义社会基本矛盾的理论丰富和发展主要表现在（　　）。

A. 判断一种生产关系和生产力是否相适应，要从实际出发，具体问题具体分析，主要看它是否适应当时当地生产力的要求，能否推动生产力发展

B. 社会主义社会依然有解放生产力的问题

C. 社会主义社会基本矛盾、主要矛盾和根本任务是统一的

D. 革命是解放生产力，改革也是解放生产力

16. 我国的改革是一场新的伟大革命，是因为（　　）。

A. 改革能解放生产力、扫除发展生产力的障碍

B. 改革是对原有政策和体制的重新选择和构建

C. 改革会引起社会生活和人们观念的深刻而广泛性的变化

D. 改革是一个阶级推翻另一个阶级的革命

17. 全面深化改革的过程中，必须坚持（　　）的方向。

A. 坚持和完善党的领导　　B. 坚持和发展中国特色社会主义

C. 坚持社会主义市场经济　　D. 坚持四项基本原则

18. （　　）是解放生产力。

A. 与时俱进　　B. 革命

C. 改革　　D. 对外开放

E. 解放思想

19. 坚持自力更生与发展对外经济关系的相互关系是（　　）。

A. 自力更生是发展对外经济关系的基础

B. 发展对外经济关系是自力更生的基础

C. 发展对外经济关系可以增强自力更生的能力

D. 发展对外经济关系会削弱自力更生的能力

20. 习近平总书记系列重要讲话提出，要把握和处理好全面深化改革的一些重大关系，主要包括（　　）。

A. 党和人民的关系

B. 整体推进和重点突破的关系

C. 顶层设计和摸着石头过河的关系

D. 改革、发展、稳定的关系

21. 毫不动摇地坚持对外开放主要是基于以下几方面的原因（　　）。

A. 对中国发展历史经验教训深刻总结的结果

B. 顺应经济全球化大势和科技发展机遇的客观要求

C. 为了借鉴和吸收人类文明的一切优秀成果

D. 加快社会主义现代化建设的需要

22. 在对外开放中实施互利共赢的开放战略，应坚持（　　）。

A. “强国必霸”的模式

B. 推动建立更加公正的国际政治经济新秩序

C. 通过深化合作促进世界经济强劲、可持续、平衡增长

D. 要坚持从我国实际出发，坚定不移走自己的路

23. 全面提高对外开放水平，应做到（　　）。

A. 要实施更为主动的开放战略

B. 要以开放促发展

C. 既要借鉴其他文明，也要推动中国文明为世界文明发展作出更多贡献

D. 要树立开放条件下的安全观，在扩大开放中维护国家安全

24. “一带一路”不是一个实体和机制，而是合作发展的理念和倡议，是充分依靠中国与有关国家既有的双多边机制，借助既有的、行之有效的区域合作平台，积极主动地发展与沿线国家的经济合作伙伴关系，共同打造政治互信、经济融合、文化包容的利益共同体、命运共同体和责任共同体。这里“一带一路”是指（　）。

A. 古丝绸之路　　B. 汕头东部沿海城市经济带

C. 丝绸之路经济带　　D. 21 世纪海上丝绸之路

25. （　　），必须全面深化改革。

A. 实现党的十八大提出的战略目标和任务

B. 成为霸权主义强国

C. 适应我国发展的新要求和人民的新期待

D. 抓住机遇、抢占未来发展制高点

（三）辨析题

1. 中国进行的社会主义改革，主要是经济体制改革，而政治体制改革则是经济体制改革完成以后的事。

2. 革命是解放生产力，改革也是解放和发展生产力。

3. 无论坚持什么方向和立场，都要确保不断坚持改革。

（四）综合问答题

1. 我国实行对外开放的主要原因是什么？

2. 为什么说改革开放是强国之路，是社会主义发展的直接动力？

3. 为什么说改革是中国的第二次革命？

4. 如何正确认识和处理独立自主、自力更生与对外开放的关系？

5. 怎样理解必须坚持改革的正确方向？

（五）材料分析题

1. 阅读下面的材料并回答问题

材料 1

1978 年我国作出改革开放的战略决策时，美国《时代》杂志曾质疑说："他们的目标几乎不可能按期实现，甚至不可能实现。"经过三十多年的改革开放，我国国内生产总值、外贸进出口总额均已达到世界第二位，经济总量占世界经济的份额提升到 10%左右，对世界经济增长的贡献率年平均超过 20%。据世界银行统计，我国已进入中高收入国家行列。

在物质文化生活得到提高之后，人民群众对未来期待更高，过去施工建厂，首先考虑的是经济利益，今天引进项目，担心的却是环境污染；过去期盼吃饱穿暖，今天却追求吃得健康、安全；过去梦想有车有房，现在则忧虑 PM2.5 排放，城乡居民收入整体都有提高，但城乡区域发展差距和居民收入分配差距依然较大，近 10 年来中国基尼系数始终处于 0.4 以上，超出国际公认"警戒线"……这个经济飞速发展、财富不断积累的世界第二大经济体，在创造着"中国式奇迹"的同时，仍有一些"中国式难题"亟待破解。

"改革开放是我们党的历史上一次伟大觉醒，正是这个伟大觉醒孕育了新时期从理论到实践的伟大创造。"习近平在党的十八大之后首次到地方调研就选择了广东，并向深圳莲花山顶的邓小平铜像敬献了花篮。习近平表示，之所以到广东来，就是要到在我国改革开放中得风气之先的地方，现场回顾我国改革开放的历史进程，将改革开放继续推向前行。我们来瞻仰邓小平铜像。就是要表明我们将坚定不移推进改革开放，奋力推进改革开放和现代化建设取得新进展、实现新突破、迈上新台阶。

摘编自《人民日报》（2013 年 3 月 22 日）、新华网（2012 年 12 月 11 日）等

材料 2

1992 年，邓小平同志在南方谈话中说："不坚持社会主义，不改革开放，不发展经济，不改善人民生活，只能是死路一条。"回过头来看，我们对邓小平同志这番话就有更深的理解了。所以，我们讲，只有社会主义才能救中国，只有改革开放才能发展中国、发展社会主义、发展马克思主义。

正是从历史经验和现实需要的高度，党的十八大以来，中央反复强调，改革开放是决定当代中国命运的关键一招，也是决定实现"两个一百年"奋斗目标、实现中华民族伟大复兴的关键一招，实践发展永无止境，解放思想永无止境，改

革开放也永无止境，停顿和倒退没有出路，改革开放只有进行时、没有完成时。

摘自习近平《关于〈中共中央关于全面深化改革若干重大问题的决定〉的说明》

请回答：

(1) 如何看待改革开放进程中的“中国式奇迹”与“中国式难题”?

(2) 运用社会基本矛盾原理分析为什么“改革开放只有进行时、没有完成时”?

【参考答案】

(一) 单项选择题

1. A　2. C　3. A　4. C　5. D　6. C　7. B　8. C　9. B　10. D
11. D　12. D　13. B　14. A　15. A　16. D　17. D　18. B　19. B　20. C
21. B　22. B　23. A　24. C　25. A

(二) 多项选择题

1. ACD　2. ABCD　3. ABCD　4. ABCD　5. ABC
6. ABCD　7. ACD　8. ABCD　9. ABCD　10. ABC
11. ABC　12. ABCD　13. BCD　14. AB　15. ABCD
16. ABC　17. ABCD　18. BC　19. AC　20. BCD
21. ABCD　22. BCD　23. ABCD　24. CD　25. ACD

(三) 辨析题

1. *中国进行的社会主义改革，主要是经济体制改革，而政治体制改革则是经济体制改革完成以后的事。*

答：错误。中国的改革是全面改革；在全面改革中，经济体制改革是重点。因为通过经济体制改革，解放生产力，把国民经济搞上去，对当代中国来说是最根本最迫切的任务；经济体制改革需要政治体制及其他体制改革的配合，政治、科技、教育、文化、卫生体制等各个领域的改革也都有步骤、有秩序地全面展开。

2. *革命是解放生产力，改革也是解放和发展生产力。*

答：正确。革命是解放生产力，是历史唯物主义的基本原理。当旧的生产关系已经成为生产力发展的桎梏，而统治阶级又运用所掌握的全部上层建筑极力维护旧制度时，只有通过革命推翻旧政权，改变生产关系，从而为生产力的发展开辟道路。改革不是否定社会主义的基本制度，相反，是在坚持社会主义的基本制度的基础上，对旧体制的根本性变革；要从根本上改变过去长期束缚我国生产力发展的经济体制以及相应的政治体制和其他方面的体制，从而扫除发展生产力的障碍，加快我国生产力的发展。从这个意义上说，改革也是一场革命，也是解放生产力，是解放生产力和发展生产力的统一。

3. 无论坚持什么方向和立场，都要确保不断坚持改革。

答：错误。坚持什么样的改革方向，决定着改革的性质和最终成败。坚持改革的正确方向，最核心的是在改革中坚持和完善党的领导，坚持和发展中国特色社会主义。党是改革的掌舵者、推动者和领导者。坚持改革的正确方向，必须坚持社会主义市场经济改革方向。必须将坚持社会主义市场经济改革方向贯穿到其他各方面改革之中。

（四）综合问答题

1. 我国实行对外开放的主要原因是什么？

答：（1）对中国发展历史经验教训深刻总结的结果。经验证明，关起门来搞建设是不能成功的，只会限制自己的发展，甚至给国家和民族带来灾难。

（2）顺应经济全球化大势和科技发展机遇的客观要求。现在的世界是开放的世界，在以信息化为基础的新技术革命推动下，经济全球化趋势快速推进，为在国际分工和国际竞争中获取最大利益，各国纷纷实行更加开放的政策。

（3）为了借鉴和吸收人类文明的一切优秀成果。社会主义制度作为崭新的社会制度，必须根据国情大胆吸收人类社会包括资本主义社会创造出来的文明成果，这样才能加快发展。

（4）加快社会主义现代化建设的需要。在我国这样一个人口大国，任何时候都不能依靠别人搞建设，必须坚持将独立自主、自力更生作为发展的基点，同时利用国外资源，实现互利共赢。

2. 为什么说改革开放是强国之路，是社会主义发展的直接动力？

答：改革是为了扫除发展生产力的障碍，解放生产力和发展生产力。改革是中国实现现代化的必由之路。要得到发展，必须坚持改革。坚持改革开放是决定中国命运的抉择，如果再不进行改革，我们的现代化事业和社会主义事业就会被葬送。通过改革，建立充满生机和活力的社会主义市场经济体制，促进生产力的发展，才能实现工业化、市场化和现代化。通过对外开放，引进资本，引进先进技术，引进先进的管理经验，加快社会主义现代化的进程。

3. 为什么说改革是中国的第二次革命？

答：（1）改革是中国的第二次革命，中国共产党领导的第一次革命，把中国从一个半殖民地半封建的旧中国，变成了一个社会主义新中国；中国共产党领导的第二次革命，将把一个经济文化比较落后的社会主义中国变成一个富强、民主、文明的现代化的社会主义中国。

(2) 改革也是为了扫除发展生产力的障碍，解放生产力。革命是解放生产力，改革也是解放生产力，所以，改革也可以叫作革命。

(3) 我国目前的改革不同于社会正常发展中的一般性改革，而是对原有体制进行根本的变革。

(4) 改革引起了经济生活、社会生活、思想观念等一系列重大变化。

(5) 改革不同于传统意义上的革命，改革绝不是要改变社会主义的基本制度，而是社会主义制度的自我完善和发展。

4. 如何正确认识和处理独立自主、自力更生与对外开放的关系？

答：独立自主、自力更生是指一个国家自主地决定和处理本国事务，而不受外国的控制和干涉，主要依靠本国的力量进行革命和建设。

(1) 我国是有13亿人口的大国。独立自主、自力更生，无论过去、现在和将来，都是我们的立足点。过去干革命是这样，今天搞建设也主要依靠我国人民的积极性和创造力。

(2) 但是，独立自主、自力更生不能排斥对外开放，二者不是对立关系，而是相辅相成的。自力更生地发展本国经济是实行对外开放的基础和前提，而对外开放的目的则是增强我国自力更生能力和在国际上竞争能力。两者都是为了发展和壮大有中国特色的社会主义。

5. 怎样理解必须坚持改革的正确方向？

答：(1) 方向问题至关重要。坚持什么样的改革方向，决定着改革的性质和最终成败。中国30多年改革顺利进行并取得历史性成就，根本原因在于始终坚持了正确的改革方向和改革立场，既不走封闭僵化的老路，也不走改旗易帜的邪路。

(2) 坚持改革的正确方向，就是要坚持四项基本原则这个立国之本。最核心的是在改革中坚持和完善党的领导，坚持和发展中国特色社会主义。只有坚持党的领导，才能把握好改革的正确方向，形成攻坚克难的强大力量。中国特色社会主义是党带领人民长期奋斗的根本成就，是当代中国发展进步的根本方向。

(3) 坚持社会主义市场经济改革方向。社会主义市场经济把社会主义基本制度与市场经济结合起来，能发挥两者的优势，是中国特色社会主义的一大特色和优势。社会主义市场经济是中国共产党人对马克思主义发展做出的历史性贡献。

(五) 材料分析题

1. 答案要点：

答：(1) 在改革开放的进程中，我们既取得了辉煌的“中国式奇迹”，又面临着诸多“中国式难题”。对此，我们应辩证对待，清醒认识。

十一届三中全会以来，我国通过改革开放取得了“中国式奇迹”：经济平稳较快发展。综合国力大幅提升，改革开放取得重大进展。农村综合改革、集体林权制度改革、国有企业改革不断深化，非公有制经济健康发展。开放型经济达到新水平，进出口总额跃居世界第二位。人民生活水平显著提高，民主法制建设迈出新步伐，文化建设迈上新台阶，社会建设取得新进步，这些成就都是改革开放取得的辉煌成果。

同时，必须清醒地看到，我们工作中还存在许多不足，前进道路上还有不少困难和问题。主要是：发展中不平衡、不协调、不可持续问题依然突出，科技创新能力不强，产业结构不合理，农业基础依然薄弱，资源环境约束加剧，制约科学发展的体制机制障碍较多，深化改革开放和转变经济发展方式任务艰巨；城乡区域发展差距和居民收入分配差距依然较大；社会矛盾明显增多，教育、就业、社会保障、医疗、住房等关系群众切身利益的问题较多，部分群众生活比较困难；一些领域存在道德失范、诚信缺失现象；少数党员干部理想信念动摇、宗旨意识淡薄，形式主义、官僚主义问题突出，奢侈浪费现象严重，反腐败斗争形势依然严峻。对这些困难和问题，我们必须高度重视，通过进一步改革认真加以解决。

（2）我国社会主义改造完成以后，社会主义社会的基本矛盾仍然是生产力和生产关系之间的矛盾、上层建筑和经济基础之间的矛盾，它们表现在社会生活的各个方面，是推动社会主义社会不断前进的根本动力。这就决定了我们必须通过改革推动社会发展。

社会主义社会的基本矛盾性质是非对抗性的，具有“又相适应又相矛盾”的特点，可以通过社会主义制度本身即改革解决社会基本矛盾。也就是说，我们既不能走封闭僵化的老路，也不能走改旗易帜的邪路，只能走中国特色社会主义道路。改革必须坚持社会主义方向，是社会主义制度的自我完善和发展。全面深化改革，必须立足于我国长期处于社会主义初级阶段这个最大实际，坚持发展仍是解决我国所有问题的关键这个重大战略判断，以经济建设为中心，发挥经济体制改革牵引作用，推动生产关系同生产力、上层建筑同经济基础相适应，推动经济社会持续健康发展。

问题就是矛盾。社会主义社会的基本矛盾是推动社会主义社会不断前进的根本动力。改革是由问题倒逼而产生，又在不断解决问题中得以深化。改革开放是坚持和发展中国特色社会主义的必由之路。没有改革开放，就没有中国的今天，也就没有中国的明天。“改革开放是一项长期的、艰巨的、繁重的事业，必须一代又一代接力干下去。旧的问题解决了，新的问题又会产生”，发展永无止境，实践永无止境，认识也永无止境。“改革开放只有进行时、没有完成时”。

【延伸阅读】

《推动共建丝绸之路经济带和21世纪海上丝绸之路的愿景与行动》(节选)

国家发展改革委、外交部、商务部2015年3月29日联合发布

前言

2 000多年前，亚欧大陆上勤劳勇敢的人民，探索出多条连接亚欧非几大文明的贸易和人文交流通路，后人将其统称为“丝绸之路”。千百年来，“和平合作、开放包容、互学互鉴、互利共赢”的丝绸之路精神薪火相传，推进了人类文明进步，是促进沿线各国繁荣发展的重要纽带，是东西方交流合作的象征，是世界各国共有的历史文化遗产。

进入21世纪，在以和平、发展、合作、共赢为主题的新时代，面对复苏乏力的全球经济形势，纷繁复杂的国际和地区局面，传承和弘扬丝绸之路精神更显重要和珍贵。

2013年9月和10月，中国国家主席习近平在出访中亚和东南亚国家期间，先后提出共建“丝绸之路经济带”和“21世纪海上丝绸之路”(以下简称“一带一路”)的重大倡议，得到国际社会高度关注。中国国务院总理李克强参加2013年中国—东盟博览会时强调，铺就面向东盟的海上丝绸之路，打造带动腹地发展的战略支点。加快“一带一路”建设，有利于促进沿线各国经济繁荣与区域经济合作，加强不同文明交流互鉴，促进世界和平发展，是一项造福世界各国人民的伟大事业。

“一带一路”建设是一项系统工程，要坚持共商、共建、共享原则，积极推进沿线国家发展战略的相互对接。为推进实施“一带一路”重大倡议，让古丝绸之路焕发新的生机活力，以新的形式使亚欧非各国联系更加紧密，互利合作迈向新的历史高度，中国政府特制定并发布《推动共建丝绸之路经济带和21世纪海上丝绸之路的愿景与行动》。

一、时代背景

当今世界正发生复杂深刻的变化，国际金融危机深层次影响继续显现，世界经济缓慢复苏、发展分化，国际投资贸易格局和多边投资贸易规则酝酿深刻调整，各国面临的发展问题依然严峻。共建“一带一路”顺应世界多极化、经济全

球化、文化多样化、社会信息化的潮流，秉持开放的区域合作精神，致力于维护全球自由贸易体系和开放型世界经济。共建“一带一路”旨在促进经济要素有序自由流动、资源高效配置和市场深度融合，推动沿线各国实现经济政策协调，开展更大范围、更高水平、更深层次的区域合作，共同打造开放、包容、均衡、普惠的区域经济合作架构。共建“一带一路”符合国际社会的根本利益，彰显人类社会共同理想和美好追求，是国际合作以及全球治理新模式的积极探索，将为世界和平发展增添新的正能量。

共建“一带一路”致力于亚欧非大陆及附近海洋的互联互通，建立和加强沿线各国互联互通伙伴关系，构建全方位、多层次、复合型的互联互通网络，实现沿线各国多元、自主、平衡、可持续的发展。“一带一路”的互联互通项目将推动沿线各国发展战略的对接与耦合，发掘区域内市场的潜力，促进投资和消费，创造需求和就业，增进沿线各国人民的人文交流与文明互鉴，让各国人民相逢相知、互信互敬，共享和谐、安宁、富裕的生活。

当前，中国经济和世界经济高度关联。中国将一以贯之地坚持对外开放的基本国策，构建全方位开放新格局，深度融入世界经济体系。推进“一带一路”建设既是中国扩大和深化对外开放的需要，也是加强和亚欧非及世界各国互利合作的需要，中国愿意在力所能及的范围内承担更多责任义务，为人类和平发展作出更大的贡献。

二、合作重点

沿线各国资源禀赋各异，经济互补性较强，彼此合作潜力和空间很大。以政策沟通、设施联通、贸易畅通、资金融通、民心相通为主要内容，重点在以下方面加强合作。

政策沟通。加强政策沟通是“一带一路”建设的重要保障。加强政府间合作，积极构建多层次政府间宏观政策沟通交流机制，深化利益融合，促进政治互信，达成合作新共识。沿线各国可以就经济发展战略和对策进行充分交流对接，共同制定推进区域合作的规划和措施，协商解决合作中的问题，共同为务实合作及大型项目实施提供政策支持。

设施联通。基础设施互联互通是“一带一路”建设的优先领域。在尊重相关国家主权和安全关切的基础上，沿线国家宜加强基础设施建设规划、技术标准体系的对接，共同推进国际骨干通道建设，逐步形成连接亚洲各次区域以及亚欧非之间的基础设施网络。强化基础设施绿色低碳化建设和运营管理，在建设中充分考虑气候变化影响。

抓住交通基础设施的关键通道、关键节点和重点工程，优先打通缺失路段，畅通瓶颈路段，配套完善道路安全防护设施和交通管理设施设备，提升道路通达水平。推进建立统一的全程运输协调机制，促进国际通关、换装、多式联运有机衔接，逐步形成兼容规范的运输规则，实现国际运输便利化。推动口岸基础设施建设，畅通陆水联运通道，推进港口合作建设，增加海上航线和班次，加强海上物流信息化合作。拓展建立民航全面合作的平台和机制，加快提升航空基础设施水平。

加强能源基础设施互联互通合作，共同维护输油、输气管道等运输通道安全，推进跨境电力与输电通道建设，积极开展区域电网升级改造合作。

共同推进跨境光缆等通信干线网络建设，提高国际通信互联互通水平，畅通信息丝绸之路。加快推进双边跨境光缆等建设，规划建设洲际海底光缆项目，完善空中（卫星）信息通道，扩大信息交流与合作。

贸易畅通。投资贸易合作是“一带一路”建设的重点内容。宜着力研究解决投资贸易便利化问题，消除投资和贸易壁垒，构建区域内和各国良好的营商环境，积极同沿线国家和地区共同商建自由贸易区，激发释放合作潜力，做大做好合作“蛋糕”。

沿线国家宜加强信息互换、监管互认、执法互助的海关合作，以及检验检疫、认证认可、标准计量、统计信息等方面的双多边合作，推动世界贸易组织《贸易便利化协定》生效和实施。改善边境口岸通关设施条件，加快边境口岸“单一窗口”建设，降低通关成本，提升通关能力。加强供应链安全与便利化合作，推进跨境监管程序协调，推动检验检疫证书国际互联网核查，开展“经认证的经营者”（AEO）互认。降低非关税壁垒，共同提高技术性贸易措施透明度，提高贸易自由化便利化水平。

拓宽贸易领域，优化贸易结构，挖掘贸易新增长点，促进贸易平衡。创新贸易方式，发展跨境电子商务等新的商业业态。建立健全服务贸易促进体系，巩固和扩大传统贸易，大力发展现代服务贸易。把投资和贸易有机结合起来，以投资带动贸易发展。

加快投资便利化进程，消除投资壁垒。加强双边投资保护协定、避免双重征税协定磋商，保护投资者的合法权益。

拓展相互投资领域，开展农林牧渔业、农机及农产品生产加工等领域深度合作，积极推进海水养殖、远洋渔业、水产品加工、海水淡化、海洋生物制药、海洋工程技术、环保产业和海上旅游等领域合作。加大煤炭、油气、金属矿产等传统能源资源勘探开发合作，积极推动水电、核电、风电、太阳能等清洁、可再生能源合作，推进能源资源就地就近加工转化合作，形成能源资源合作上下游一体化产业链。加强能源资源深加工技术、装备与工程服务合作。

推动新兴产业合作，按照优势互补、互利共赢的原则，促进沿线国家加强在新一代信息技术、生物、新能源、新材料等新兴产业领域的深入合作，推动建立创业投资合作机制。

优化产业链分工布局，推动上下游产业链和关联产业协同发展，鼓励建立研发、生产和营销体系，提升区域产业配套能力和综合竞争力。扩大服务业相互开放，推动区域服务业加快发展。探索投资合作新模式，鼓励合作建设境外经贸合作区、跨境经济合作区等各类产业园区，促进产业集群发展。在投资贸易中突出生态文明理念，加强生态环境、生物多样性和应对气候变化合作，共建绿色丝绸之路。

中国欢迎各国企业来华投资。鼓励本国企业参与沿线国家基础设施建设和产业投资。促进企业按属地化原则经营管理，积极帮助当地发展经济、增加就业、改善民生，主动承担社会责任，严格保护生物多样性和生态环境。

资金融通。资金融通是“一带一路”建设的重要支撑。深化金融合作，推进亚洲货币稳定体系、投融资体系和信用体系建设。扩大沿线国家双边本币互换、结算的范围和规模。推动亚洲债券市场的开放和发展。共同推进亚洲基础设施投资银行、金砖国家开发银行筹建，有关各方就建立上海合作组织融资机构开展磋商。加快丝路基金组建运营。深化中国—东盟银行联合体、上合组织银行联合体务实合作，以银团贷款、银行授信等方式开展多边金融合作。支持沿线国家政府和信用等级较高的企业以及金融机构在中国境内发行人民币债券。符合条件的中国境内金融机构和企业可以在境外发行人民币债券和外币债券，鼓励在沿线国家使用所筹资金。

加强金融监管合作，推动签署双边监管合作谅解备忘录，逐步在区域内建立高效监管协调机制。完善风险应对和危机处置制度安排，构建区域性金融风险预警系统，形成应对跨境风险和危机处置的交流合作机制。加强征信管理部门、征信机构和评级机构之间的跨境交流与合作。充分发挥丝路基金以及各国主权基金作用，引导商业性股权投资基金和社会资金共同参与“一带一路”重点项目建设。

民心相通。民心相通是“一带一路”建设的社会根基。传承和弘扬丝绸之路友好合作精神，广泛开展文化交流、学术往来、人才交流合作、媒体合作、青年和妇女交往、志愿者服务等，为深化双多边合作奠定坚实的民意基础。

扩大相互间留学生规模，开展合作办学，中国每年向沿线国家提供1万个政府奖学金名额。沿线国家间互办文化年、艺术节、电影节、电视周和图书展等活动，合作开展广播影视剧精品创作及翻译，联合申请世界文化遗产，共同开展世界遗产的联合保护工作。深化沿线国家间人才交流合作。

加强旅游合作，扩大旅游规模，互办旅游推广周、宣传月等活动，联合打造具有丝绸之路特色的国际精品旅游线路和旅游产品，提高沿线各国游客签证便利化水平。推动21世纪海上丝绸之路邮轮旅游合作。积极开展体育交流活动，支持沿线国家申办重大国际体育赛事。

强化与周边国家在传染病疫情信息沟通、防治技术交流、专业人才培养等方面的合作，提高合作处理突发公共卫生事件的能力。为有关国家提供医疗援助和应急医疗救助，在妇幼健康、残疾人康复以及艾滋病、结核、疟疾等主要传染病领域开展务实合作，扩大在传统医药领域的合作。

加强科技合作，共建联合实验室（研究中心）、国际技术转移中心、海上合作中心，促进科技人员交流，合作开展重大科技攻关，共同提升科技创新能力。

整合现有资源，积极开拓和推进与沿线国家在青年就业、创业培训、职业技能开发、社会保障管理服务、公共行政管理等共同关心领域的务实合作。

充分发挥政党、议会交往的桥梁作用，加强沿线国家之间立法机构、主要党派和政治组织的友好往来。开展城市交流合作，欢迎沿线国家重要城市之间互结友好城市，以人文交流为重点，突出务实合作，形成更多鲜活的合作范例。欢迎沿线国家智库之间开展联合研究、合作举办论坛等。

加强沿线国家民间组织的交流合作，重点面向基层民众，广泛开展教育医疗、减贫开发、生物多样性和生态环保等各类公益慈善活动，促进沿线贫困地区生产生活条件改善。加强文化传媒的国际交流合作，积极利用网络平台，运用新媒体工具，塑造和谐友好的文化生态和舆论环境。

来源：国家发展改革委、外交部、商务部，《推动共建丝绸之路经济带和21世纪海上丝绸之路的愿景与行动》，2015年3月29日。

【参考文献】

[1] 邓小平：《在武昌、深圳、珠海、上海等地的谈话要点》，《邓小平文选》第3卷，人民出版社1993年版。

[2]《中共中央关于全面深化改革若干重大问题的决定》，人民出版社2013年版。

[3] 习近平：《关于〈中共中央关于全面深化改革若干重大问题的决定〉的说明》，《人民日报》2013年11月16日。

[4] 国家发展改革委、外交部、商务部：《推动共建丝绸之路经济带和21世纪海上丝绸之路的愿景与行动》，《人民日报》2015年3月29日。

第八章

建设中国特色社会主义总布局

【教学目的与要求】

通过本章的教学使学生充分认识和理解社会主义经济建设、政治建设、文化建设、社会建设和生态文明建设是中国特色社会主义事业“五位一体”的总布局，正确理解和把握党关于中国特色社会主义的经济、政治、文化、社会、生态文明建设的重大理论、方针政策、制度建设、重要意义等基本理论问题，以及“五位一体”与社会发展辩证关系，提高学生贯彻执行党的路线、方针、政策、制度的自觉性和坚定性。

【教学内容】

中国特色社会主义事业“五位一体”的总布局具体内容包括：社会主义市场经济理论和经济体制改革的历史进程，社会主义初级阶段的基本经济制度和分配制度，以及推动我国经济持续健康发展；坚持走中国特色社会主义政治发展道路的内涵和意义，社会主义民主政治基本制度的内容，社会主义依法治国基本方略的内涵与要求，推动政治体制改革的目标和任务；中国特色社会主义文化发展道路的内涵与要求，建设社会主义核心价值体系和社会主义核心价值观的要求和意义，加强思想道德建设和发展教育科学与建设社会主义文化强国；建设社会主义和谐社会的总体思路，保障和改善民生的基本要求，创新社会治理体制的要求；建设社会主义生态文明的总体要求，树立生态文明理念、坚持节约资源和保护环境的基本国策。

【教学重点与难点】

学习重点：

1. 社会主义市场经济理论的形成过程和重要意义。
2. 我国社会主义初级阶段基本经济制度和分配制度。
3. 坚持走中国特色社会主义政治发展道路意义与内涵。
4. 社会主义依法治国基本方略的含义与要求。
5. 建设社会主义核心价值体系和社会主义核心价值观的内容与意义。
6. 建设社会主义和谐社会的总体思路。
7. 生态文明建设的基本理念。

学习难点：

1. 建设中国特色社会主义总布局的理论意义和现实意义。
2. 十八大以来在经济建设方面的新要求。
3. 坚持党的领导、人民当家做主和依法治国的有机统一。
4. 中国特色社会主义文化建设的根本任务和主要内容。
5. 进一步做好保障和改善民生工作的方针与举措。
6. 加强生态文明建设与经济、政治、文化、社会建设的关系。

【难点问题解析】

一、如何从理论上认识社会主义市场经济与资本主义市场经济之间的关系？

社会主义市场经济与资本主义市场经济既有区别又有联系。

第一，就其联系而言，社会主义市场经济与资本主义市场经济都具有市场经济的一般特征和要求。从资源配置方式看，都是以市场为基础性配置手段；从微观层面看，企业都是独立的市场主体和法人实体；从经济活动看，市场经济规律起着支配作用；从宏观层面看，政府的宏观调控主要是通过经济手段来实现的；从经济运行看，法制起着基本的保障作用。正是由于市场经济具有共性，所以社会主义市场经济也应该按照这些特征和要求来进行建设。同时，发达资本主义国家在发展市场经济过程中的一切有益的作法和经验也都是值得我们借鉴和吸收的，在这一层次上，社会主义市场经济与资本主义市场经济是可以接轨的。

第二，就区别而言，社会主义市场经济与资本主义市场经济又是两种不同的社会制度与市场经济的结合，它们体现的是不同社会经济制度下的市场经济。市场经济与不同的经济制度结合就会体现出不同的制度特征。市场经济与社会主义制度结合，就要坚持以公有制为主体、坚持按劳分配为主体，坚持以实现共同富裕为目标。离开了这些特征就不是社会主义市场经济，而资本主义市场经济则不具有这样的特征。坚持走社会主义市场经济的发展道路，建设中国特色社会主义经济，最重要的就是坚持社会主义基本制度与市场经济的结合。这是我们的创造性和特色所在。如果离开了社会主义基本制度，就会走向资本主义。

二、社会主义初级阶段基本经济制度的确立，在社会主义所有制理论上实现了哪些重大的突破和创新？

社会主义初级阶段基本经济制度的确立，标志着在所有制结构理论和实践方面又有了重大突破和创新。

第一，社会主义初级阶段基本经济制度是一个有机结合的统一体。既包括作为社会主义经济基础的公有制经济，也包括非社会主义性质的其他所有制经济。没有公有制经济的主体地位，就不能确保我国社会的社会主义性质，不能坚持社会主义方向和道路。没有其他所有制经济，就会脱离当代中国的基本国情，脱离初级阶段的实际。因此，既不能因为公有制以外的其他经济成分不属于社会主义性质的经济而将它们排除在基本经济制度以外，也不能因为它们属于基本经济制度而认为也是社会主义经济。社会主义基本经济制度的确立，能够把社会主义的本质特征和初级阶段的现实要求有机统一起来，这在社会主义所有制理论上是一个重大的突破和创新，更加有利于促进社会生产力的发展，有利于巩固和发展社会主义制度。

第二，社会主义初级阶段基本经济制度的确立，体现了党对所有制理论的与时俱进。改革开放前，由于对基本国情的认识上超越了社会主义初级阶段的实际，总认为社会主义经济制度只能由社会主义性质的公有制经济构成，即使允许非公有制经济存在和一定的发展，也只能是暂时的权宜之计。改革开放后，我们党对非公有制经济的认识逐步深化，从称其为“公有制经济必要的和有益的补充”，到强调“公有制经济与多种经济成分长期共同发展是一项长期的方针”，再到党的十五大第一次明确提出“公有制为主体、多种所有制经济共同发展，是我国社会主义初级阶段的一项基本经济制度”。这标志着我们党对社会主义初级阶段所有制结构的认识不仅在理论上有了重大突破和创新，在实践中也使我国进入公有制实现形式多样化和多种经济成分共同发展的新阶段。

第三，建立怎样的所有制结构，实行怎样的基本经济制度，只能以是否符合“三个有利于”作为判断标准。一切符合“三个有利于”标准的所有制形式，都可以而且应该用来为发展社会主义服务。

三、如何加强法制建设，推进依法治国进程？

法制是依法治国的前提和基础。要推进依法治国进程，建设社会主义法治国家，必然要求大力加强社会主义法制建设，坚持有法可依、有法必依、执法必严、违法必究。

第一，要坚持科学立法、民主立法，健全和完善中国特色社会主义法律体系。不断完善立法是健全社会主义法制的前提。一个以宪法为基础、包括一系列重要法律在内的社会主义法律体系加速建构，初步改变了过去那种无法可依的局面。但是，我国的法律体系还有待健全、完善和深入，今后的立法工作仍然艰巨。

第二，严格执行宪法和法律，完善依法行政制度和司法制度。最重要的是维护宪法和法律的尊严和权威，培养和提高执法、司法人员的思想政治素质和业务素质。建立、完善坚强有效的法律监督系统，防止滥用权力，严惩执法犯法，贪赃枉法。

第三，加强普法教育，增强全民法律意识。社会主义法制建设的根本问题是教育人的问题。为了提高人们遵纪守法的自觉性，除了进行思想道德教育和发展科学教育文化事业外，还要进行民主法制教育，增强全民的公民意识和法律意识。

【自我检测】

（一）单项选择题

1. 经过十四大到十八届三中全会 20 多年的实践，党对政府和市场的关系有了新的科学定位，提出使市场在资源配置中起（　　）。

A. 辅助性作用　　B. 决定性作用

C. 基础性作用　　D. 补充性作用

2. 经济体制改革仍然是全面深化改革的重点，核心问题是处理好（　　）。

A. 公平与效率的关系　　B. 政府和市场的关系

C. 国家与社会的关系　　D. 国家、社会与市场的关系

3. 改革开放以来，我们党对公有制认识上的一个重大突破，就是明确了公有制和公有制的实现形式是两个不同层次的问题。公有制的实现形式是指资产或资本的（　　）。

A. 占有形式　　B. 分配形式

C. 所有权归属　　D. 组织形式和经营方式

4. 社会主义初级阶段实行按劳分配为主的多种分配形式的根本原因是（　　）。

A. 社会生产力水平不高　　B. 多种所有制经济并存

C. 多种经营方式并存　　D. 多种筹资方式并存

5. 下列收入中，属于按劳分配收入的是（　　）。

A. 外资企业的职工工资收入　　B. 个体劳动者的劳动所得

C. 股份制企业职工的分红收入　　D. 集体企业的职工工资收入

6. 公有制为主体、多种所有制经济共同发展，是我国社会主义初级阶段的一项基本经济制度。决定实行这一制度的理论依据是（　　）。

A. 生产力发展和生产关系性质　　B. 所有制结构和分配结构

C. 发展市场经济和扩大对外开放　　D. 社会主义性质和初级阶段国情

7. 社会主义社会实行按劳分配的前提条件是（　　）。

A. 旧的社会分工的存在，劳动还是谋生的手段

B. 社会主义生产力发展的水平

C. 社会主义生产资料公有制

D. 社会主义市场经济体制的建立

8. 劳动、资本、技术、管理等生产要素是社会生产不可或缺的因素，在我国社会主义初级阶段，实行按生产要素分配的必要性和根据是（　　）。

A. 按生产要素分配是按劳分配的补充

B. 我国社会存在着生产要素的多种所有制

C. 生产要素可以转化为生产力

D. 生产要素是价值的源泉

9. 国有经济在国民经济中起主导作用，主要表现在（　　）。

A. 国有资产在社会总资产中占有量的优势

B. 国有经济能控制垄断性行业

C. 国有经济对国民经济的控制力

D. 国有经济在国民经济中占主体地位

10. 要实现我国经济持续健康发展，必须加快经济发展方式的转变，其主攻方向是（　　）。

A. 积累与消费的关系　　B. 投入与产出的关系

C. 调整经济结构　　D. 信息化与工业化深度融合

11. 近年来，为了缩小我国居民在收入分配方面存在的差距，党和政府做出了巨大努力，如提高个税起征点、提高企业退休人员基本养老金、提高国家扶贫标准和城乡低保补助水平等，这些举措体现了（　　）。

A. 劳动报酬在初次分配中比重提高　　B. 再分配更加注重公平

C. 初次分配注重效率　　D. 各种生产要素参与分配

12. 发展社会主义民主政治，最根本的是要（　　）。

A. 坚持党的领导、人民当家做主和依法治国的有机统一

B. 实现民主政治的制度化、规范化、程序化

C. 充分发挥人民群众的监督作用

D. 有领导、有步骤地推进政治体制改革

13. 社会主义民主的本质和核心是（　　）。

A. 建立人民共和国

B. 召开人民代表大会

C. 人民当家做主，真正享有管理国家和社会事务的权利

D. 人民都自由表达自己的意愿

14. 我国的根本政治制度是（　　）。

A. 人民民主专政　　B. 人民代表大会制度

C. 民族区域自治制度　　D. 共产党领导的多党合作和政治协商制度

15. 邓小平指出："解决民族问题，中国采取的不是民族共和国联邦的制度，而是民族区域自治的制度。我们认为这个制度比较好，适合中国的情况。"我国实行民族区域自治的历史依据是（　　）。

A. 各民族聚居区发展的不平衡性

B. 统一的多民族国家的长期存在和发展

C. 各民族大杂居、小聚居的人口分布格局

D. 近代以来各民族在共同反抗外来侵略斗争中形成的爱国主义精神

16. 实施依法治国的核心是（　　）。

A. 有法可依　　B. 有法必依

C. 执法必严　　D. 违法必究

17. 十届全国人大二次会议通过的《宪法修正案》把"国家尊重和保障人权"正式载入国家的根本大法。对任何国家和民族来说，根本的人权是（　　）。

A. 知情权与监督权　　B. 平等权与自由权

C. 生存权和发展权　　D. 表达权与参政权

18. 西藏自治区成立五十年来，通过实行民族区域自治制度，从落后走向进步，从贫穷走向富裕，从封闭走向开放，社会制度实现了历史性的跨越。今天的西藏，社会稳定、经济发展、民生改善、生态向好，各方面成绩卓著。实践证明，民族区域自治制度是适合民族地区特点、具有中国特色的一项基本政治制

度。民族区域自治的核心是（　　）。

A. 凝聚力量，增进共识

B. 实现各民族平等、团结、合作和共同繁荣

C. 汉族离不开少数民族，少数民族离不开汉族

D. 保障少数民族当家做主、管理本民族本地方事务的权利

19. 改革开放以来，人民代表大会制度建设和人民代表大会的工作得到不断推进。全国和地方各级人民代表大会的制度（　　）。

A. 实行差额选举　　B. 按党派分配名额

C. 按单位分配名额　　D. 实行等额选举

20. 推进政治体制改革，必须坚持（　　）。

A. 改革开放　　B. 发展市场经济

C. 四项基本原则　　D. 办好教育

21. 文化强则中国强，建设社会主义文化强国是实现中华民族伟大复兴的必然要求，其关键是（　　）。

A. 增强全民族文化创造力

B. 发展新型文化业态

C. 提高全民族思想道德素质和科学文化素质

D. 提升国家文化软实力

22. 社会主义教育科学文化建设要解决的是（　　）。

A. 整个民族的精神支柱和精神动力问题

B. 整个民族的科学文化素质和现代化建设的智力支持问题

C. 科教兴国战略问题

D. 可持续发展战略问题

23. 现阶段我国各族人民的共同理想是（　　）。

A. 在中国共产党的领导下，走中国特色社会主义道路，实现中华民族的伟大复兴

B. 实现祖国统一

C. 建立各尽所能，按需分配的共产主义社会

D. 实现全面小康

24. 发展社会主义文化必须坚持的“二为”方向是（　　）。

A. 为物质文明建设服务和为精神文明建设服务

B. 为全党工作大局服务和为全国工作大局服务

C. 为人民服务和为社会主义服务

D. 为政治服务和为社会主义服务

25. 中华民族精神源远流长，包含着丰富的内容，其中夸父追日、大禹治水、愚公移山、精卫填海等动人的传说，体现的中华民族精神是（　　）。

A. 勤劳勇敢　　B. 团结统一

C. 自强不息　　D. 爱好和平

26. 深化文化体制改革的重点是（　　）。

A. 公益性文化　　B. 普及文化知识

C. 体制机制创新　　D. 传播先进文化

27. 中国特色社会主义文化建设的重要内容和中心环节是（　　）。

A. 思想道德建设　　B. 科学建设

C. 教育事业　　D. 文化建设

28. 关于“和谐社会”，下列说法正确的是（　　）。

A. 和谐社会就是没有矛盾、没有冲突的社会

B. 和谐社会是人类社会发展过程中的一个社会形态

C. 和谐社会是指社会组织得到很好协调或稳定的那种社会

D. 和谐社会是对人类社会发展理想状态的一种描绘

29. 构建社会主义和谐社会与全面建设小康社会的关系是（　　）。

A. 两者是并列的

B. 两者同时实现同时完成

C. 构建社会主义和谐社会既是全面建设小康社会的重要内容，也是全面建设小康社会的重要条件

D. 全面建设小康社会既是构建社会主义和谐社会的重要内容，也是构建社会主义和谐社会的重要条件

30. 构建社会主义和谐社会是社会主义建设的题中应有之义。社会和谐是中国特色社会主义的（　　）。

A. 本质属性　　B. 表现形式

C. 政治体制　　D. 经济体制

31. 构建社会主义和谐社会要以（　　）为重点。

A. 精神文明建设

B. 以解决人民群众最关心、最直接、最现实的利益问题

C. 社会稳定

D. 增强综合国力

32. 构建社会主义和谐社会的根本出发点和落脚点是（　　）。

A. 坚持科学发展　　B. 坚持以人为本
C. 坚持改革开放　　D. 坚持民主法治

33. 实现社会公平正义的根本保证是（　　）。

A. 党的领导　　B. 发展公共事业
C. 制度建设　　D. 提高思想道德素质

34. 生态文明与物质文明、政治文明、精神文明等一样，都是历史范畴，伴随着人类文明的发展经历着由低级向高级不断演进的过程。生态文明的核心是正确处理（　　）。

A. 人与自然的关系　　B. 人与人的关系
C. 人与社会的关系　　D. 人与自身的关系

35. 党的十八大提出，面对资源约束趋紧、环境污染严重、生态系统退化的严峻趋势，必须树立尊重自然、顺应自然、保护自然的生态文明理念。其中，人与自然相处时应遵循的原则是（　　）。

A. 尊重自然　　B. 顺应自然
C. 保护自然　　D. 利用自然

（二）多项选择题

1. 社会主义市场经济体制的特征是（　　）。

A. 以公有制为主体，多种所有制经济共同发展的所有制结构
B. 以按劳分配为主体，多种分配方式并存的分配结构
C. 宏观调控上，能更好地发挥计划和市场两种手段的长处
D. 政府不直接干预企业的生产和经营

2. 在社会主义市场经济中（　　）。

A. 计划是国家进行宏观调控的手段
B. 政府对国民经济实行宏观调控是必要的
C. 政府直接参与企业经营活动
D. 一切经济活动都处于市场关系之中

3. 我国社会主义初级阶段，除按劳动分配外其他分配方式有（　　）。

A. 按资分配　　B. 按劳动力价值分配
C. 按生产要素分配　　D. 按社会保障原则分配

4. 坚持和完善社会主义初级阶段基本经济制度，必须毫不动摇巩固和发展公有制经济，必须毫不动摇鼓励、支持、引导非公有制经济发展。这是因为，公有制经济和非公有制经济都是我国（　　）。

A. 社会主义经济的重要组成部分　B. 社会主义市场经济的重要组成部分

C. 经济社会发展的重要基础　　　　D. 社会主义经济制度的基础

5. 邓小平关于社会主义市场经济理论的主要内容有（　）。

A. 计划与市场都反映社会基本制度的属性

B. 计划与市场都是经济手段

C. 计划与市场可以在同一社会中共同发挥作用

D. 计划与市场不是社会主义和资本主义的本质区别

6. 我国走新型工业化道路必须大力推进产业结构优化升级，形成新的产业格局，其主要内容有（　）。

A. 以高新技术产业为先导　　　　B. 以基础产业和制造业为支撑

C. 大力发展劳动密集型产业　　　　D. 服务业全面发展

7. 当前我国经济虽然增长速度放缓，但国民经济的运行符合合理区间，稳中有进的态势没有变。今后一个时代经济发展平稳的可能性比较大。这是一种趋势的变化，是经济到了一定的发展阶段的一种常态。我国经济常态的主要特点是（　）。

A. 经济结构不断优化升级

B. 中国经济对世界市场的需求减弱

C. 经济发展动力为从要素驱动、投资驱动转向创新驱动

D. 经济增长速度从高速增长转为中高速增长

8. 在全面深化改革中，我国提出了一系列放活民间投资的普惠政策，如保障民营企业等使用土地、减免税收，扩大民间投资在电网、电信、铁路等非竞争性领域的参与力度等。实施这些政策的目的是（　）。

A. 保证各种所有制经济依法平等使用生产要素

B. 鼓励所有民营企业建立现代企业制度

C. 保证各种所有制经济公开公平公正参与市场竞争

D. 允许各种所有制经济实行企业员工持股

9. 改革开放以来，党和国家实施大规模扶贫开发，使 7 亿农村贫困人口摆脱贫困，但是到 2014 年末，全国仍有 7 017 万农村贫困人口。农村贫困人口脱贫是全国建成小康社会最艰巨的任务。为打赢脱贫攻坚战，党的十八届五中全会提出了精准扶贫、精准脱贫的基本方略，实施这一方略的主要举措有（　）。

A. 产业扶持　　　　B. 转移就业

C. 易地搬迁　　　　D. 社保政策兜底

10. 我国现阶段人民民主专政的实质是无产阶级专政，这主要表现在（　）。

A. 性质相同　　　　B. 作用、职能相同

C. 历史使命相同　　　　　　D. 坚持国家一切权力属于人民

11. 中国共产党与各民主党派合作的基本方针是（　　）。

A. 长期共存　　　　　　　　B. 互相监督

C. 肝胆相照　　　　　　　　D. 荣辱与共

12. 与十一届全国人民代表大会相比，十二届人民代表大会在代表结构与组成上，呈现“两升一降”的变化，来自一线的工人、农民代表401名，占代表总数的13.42%，提高了5.18个百分点；专业技术人员代表610名，占代表总数的20.42%，提高了1.2个百分点；党政领导干部代表1 042名，占代表总数的34.88%，降低了6.93个百分点。提高基层人大代表特别是一线工人、农民、知识分子代表比例，降低党政领导干部代表比例，有利于（　　）。

A. 推动人民群众最关心最直接最现实问题的解决

B. 调动基层群众参政议政的积极性与主动性

C. 保证人民群众直接参加国家管理

D. 更为充分地发挥全国人大的民意反映与监督职能

13. 我国政党制度的特征是（　　）。

A. 中国共产党和各民主党派都以宪法为根本活动准则

B. 中国共产党是执政党，民主党派是参政党

C. 中国共产党和民主党派都以四项基本原则为共同准则，以实现不同时期的总任务为共同纲领，以建设中国特色社会主义为共同理想

D. 各民主党派都参加国家政权，参与国家事务的管理，参与国家大政方针和国家领导人选的协商，参与国家方针、政策、法律、法规的制定执行

14. 依法治国的科学内涵是（　　）。

A. 依法治国的主体是党领导下的人民群众

B. 依法治国的客体是国家事务、经济文化事业和社会事务

C. 依法治国就是要保证对所有这些事业、事务的管理工作都要依法进行

D. 依法治国所依的法，最重要的是宪法和法律

15. 从2013年3月到2015年7月，李克强总理主持召开了101次国务院常务会议，其中有46次会议部署简政放权，取消和下放了800多项行政审批事项。他还用“大道至简，有权不可任性”、用政府权力的“减法”换取市场活力的“乘法”等生动而深刻的话语回应了公众对简政放权的期待。简政放权旨在（　　）。

A. 处理好政府与市场关系，加快完善社会主义市场经济体制

B. 减少审批环节，降低市场交易成本

C. 激发市场主体内在活力和社会创造力

D. 提高政府治理能力和治理水平

16. 邓小平提出评价一个国家的政治体制、政治结构和政策是否正确，关键看三条（ ）。

A. 看国家的政局是否稳定

B. 看能否增进人民的团结，改善人民的生活

C. 看生产力能否得到持续发展

D. 看是否符合自由、民主、人权

17. 建设有中国特色社会主义文化，就是要（ ）。

A. 坚持用邓小平理论和“三个代表”重要思想为指导，深入贯彻落实科学发展观

B. 努力提高全民族的思想道德素质和教育科学文化水平

C. 坚持为人民服务、为社会主义服务的方向

D. 坚持“百花齐放，百家争鸣”的方针

18. 社会主义核心价值体系的基本内容包括（ ）。

A. 马克思主义指导思想

B. 中国特色社会主义共同理想

C. 以爱国主义为核心的民族精神和以改革创新为核心的时代精神

D. 社会主义荣辱观

19. 中华民族的爱国主义优良传统源远流长，内涵极为丰富，下列数据中反应爱国主义优良传统的有（ ）。

A. 寄意寒星荃不察，我以我血荐轩辕

B. 四万万人齐下泪，不知何处是神州

C. 位卑未敢忘忧国，事定犹须待阖棺

D. 苟利国家生死以，岂因祸福避趋之

20. 人类社会发展的历史表明，对一个民族、一个国家来说，最持久、最深层次的力量是全社会共同认可的核心价值观。面对世界范围思想文化交流交融交锋形势下价值观较量的新态势，面对改革开放和发展社会主义市场经济条件下思想意识多元多样多变的新特点，积极培育和践行社会主义核心价值观，有利于（ ）。

A. 巩固马克思主义在意识形态领域的指导地位

B. 巩固全党全国人民团结奋斗的共同思想基础

C. 集聚实现中华民族伟大复兴中国梦的强大正能量

D. 促进人的全面发展和引领社会全面进步

21. 深化文化体制改革要做到（　　）。

A. 完善文化管理体制　　B. 健全现代文化市场体系

C. 构建现代公共文化服务体系　　D. 加强意识形态渗透的体制机制

22. 构建社会主义和谐社会是（　　）。

A. 社会主义建设的题中应有之义

B. 中国特色社会主义的本质属性

C. 国家富强、民族振兴、人民幸福的重要保证

D. 我们党带领人民把中国特色社会主义伟大事业推向前进的必然选择

23. 构建社会主义和谐社会的基本要求是（　）。

A. 公平正义　　B. 民主法治

C. 安定有序　　D. 诚信友爱、充满活力

24. 加快推进以改善民生为重点的社会建设，涉及面广，除优先发展教育外，还包括（　　）。

A. 实施扩大就业的发展战略，促进以创业带动就业

B. 深化收入分配制度改革，增加城乡居民收入

C. 加快建立覆盖城乡居民的社会保障体系，保障人民基本生活

D. 建立基本医疗卫生制度，提高全民健康水平

25. 2013 年 9 月 7 日，国家主席习近平在哈萨克斯坦纳扎尔巴耶夫大学发表演讲并回答学生提问时说：我们既要绿水青山、也要金山银山。宁要绿水青山，不要金山银山，而且绿水青山就是金山银山，这段话生动地反映了生态文明建设与经济建设之间的关系，即（　　）。

A. 生态文明建设可以取代经济建设

B. 生态文明建设应与经济建设协同发展

C. 生态环境是经济发展的重要基础

D. 生态优势可以转化为经济优势

26. 建设生态文明，是关系人民福祉，关乎民族未来的长远大计。面对资源约束趋紧、环境污染严重、生态系统退化的严峻形势，必须树立的生态文明理念是（　　）。

A. 尊重自然　　B. 顺应自然

C. 保护自然　　D. 改造自然

27. 生态建设方面，要紧紧围绕建设美丽中国开展生态文明体制改革，做到（　　）。

A. 加快建设生态文明制度

B. 健全国土空间开发、资源节约利用、生态环境保护的体制机制

C. 推动形成人与自然和谐发展新格局

D. 形成经济建设与生态文明建设协调发展关系

28. 建设生态文明，必须建立系统完整的生态文明制度体制，用制度保护生态环境。要（ ）。

A. 健全自然资源资产产权制度和用途管制制度

B. 划定生态保护红线

C. 实行资源有偿使用制度和生态补偿制度

D. 改革生态环境保护管理体制

（三）辨析题

1. 私营经济比重的增加，国有经济比重的减少，会影响我国社会的社会主义性质。

2. 中国共产党领导的多党合作制不是一党制而是多党制。

3. 民族区域自治地方享有高度自治权。

4. 马克思主义指导思想是社会主义核心价值体系的灵魂。

5. 市场经济对社会主义精神文明建设有消极影响。

6. 坚持以人为本是对以经济建设为中心的修正和调整。

7. 社会主义和谐社会是一个没有矛盾的社会。

（四）综合问答题

1. 邓小平关于社会主义市场经济理论的主要内涵是什么？

2. 为什么要确立“公有制为主体、多种所有制经济共同发展的基本经济制度”？

3. 党的领导、人民当家做主和依法治国的关系是什么？

4. 如何理解社会主义核心价值体系的主要内容及其相互关系？

5. 怎样贯彻落实节约资源和保护环境的基本国策？

（五）材料分析题

1. 结合材料回答问题

让大猫小猫都有路走

计划经济时期全靠国家管理市场，市场边角被忽略，很多小商品没人去生产，有些新的市场需求也没人去注意。非公有制经济的特点是只要市场有需求，它就会去满足。要保证各种所有制经济依法平等使用生产要素，公平参与市场竞争，同等受到法律保护，就需要重视中小企业融资难的问题，经济学家成思危讲

过这样一则寓言：著名科学家牛顿养了两只猫。一只大猫一只小猫。他在墙上开了两个洞，一个大洞，一个小洞，有人笑话他说，你还是大科学家呢，开一个洞就够了，小猫也可以走大洞嘛。牛顿说不对，如果两个猫同时要出去，那大洞肯定被大猫占住了，小猫就无路可走。要真正解决小微企业的问题，就要建立真正为小微企业服务的小型银行，让大银行服务大企业，小银行服务小企业。因为从商业角度说，大银行本身就嫌贫爱富，嫌小爱大。小微企业市场风险很大，交易成本也高。跟大企业签一个 1 亿元的合同，相当于跟小企业签 20 个 500 万的合同。现在居民和企业手中有大量存款，而小微企业却贷不到款。这就需要一条通道，这条通道就是社区银行等中小银行。发展民营的、小型的金融机构有利于解决好小微企业的融资困难。大企业是我国经济的脊梁，小微企业是血肉。没有大企业国民经济站不起来，但是如果小微企业垮了，那国民经济不成了骨头架子了吗？十八届三中全会以来，国务院陆续出台了关于大力扶持小微企业健康发展的多项政策，国务院常务会议也多次强调要加快发展民营银行等中小金融机构，为小微企业减负添力。2014 年 11 月，李克强总理在浙江考察时再次对民营银行长期致力于服务小微企业给予了充分肯定。为小微企业打开直接融资大门，是开创性的制度安排。一大批有巨大市场潜力的小微企业将会成长为支撑中国经济转型升级的参天大树。

——摘编自光明网（2013 年 11 月 15 日）、新华网（2014 年 11 月 21 日）

结合上述材料，请分析：

(1) 现阶段我国发展社会主义市场经济为什么应坚持“让大猫小猫都有路走”？

(2) 如何更好地发挥非公有制经济在经济发展中的作用？

2. 结合材料回答问题

材料 1

成思危，著名经济学家，原民建中央主席，九届、十届全国人大常委会副委员长。谈到我国政党制度，他深有体会地说：“西方的政党制度是‘打橄榄球’，一定要把对方压倒。我们的政党制度是‘唱大合唱’，民主党派和中国共产党的合作共事是为了一个共同的目标，为了保持社会的和谐。要大合唱，就要有指挥，这个指挥无论从历史还是现实来看，都只有中国共产党才能胜任。”海外有评论说中国的民主党派人士在政府任职多是“坐虚位”、“无实权”，成思危说，这不符合实际情况，中国的民主党派不是“政治花瓶”。“在担任化工部副部长的时候，我对自己负责范围内的工作是完全有权作出决策的。作为全国人大常会副委员长，我负责证券法、农村金融的执法检查。我和中共党籍的副委员长一样，也是独当一面的。”

材料 2

第十一届全国人大一次会议以来，全国共有 18.7 万民主党派、无党派人士当选各级人大代表。其中，全国人大常委会副委员长 6 人，省级人大常委会副主任 35 人。2 人分别担任国务院科技部、卫生部部长。2007 年有 18 人担任最高人民法院、最高人民检察院和中央国家机关部委领导职务副职。

20 世纪 90 年代以来，中共中央加强同各民主党派的协商，内容不断充实，程序逐步规范。据统计，1990 年至 2009 年 6 月，中共中央、国务院直接召开或委托有关部门召开的协商会、座谈会、情况通报会就有 287 次，其中，中共中央总书记主持召开或出席的就有 85 次。各民主党派中央、无党派代表人士向中共中央、国务院及有关方面提出建议 260 多项，各民主党派地方组织提出各项建议 9 万多项。如关于三峡工程、耕地保护、两岸“三通”、西部大开发、中部崛起、东北地区等老工业基地振兴、建设社会主义新农村、青藏铁路沿线发展、国家级综合配套改革实验区、实施可持续发展战略、制定和实施“十一五”规划等方面提出的建议，得到了中共中央、国务院的高度重视和采纳。

——材料 1、材料 2 摘编自《光明日报》

结合上述材料，请分析：

(1) 从“打橄榄球”和“唱大合唱”的形象比较中，说明我国政党制度的特点和优点。

(2) 我国各民主党派在社会主义建设中如何发挥参政议政的作用？

3. 结合材料回答问题

材料 1

2014 年 10 月闭幕的十八届四中全会，是党在中央全会上第一次专题讨论依法治国的问题，体现了对法治的高度重视。会议结束后，微博上的各种评论满是对法治进步的热望：“想要法治的果实，就要给它阳光雨露”“期待法治进入与人民互动的 2.0 时代”“法治不仅是宏大的，也是具体的；它关乎国家治理，更关于百姓福祉”……

《韩非子》有句名言“国无常强，无常弱。奉法者强则国强，奉法者弱则国弱”。尊奉法律，需要执政者、治理者发力，引导之，提倡之，遵守法律，需要全体公民给力，用法律来定分止争，维护之，践行之。网络上已经有人以普通人“小明”为例，演绎“四中全会与你我有啥关系”。有人说，法治于人就如同空气，你可能不会时时刻刻意识到它的存在，可一旦缺少就立刻窒息。的确，从出生到成长，从成家到立业，无不需要法治的护航：加强对财产权的保护，完善教育、医疗、食品安全等方面的法律法规，提高环境污染的违法成本……四中全会促动“法治的春天”有着温暖人心的春意。当越来越多的人在法治的保护下感受着畅快的呼吸，法治才能成为内心时时恪守的律令。

也不用回避中国的法治还有很多问题，从“暂行50多年”的高温条例，到保护个人信息安全等方面尚无完善法律，中国的法治进程需要紧跟时代的步伐。四中全会从立法、司法、执法、守法等方面开出来药方，但最根本的还是提升全社会对法治的信心与信任，正如党的十八届四中全会公报所说，法律的权威源自于人民内心的拥护和真诚信仰。这才是法治的力量所在，尊严所系。

——摘自《人民日报》2014年10月24日

材料2

法治是人类为了征服自己，由人类自己立法进行自我管理，这远比征服自然困难得多。特别是约束公权力，非有高度的觉悟，顽强的毅力和坚强的意志难以成其事。任何国家法治的确立都不是在一盘散沙的状态下随随便便建立起来的，而是必须有坚定有力的集中统一领导和部署。

迄今为止，尚未有法治成功的国家是在群龙无首、四分五裂的状态下实现法治的。恰恰相反，就法治发达国家的经验来看，这些国家的法治之所以能够最终确立，都是自上而下，从官到民表现出对法治执着的追求，付出巨大的努力。在中国这个拥有13亿人口，情况极其复杂的大国建设法治，更需要有自上而下坚强统一的领导，要有统一的意志，坚决果断一体推行。正是基于这样的情况，十八届四中全会指出，全面推进依法治国，必须坚持党的领导。

——摘自《人民日报》2014年10月29日

结合材料请回答：

(1) 如何理解“法治关乎国家治理，更关乎百姓福祉”？

(2) 为什么“全面推进依法治国，必须坚持党的领导”？

4. 阅读下列材料

2015年1月1日，新环保法正式实施，2月底，环保部相关部门公开约谈L市主要领导，作为新环保法实施后第一个被约谈城市，L市的污染经媒体曝光后引发全国关注，重压之下，L市对57家污染大户紧急停产整顿，对412家重点污染企业限期限产治理……铁腕治污立竿见影，PM2.5、PM10、二氧化碳、二氧化氮指标大幅下降，但环保风暴很快遭遇新的困境，L市经济基础薄弱，改革开放后，为加快发展，招商时铺设了一些“绿色通道”，不少企业缺乏环评手续。此次停产整顿，部分企业因无环评手续一时难以复产，企业关停后，工人失业又带来了新的社会问题，潜在的金融风险也渐成燃眉之势，环保风暴遇到现实利益的严峻挑战。对于L市力治污痛下猛药的做法，中央电视台、《人民日报》、《经济日报》、新华网、人民网、光明网、环保部官网及不少地方媒体纷纷跟进报道发表评论，众多网友也争相发声，且看一些比较有代表性的观点：

A. 用环境污染换来的经济发展，早晚得淘汰，重疾要猛药，现在天蓝水绿多好啊！

B. 一个小地主的命，非要过比尔盖茨的生活，怎么可能！

C. 政府要达标，企业要生存，百姓要环境，非常难！……决心不等于蛮干，环保和经济的平衡点找不好，再好的决定也会成为二次伤害。

D. 休克式治霾太惊悚了，在如今经济持续低迷的背景下人为制造大面积失业和债务危机，简直是生态大跃进！

E. 铁腕治污力度值得赞赏，但有些问题可以讨论，意识到方向有问题，是急刹车还是有个滑行过程？L市这次是狠狠踩了一脚刹车，车停了，但乘客人仰马翻，有的摔得很重，有的勉强站着，还不知能站多久。

F. 被关停企业满满的全是委屈，责任全部推给外界，以受害者姿态对自己不堪回首的过却只字不提，今天的L市，是很多历史账严重的城市经济转型时期的一个缩影，历史账总是要还的。

一场空前的铁腕治污风暴，承受着截然不同的评价，一时间，L市又因治污被推上风口浪尖，但L市以前所未有的决心，直面大气污染这场艰难的硬仗，用环保倒逼企业转型升级，上千万市民看到了山青水绿，享受着洁净的空气。9月16日，环保部接触L市大气污染问题挂牌整办。

既让环境好转，又让经济同时得到发展，这可能是中国环境治理持续深入后各地亟须作答的选择题。

——摘编自央视网《2015年7月3日》、新华网《2015年7月3日》、人民网《2015年7月6日、11月3日》

结合材料回答以下问题：

（1）从“铁腕治污”引发广泛讨论看，我们应如何认识发展同环境治理的关系？

（2）“铁腕治污”及其引发的讨论对于推动我国生态文明制度建设有何启示？

【参考答案】

（一）单项选择题

1. B　2. B　3. D　4. B　5. D　6. D　7. C　8. B　9. D　10. C

11. B 12. A 13. C 14. B 15. B 16. B 17. C 18. D 19. A 20. C
21. A 22. B 23. A 24. C 25. A 26. C 27. A 28. D 29. C 30. A
31. B 32. B 33. C 34. A 35. A

(二) 多项选择题

1. ABC 2. ABD 3. ABC 4. BC 5. BCD
6. ABD 7. ACD 8. AC 9. ABCD 10. ABC
11. ABCD 12. ABD 13. ABCD 14. ABCD 15. AC
16. ABC 17. ABCD 18. ABCD 19. ABCD 20. ABCD
21. ABC 22. ABCD 23. ABCD 24. ABCD 25. BCD
26. ABC 27. ABC 28. ABCD

(三) 辨析题

1. 私营经济比重的增加，国有经济比重的减少，会影响我国社会的社会主义性质。

答：错误。(1) 改革开放以来，变单一的公有制为多种所有制经济共同发展，调整和完善了所有制结构，促进了生产力的解放和发展。(2) 公有制是社会主义经济制度的基础。改革开放以来个体经济和私营经济得到迅猛发展，国有经济也得到了长足进步，公有制经济在现阶段所有制结构中仍然占主体地位。(3) 非公有制经济是社会主义市场经济的重要组成部分。实践证明，多种所有制经济完全可以在市场竞争中发挥各自优势，相互融合，相互促进，共同发展。(4) 虽然国有经济比重减少一些，但只要坚持公有制的主体地位，国家控制国民经济命脉，使国有经济的控制力和竞争力进一步得到加强，就不会影响我国社会的社会主义性质。

2. 中国共产党领导的多党合作制不是一党制而是多党制。

答：错误。一党制是指一党单独执政而不允许其他政党存在。多党制是指多个政党通过竞选轮流执政。中国共产党领导的多党合作既不是一党制，也不是多党制。共产党领导的多党合作制的特点是共产党是执政党，各民主党派是参政党，多党合作的政治基础是坚持四项基本原则，共同致力于社会主义现代化建设和祖国统一大业。

3. 民族区域自治地方享有高度自治权。

答：正确。民族区域自治，就是在统一的中华人民共和国境内，以少数民族的聚居区为基础，划分民族自治地方，设置自治机关，实行民族自治。民族区域自治地方享有自治权，包括制定自治条例和单行条例、自主管理地方财政和地方性经济建设等权利；高度自治权属于国家设立的特别行政区享有的权利，包括行政管理权、立法权、独立的司法权和终审权等。

4. 马克思主义指导思想是社会主义核心价值体系的灵魂。

答：正确。(1) 马克思主义决定了社会主义核心价值体系的性质和方向，建设社会主义核心价值体系，最根本的是坚持马克思主义的指导地位。(2) 我们坚持马克思主义是坚持发展的马克思主义，只有用发展的马克思主义武装全党、教育人民，才能真正发挥马克思主义认识改造世界的强大思想武器的作用，才能真正成为我们行动的指南。

5. 市场经济对社会主义精神文明建设有消极影响。

答：错误。发展社会主义市场经济有利于增强人们的自立意识、竞争意识、效率意识、民主法制意识和开拓创新精神；有助于提高广大群众学文化、学科学、学技术的积极性和自觉性。同时，市场自身的弱点和局限性也会给精神文明建设带来不可忽视的影响，如见利忘义、个人主义、拜金主义等，因而在社会主义精神文明建设中必须加以正确引导，形成健康有序的经济和社会生活规范。

6. 坚持以人为本是对以经济建设为中心的修正和调整。

答：错误。(1) 所谓以人为本，就是社会的一切发展依赖于人的发展，又为了人的发展；人是发展的主体，又是发展成果的享有者。这是科学发展观的根本指导思想。(2) 以人为本同以经济建设为中心是完全一致的；因为要比较充分地实现以人为本，满足人的需要和促进人的全面发展，必须具有相应的物质基础。新时期坚持“以经济建设为中心”，唯一目的就是要努力满足人民群众日益增长的物质文化需要和健康需要。同时，以人为本与经济发展又是一个相互促进的、不断发展的过程，只有经济发展，以人为本才能得到充分实现；也只有以人为本，依靠最广大人民的积极性、主动性和创造性，才能为经济发展提供动力。(3) 以经济建设为中心不是什么“经济至上主义”，“经济至上主义”是见物不见人，为经济增长而增长，既与以人为本相对立，也背离了中国特色社会主义以经济建设为中心的目的和宗旨。

7. 社会主义和谐社会是一个没有矛盾的社会。

答：错误。(1) 任何社会都不可能没有矛盾，人类社会总是在矛盾运动中发展进步的。构建社会主义和谐社会是一个不断化解社会矛盾的持续过程。我们要始终保持清醒头脑，居安思危，深刻认识我国发展的阶段性特征，科学分析影响社会和谐的矛盾和问题及其产生的原因，更加积极主动地正视矛盾、化解矛盾，最大限度地增加和谐因素，最大限度地减少不和谐因素，不断促进社会和谐。(2) 加强社会管理，维护社会稳定，是构建社会主义和谐社会的必然要求。必须创新社会管理体制，整合社会管理资源，提高社会管理水平，健全党委领导、政府负责、社会协同、公众参与的社会管理格局，在服务中实施管理，在管理中体现服务。

（四）综合问答题

1. 邓小平关于社会主义市场经济理论的主要内涵是什么？

答：邓小平是社会主义市场经济理论的创立者，他关于社会主义市场经济的理论具有丰富的内涵：

（1）突破了过去公认的计划经济和市场经济是代表社会主义和资本主义两种经济制度本质属性的观念，为社会主义市场经济理论的创立奠定了理论前提。

（2）计划与市场作为调节经济的两种手段，对经济活动的调节各有优势和长处，社会主义实行市场经济要把两者结合起来，优势互补，克服两者不足，如计划经济不能有效解决效率和激励问题，市场经济的自发性、盲目性会引发恶性竞争、短期行为、道德缺失等。

（3）市场经济作为资源配置的一种方式本身不具有制度属性，可与不同社会制度结合具有不同的性质。坚持社会主义制度与市场经济的结合，是社会主义市场经济的特色所在。既可以充分发挥社会主义制度的优越性，又可以充分利用市场经济对发展生产力的作用。

2. 为什么要确立“公有制为主体、多种所有制经济共同发展的基本经济制度”？

答：（1）我国是社会主义国家，必须坚持公有制作为社会主义经济制度的基础。公有制是社会主义经济制度的基础，是社会主义生产关系区别于资本主义的本质特征，是劳动人民当家做主的经济基础，是社会化大生产的客观要求；

（2）我国处于社会主义初级阶段，生产力不发达、生产社会化程度不高，发展不平衡，需要在公有制为主体的条件下发展多种所有制经济；

（3）一切符合“三个有利于”的所有制形式都可以而且应该用来为社会主义服务。

3. 党的领导、人民当家做主和依法治国的关系是什么？

答：发展社会主义民主政治，建设社会主义政治文明，最根本的是要把坚持党的领导、人民当家做主和依法治国有机统一起来。

（1）中国共产党的领导是人民当家做主和依法治国的根本保证。

（2）人民当家做主是社会主义民主政治的本质要求，是社会主义民主政治建设的根本出发点和归宿。

（3）依法治国是党领导人民治理国家的基本方略。依法治国与人民民主专政、党的领导是紧密联系、相辅相成、相互促进的。我国的宪法和法律是党的主张和人民意志相统一的体现。人民在党的领导下，依照宪法的法律治理国家保障自己当家做主的各项民主权利，这是依法治国的实质。

党的领导、人民当家做主和依法治国统一于建设有中国特色社会主义民主政治的伟大实践之中，决不能把它们分割开来或对立起来。

4. 如何理解社会主义核心价值体系的主要内容及其相互关系？

答：坚持马克思主义的指导地位，抓住了社会主义核心价值体系的灵魂；树立共同理想，突出了社会主义核心价值体系的主题；培育和弘扬民族精神与时代精神，掌握了社会主义核心价值体系的精髓；树立和践行社会主义荣辱观，打牢了社会主义核心价值体系的基础。

这四个方面的内容，相互联系，相互贯通，相互促进，是一个有机统一的整体，都是社会主义意识形态最重要的组成部分，是从我们党领导人民在长期实践中形成的丰富思想文化成果中提炼和概括出来的精华，是对社会主义核心价值体系深刻内涵的科学揭示。

5. 怎样贯彻落实节约资源和保护环境的基本国策？

答：良好的生态环境是人类和社会持续发展的根本基础，节约资源和保护环境是我国的基本国策。

(1) 坚持节约优先、保护优先、自然恢复为主。这三方面形成统一的有机整体，是我国生态文明建设的方向和重点。

(2) 着力推进绿色发展、循环发展、低碳发展。树立保护环境就是保护生产力、改善生态环境就是发展生产力的理念，积极发展节能产业，加快发展资源循环利用产业，大力发展环保产业，发展循环经济。

(3) 形成节约资源和保护环境的空间格局、产业结构、生产方式、生活方式。

(4) 建立系统完整的生态文明制度体系，用制度保护生态环境。建立国土空间开发保护制度，健全自然资源资产产权制度和用途管制制度，实行资源有偿使用制度和生态补偿制度。

(五) 材料分析题

1. 答案要点：

(1) 材料中的“大猫”指公有制经济，“小猫”指非公有制经济。公有制为主体，多种所有制经济共同发展的基本经济制度，是中国特色社会主义制度的重要支柱，也是社会主义市场经济体制的根基。公有制经济和非公有制经济都是社会主义市场经济的重要组成部分，都是我国经济社会发展的重要基础。要毫不动摇巩固和发展公有制经济，毫不动摇地鼓励、支持和引导非公有制经济发展。

现阶段坚持“大猫”、“小猫”都有路走是因为：公有制是社会主义经济制度的基础，而我国还处在社会主义初级阶段，生产力还不发达，需要在公有制为主体的条件下发展多种所有制，一切符合“三个有利于”标准的所有制形式都可以也应该用来为发展社会主义服务。

改革开放以来我国破除了传统的单一公有制，坚持公有制为主体，多种所有制经济共同发展，为中国经济的腾飞做出了巨大贡献。但当前中国经济发展进入新常态，发展速度减缓，一些体制机制还不完善，正如材料中所指出的小微企业融资比较困难，这些都不利于非公有制经济更好地促进经济的增长。

因此现阶段我国发展社会主义市场经济就必须坚持“让大猫和小猫都有路走”，更好地发挥公有制和非公有制，尤其是非公有制经济在促进中国经济持续健康发展贡献出力量。

（2）非公有制经济包括个体经济、私营经济、外资经济和混合所有制中的非公有制成分。毫不动摇地鼓励、支持和引导非公有制经济发展，是坚持和完善社会主义初级阶段基本经济制度必须遵循的原则。

第一，要坚持权利平等、机会平等、规则平等，废除对非公有制经济各种形式的不合理规定，消除各种隐形壁垒，鼓励有条件的私营企业建立现代企业制度。

第二，要完善产权保护制度，国家保护各种所有制经济产权和合法权益，保证各种所有制经济依法平等使用生产要素，公平参与市场竞争，同等受到法律保护，依法监管各种所有制经济。

第三，积极发展混合所有制经济。充分发挥市场在资源配置中起决定作用，处理好政府与市场的关系。

第四，大力发展小微企业，完善小微企业的融资途径，促进小微企业的快速发展，促进非公有制经济在经济发展中发挥更大的作用。

2. 答案要点：

（1）中国共产党领导的多党合作和政治协商制度，是我国的一项基本政治制度，是我国社会主义民主政治制度的重要组成部分。我国的政党制度是一种社会主义的新型政党制度，与资本主义国家的两党制或多党制有根本的不同。我国的政党制度建立在社会主义经济基础之上，同社会主义国家国体的性质相适应，具有如下特征：

①在我国的政党制度中，中国共产党是执政党，民主党派是参政党，不是在野党，更不是反对党。共产党领导、多党派合作，共产党执政、多党派参政，这

是我国政党制度的显著特征。

②中国共产党和各民主党派有着共同的根本利益和共同的目标，都以四项基本原则为共同准则，以实现不同时期的总任务为共同纲领，以建设中国特色社会主义为共同理想。

③各民主党派都参加国家政权，参与国家事务的管理，参与国家大政方针和国家领导人选的协商，参与国家方针、政策、法律、法规的制定执行。

④中国共产党和各民主党派都以宪法为根本活动准则，都受到宪法的保护，享有宪法规定范围内的政治自由、组织独立和法律上的平等地位。

中国共产党领导的多党合作和政治协商制度是符合我国国情、具有鲜明中国特色的社会主义新型政党制度，我国政党制度本身的特质中蕴含着巨大的优势，主要体现在下面几方面：

①我国的政党制度与我国国体相适应，反映了人民当家做主的社会主义民主的本质。

②我国政党制度能够在中国特色社会主义共同目标下把中国共产党领导和多党派合作有机结合起来，实现广泛参与和集中领导的统一，代表和维护了最广大人民群众的根本利益。

③我国的政党制度能够实现社会进步和国家稳定的统一、充满活力和富有效率的统一。有效地吸纳新兴社会阶层、整合各种政治力量，有利于促进社会生产力的加快发展。我国经济社会发展和政治稳定的成就，充分彰显出我国政党制度的优越性。

(2) 我国各民主党派在社会主义建设中应积极发挥参政议政的作用。

①民主党派人士和无党派人士要通过多渠道、多形式对执政党的工作实行民主监督，积极参与改革开放和现代化建设事业，广泛开展重大问题的调查研究，为推动祖国统一大业和社会全面进步不断建言献策。

②民主党派人士和无党派人士要围绕团结和民主两大主题履行职能，推进政治协商、民主监督、参政议政制度建设。

③民主党派人士和无党派人士要在实践中关注民生，提高参政议政实效。

④民主党派人士和无党派人士要发挥自身力量，为协调关系、汇聚力量、建言献策、服务大局起到积极作用。

3. 答案要点：

(1) 第一，我国正处于社会主义初级阶段，全面建成小康社会进入决定性阶段，改革进入攻坚期和深水区，国际形势复杂多变，我们党面对的改革发展稳定任务之重前所未有、矛盾风险挑战之多前所未有，依法治国在党和国家工作全局中的地位更加突出、作用更加重大。

第二，全面推进依法治国是关系我们党执政兴国、关系人民幸福安康、关系党和国家长治久安的重大战略问题，是完善和发展中国特色社会主义制度、推进国家治理体系和治理能力现代化的重要方面。

第三，我们要实现党的十八大和十八届三中全会作出的一系列战略部署，全面建成小康社会、实现中华民族伟大复兴的中国梦，全面深化改革、完善和发展中国特色社会主义制度，就必须在全面推进依法治国上作出总体部署、采取切实措施、迈出坚实步伐。

(2) 第一，全面推进依法治国这件大事能不能办好，最关键的是方向是不是正确、政治保证是不是坚强有力，具体讲就是要坚持党的领导，坚持中国特色社会主义制度，贯彻中国特色社会主义法治理论。

第二，坚持党的领导，是社会主义法治的根本要求，是党和国家的根本所在、命脉所在，是全国各族人民的利益所系、幸福所系，是全面推进依法治国的题中应有之义。

第三，党的领导和社会主义法治是一致的，社会主义法治必须坚持党的领导，党的领导必须依靠社会主义法治。只有在党的领导下依法治国、厉行法治，人民当家做主才能充分实现，国家和社会生活法治化才能有序推进。

4. 答案要点：

(1) 第一，环境污染是民生之患、民心之痛，必须以铁腕治理。从铁腕治污我们认识到生态文明建设的重要性和紧迫性。我国经济建设虽然取得了重大成就，但总体上看我国生态文明建设水平仍滞后于经济社会发展，资源约束趋紧，环境污染严重，生态系统退化，发展与人口资源环境之间的矛盾日益突出，已成为经济社会可持续发展的重大瓶颈制约。

第二，建设生态文明，是关系人民福祉、关乎民族未来的长远大计。

第三，加快推进生态文明建设是加快转变经济发展方式、提高发展质量和效益的内在要求。

第四，加快推进生态文明建设是坚持以人为本、促进社会和谐的必然选择。

第五，加快推进生态文明建设是全面建成小康社会、实现中华民族伟大复兴中国梦的时代抉择。

(2) 走向生态文明新时代，建设美丽中国，是实现中华民族伟大复兴的中国梦的重要内容。“铁腕治污”及其引发的讨论对于推动我国生态文明制度建设的启示有：

第一，要完善经济社会发展考核评价体系。建立系统完整的生态文明制度体系，最重要的是要把资源消耗、环境损害、生态效益等体现生态文明建设状况的指标纳入经济社会发展评价体系，使之成为推进生态文明建设的重要导向和约束。

第二，划定生态保护红线，建立责任追究制度。生态红线就是国家生态安全的底线和生命线，这个红线不能突破，一旦突破必将危及生态安全、人民生产生活和国家可持续发展。要让生态红线的观念广为人知、根深蒂固。

第三，健全法律法规，完善生态环境保护管理制度。要加快“立改废”进程，尽快完善生态环境、土地、矿产、森林、草原等方面保护和管理的法律制度，要改革生态环境保护管理体制，建立和完善严格监管所有污染物排放的环境保护管理制度。

第四，中国将按照尊重自然、顺应自然、保护自然的理念，贯彻节约资源和保护环境的基本国策，进一步完善生态文明制度体系，把生态文明建设融入经济建设、政治建设、文化建设、社会建设各方面和全过程，从而为子孙后代留下天蓝、地绿、水清的生产生活环境。

【延伸阅读】

习近平在庆祝全国人民代表大会成立60周年大会上的讲话摘编

“橘生淮南则为橘，生于淮北则为枳。”我们需要借鉴国外政治文明有益成果，但绝不能放弃中国政治制度的根本。中国有960多万平方公里土地、56个民族，我们能照谁的模式办？谁又能指手画脚告诉我们该怎么办？对丰富多彩的世界，我们应该秉持兼容并蓄的态度，虚心学习他人的好东西，在独立自主的立场上把他人的好东西加以消化吸收，化成我们自己的好东西，但决不能囫囵吞枣、决不能邯郸学步。照抄照搬他国的政治制度行不通，会水土不服，会画虎不成反类犬，甚至会把国家前途命运葬送掉。只有扎根本国土壤、汲取充沛养分的制度，才最可靠、也最管用。

世界上不存在完全相同的政治制度，也不存在适用于一切国家的政治制度模式。“物之不齐，物之情也。”各国国情不同，每个国家的政治制度都是独特的，都是由这个国家的人民决定的，都是在这个国家历史传承、文化传统、经济社会发展的基础上长期发展、渐进改进、内生性演化的结果。中国特色社会主义政治制度之所以行得通、有生命力、有效率，就是因为它是从中国的社会土壤中生长起来的。中国特色社会主义政治制度过去和现在一直生长在中国的社会土壤之中，未来要继续茁壮成长，也必须深深扎根于中国的社会土壤。

评价一个国家政治制度是不是民主的、有效的，主要看国家领导层能否依法有序更替，全体人民能否依法管理国家事务和社会事务、管理经济和文化事业，人民群众能否畅通表达利益要求，社会各方面能否有效参与国家政治生活，国家决策能否实现科学化、民主化，各方面人才能否通过公平竞争进入国家领导和管理体系，执政党能否依照宪法法律规定实现对国家事务的领导，权力运用能否得到有效制约和监督。

经过长期努力，我们在解决这些重点问题上都取得了决定性进展。我们废除了实际上存在的领导干部职务终身制，普遍实行领导干部任期制度，实现了国家机关和领导层的有序更替。我们不断扩大人民有序政治参与，人民实现了内容广泛、层次丰富的当家做主。我们坚持发展最广泛的爱国统一战线，发展独具特色的社会主义协商民主，有效凝聚了各党派、各团体、各民族、各阶层、各界人士的智慧和力量。我们努力建设了解民情、反映民意、集中民智、珍惜民力的决策机制，增强决策透明度和公众参与度，保证了决策符合人民利益和愿望。我们积极发展广纳群贤、充满活力的选人用人机制，广泛把各方面优秀人才集聚到党和国家各项事业中来。我们坚持依法治国、依法执政、依法行政共同推进，坚持法治国家、法治政府、法治社会一体建设，全社会法治水平不断提高。我们建立健全多层次监督体系，完善各类公开办事制度，保证党和国家领导机关和人员按照法定权限和程序行使权力。

中国实行工人阶级领导的、以工农联盟为基础的人民民主专政的国体，实行人民代表大会制度的政体，实行中国共产党领导的多党合作和政治协商制度，实行民族区域自治制度，实行基层群众自治制度，具有鲜明的中国特色。这样一套制度安排，能够有效保证人民享有更加广泛、更加充实的权利和自由，保证人民广泛参加国家治理和社会治理；能够有效调节国家政治关系，发展充满活力的政党关系、民族关系、宗教关系、阶层关系、海内外同胞关系，增强民族凝聚力，形成安定团结的政治局面；能够集中力量办大事，有效促进社会生产力解放和发展，促进现代化建设各项事业，促进人民生活质量和水平不断提高；能够有效维护国家独立自主，有力维护国家主权、安全、发展利益，维护中国人民和中华民族的福祉。

改革开放 30 多年来，中国经济实力、综合国力、人民生活水平不断跨上新台阶，我们不断战胜前进道路上各种世所罕见的艰难险阻，中国各民族长期共同团结奋斗、共同繁荣发展，中国社会长期保持和谐稳定。这些事实充分证明，中国社会主义民主政治具有强大生命力，中国特色社会主义政治发展道路是符合中国国情、保证人民当家做主的正确道路。

来源：习近平，《在庆祝全国人民代表大会成立 60 周年大会上的讲话》，2014 年 9 月 5 日

【参考文献】

[1] 毛泽东：《论人民民主专政》，《毛泽东选集》第 4 卷，人民出版社 1991 年版。

[2] 邓小平：《在武昌、深圳、珠海、上海等地的谈话要点》，《邓小平文选》第 3 卷，人民出版社 1993 年版。

[3] 江泽民：《正确处理社会主义现代化建设中的若干重大关系》，《江泽民文选》第 1 卷，人民出版社 2006 年版。

[4] 胡锦涛：《在省部级主要领导干部深入贯彻落实科学发展观，加快经济发展方式转变专题研讨班上的讲话》，人民出版社 2010 年版。

[5] 习近平：《切实把思想统一到党的十八届三中全会精神上来》，《人民日报》2014 年 1 月 1 日。

[6]《中共中央关于完善社会主义市场经济体制若干问题的决定》，人民出版社 2003 年版。

[7]《中共中央关于构建社会主义和谐社会若干重大问题的决定》，人民出版社 2006 年版。

[8]《中共中央关于深化文化体制改革　推动社会主义文化大发展大繁荣若干重大问题的决定》，人民出版社 2011 年版。

[9]《中共中央关于全面深化改革若干重大问题的决定》，人民出版社 2013 年版。

第九章

实现祖国完全统一的理论

【教学目的与要求】

通过本章的教学，使学生认清实现祖国的完全统一，是中华民族伟大复兴“中国梦”的历史任务，是包括台湾同胞在内的所有海内外中华儿女的共同心愿和坚强意志，是中华民族的根本利益所在。帮助学生理解党的和平统一的理论和政策，积极为实现祖国完全统一贡献力量。

【教学内容】

实现祖国完全统一是中华民族的根本利益，中国共产党在为实现祖国完全统一而努力奋斗的进程中，形成了“和平统一、一国两制”的科学构想，并在香港、澳门成功实践。解决台湾问题是中国的内政，坚持新形势下我党对台工作的方针，共促两岸和平发展、共谋中华民族复兴。

【教学重点与难点】

学习重点：

1. 实现祖国完全统一是中华民族的根本利益。
2. “和平统一、一国两制”构想的形成和发展。

学习难点：

1. 新形势下努力推进两岸关系的和平发展。

【难点问题解析】

一、“一国两制”在哪些方面继承和发展了马克思主义?

第一，“一国两制”构想依据的是马克思主义方法论，即实事求是。这个构想是从中国的实际情况出发提出来的。港、澳、台地区长期与祖国分离，当地人民生活在资本主义制度下并习惯资本主义的生活方式。在这种情况下，只能实事求是地寻找解决港、澳、台问题的途径，做到使各方面都能接受。用“一国两制”方式而不是用社会主义的方法来解决，既对中国社会主义现代化建设事业有利，也充分照顾到港、澳、台地区的历史和现实情况，符合中华民族的根本利益。

第二，“一国两制”构想发展了马克思主义的国家学说。按照马克思主义的国家学说，在一个统一的社会主义国家内部，只能存在一种社会制度及其相应的政权组织形式，而不允许另一种社会制度及其组织存在。而按照“一国两制”构想，在一个统一的主权国家内允许有两个不同性质的社会制度长期并存；社会主义国家既可以为作为国家主体的社会主义经济基础服务，也允许和保护一定地区范围内存在的资本主义经济基础和上层建筑。这是对马克思列宁主义国家学说的重要发展。

第三，“一国两制”是对和平共处原则的灵活运用和发展。十月革命后，列宁曾提出社会主义国家可以与资本主义国家和平共处，发展平等互利的经济贸易关系。50年代，我们党和毛泽东提出以和平共处五项原则处理国与国之间的关系。“一国两制”将和平共处原则运用于处理一个国家内部实行不同制度地区之间的关系，因此是对和平共处原则的灵活运用和发展。

二、新时期我们党提出的解决台湾问题、实现祖国统一的基本方针政策是什么?

第一，坚持“和平统一、一国两制”的基本方针和现阶段发展两岸关系、推进祖国和平统一进程的八项主张，同台湾同胞一道，加强两岸人员往来和经济文化等领域的交流，坚决反对台湾分裂势力。

第二，坚持一个中国原则，是发展两岸关系和实现和平统一的基础。世界上只有一个中国，大陆和台湾同属一个中国，中国的主权和领土完整不容分割。在一个中国的前提下，什么问题都可以谈，可以谈正式结束两岸敌对状态的问题，可以谈台湾地区在国际上与其身份相适应的经济文化社会活动空间问题，也可以谈台湾当局的政治地位等问题。

第三，解决台湾问题、实现祖国的完全统一，我们寄希望于台湾人民。我们充分尊重台湾同胞的生活方式和当家做主的愿望。两岸应该扩大交流交往，共同弘扬中华文化的优良传统。实现两岸直接“三通”，是两岸同胞的共同利益所在。

第四，“一国两制”是两岸统一的最佳方式。两岸统一后，台湾可以保持在原有的社会制度不变，高度自治；台湾同胞的生活方式不变，他们的切身利益将得到充分保障，永享太平；台湾经济将真正以祖国大陆为腹地，获得广阔的发展空间；台湾同胞可以同大陆同胞一道，行使管理国家的权利，共享伟大祖国在国际上的尊严和荣誉。

第五，努力争取和平统一的前景，但决不承诺放弃使用武力。我们不承诺放弃使用武力，不是针对台湾同胞的，而是针对外国势力干涉中国统一和台湾分裂势力搞“台湾独立”图谋的。

第六，台湾问题不能无限期地拖延下去。解决台湾问题，完成国家的完全统一，是新世纪中国的三大历史任务之一。

【自我测验】

(一) 单项选择题

1. 代表中国政府第一次公开提出和平解决台湾主张的是（　　）。

A. 毛泽东　　B. 周恩来　　C. 叶剑英　　D. 邓小平

2. 邓小平提出“一国两制”的构想，开始是为了解决（　　）。

A. 香港问题　　B. 澳门问题　　C. 台湾问题　　D. 特区问题

3. “一国两制”的基础和前提是（　　）。

A. 港、澳、台地区实行高度自治

B. 港、澳、台地区保持高度繁荣

C. 国家主权统一于中华人民共和国

D. 港、澳、台地区保持资本主义制度50年不变

4. 新形势下两岸同胞最重要、最紧迫的任务是（　　）。

A. 反对和遏制“台独”　　B. 推进两岸“三通”

C. 促进两岸政治谈判　　D. 回到“九二共识”

5. 推进祖国和平统一大业的基本方针是（　　）。

A. 一个国家，两种制度　　B. 和平共处五项原则

C. 肝胆相照，荣辱与共　　D. 民族区域自治制度

6. 港澳问题与台湾问题在性质上的不同之处是（　　）。

A. 前者是中国内政，后者是历史遗留问题

B. 前者是历史遗留问题，后者是中国内政

C. 后者允许保留自己的军队

D. 前者是不平等的国际问题，后者是平等的国内问题

7. 1980年，当时的台湾地区最高领导人蒋经国在回答美国人士提问时说："大陆是中国领土，凡伤害中国同胞者，皆为中华民族敌人"。材料主要表明蒋经国（　　）。

A. 坚持一个中国的原则

B. 希望完成国家统一

C. 希望两岸人民共同维护民族利益

D. 希望两岸同胞团结反对外敌入侵

8. 2005年12月24日汪道涵先生去世，中国国民党主席马英九认为："辜汪会谈签了四项协议，是两岸关系的最高峰。"新党主席郁慕明在哀悼电文中说："九二会谈，虽成绝响，两岸新局，已然展开。先生之行，开两岸和平大门；先生之德，受全球华人景仰。"对上述材料的解读，正确的是（　　）。

A. "九二会谈"促成了海峡两岸三通的实现

B. "九二会谈"达成了"一国两制"的共识

C. "辜汪会谈"是两岸关系发展的一次历史性突破

D. "辜汪会谈"推动了《告台湾同胞书》的发表

9. 实行"一国两制"后，港澳台特别行政区（　　）。

A. 完全自治　　B. 高度自治

C. 享有充分的自治权　　D. 可以有自己独立的防务

10. 在台湾问题上，我们的立场是（　　）。

A. 争取和平统一，但不承诺放弃使用武力

B. 争取和平统一，不首先使用武力

C. 只要台湾坚持一个中国的立场，统一日期可以拖延

D. 实行"一国两制"后，台湾特别行政区与香港享受同等的待遇

11. 台湾问题实质是（　　）。

A. 中国的内政问题　　B. 中国同美国的问题

C. 中国同英国的关系问题　　D. 中国同日本的关系问题

12. 1963年，周恩来把我们党关于和平解决台湾问题的政策和思想，归纳为"一纲四目"。"一纲"就是（　　）。

A. 台湾之军政大权、人事安排等悉委于蒋介石

B. 台湾必须统一于中国

C. 台湾所有军政及经济建设一切费用不足之数，悉由中央政府拨付

D. 台湾的社会改革可以从缓

13. 为了进一步反对和遏制“台独”势力分裂国家猖獗活动，2005 年 3 月 14 日，十届全国人大三次会议通过《反分裂国家法》。以下关于这部法律的理解正确的是（　　）。

A. 它是针对台湾人民的一部法律

B. 中华人民共和国宪法的组成部分

C. 中国政府对台大政方针的法律化

D. 它是反对和遏制“台独”分裂势力的战争法律

14. “一国两制”构想创造性地将和平共处原则用来处理（　　）。

A. 一个国家的内部问题　　B. 国与国之间关系问题

C. 国与国之间争端问题　　D. 历史遗留问题

15. 将两岸关系说成是“国家与国家，至少是特殊的国与国之间的关系”实质是企图（　　）。

A. 阻挠两岸实现“三通”　　B. 破坏两岸正常谈判

C. 把台湾问题国际化　　D. 把台湾从中国分割出来

16. “一国两制”理论的思想来源和理论准备是（　　）。

A. 一纲四目　　B. 国共合作　　C. 爱国一家　　D. 和平统一

17. 香港特别行政区基本法的修改权属于（　　）。

A. 香港立法会　　B. 全国人民代表大会

C. 国务院　　D. 特别行政区政府

18. 党把“一国两制”内容写进党章，是在（　　）。

A. 党的十二大　　B. 党的十三大　　C. 党的十四大　　D. 党的十五大

（二）多项选择题

1. 特别行政区享有高度自治权包括（　　）。

A. 行政管理权　　B. 立法权

C. 外交权　　D. 独立司法权和终审权

2. 港澳台问题的性质（　　）。

A. 港澳问题是殖民地遗留问题　　B. 都是内政问题

C. 都是殖民地遗留问题　　D. 台湾问题属于内政问题

3. 对台湾问题正确的立场是（　　）。

A. 中国对台湾的主权神圣不可侵犯

B. 台湾问题是殖民主义侵略遗留下来的问题

C. 主张用和平方式实现统一，但不承诺放弃使用武力

D. 反对以任何方式改变台湾是中国一部分的地位

4. 在台湾问题上，我们坚决反对（ ）。

A. “一中一台” B. 一国两府 C. 台湾“独立” D. 外国插手

5. 根据“一国两制”构想，中国共产党和中国政府提出的一系列政策措施有（ ）。

A. 倡议两岸直接实行“三通”

B. 主张国共两党直接进行对等谈判

C. 颁布《台湾特别行政区基本法》

D. 欢迎和鼓动台湾同胞到大陆探亲、旅游、

6. “一国两制”构想的重大意义包括（ ）。

A. 是邓小平对世界和平与稳定作出的重大贡献

B. “一国两制”构想是对和平共处原则的创造性运用和发展

C. “一国两制”丰富和发展了马列主义的国家学说

D. “一国两制”为解决国际争端和遗留问题提供了新的思路和新的范例

7. 我国宪法规定，特别行政区是中华人民共和国不可分割的一部分，这表明（ ）。

A. “一国两制”的前提是坚持一个中国

B. 特别行政区是国家的一级地方政府机关

C. 特别行政区直辖于中央人民政府

D. 大陆人民可以自由出入特别行政区

8. 台湾问题是（ ）。

A. 殖民主义侵略遗留下来的问题 B. 不容许外国插手干涉的问题

C. 中国的内政问题 D. 应由中国人自己解决的问题

（三）辨析题

1. 台湾问题与香港、澳门问题在本质上是一样的。

2. “一国两制”中，“两种制度”的地位和作用是等同的。

3. 在党的十一届三中全会以前，中华人民共和国对台政策一贯坚持用武力解决。

4. “一国两制”来源于马克思主义又发展了马克思主义。

5. 香港和澳门被外国势力侵占后实行殖民统治，沦为外国的殖民地。

（四）综合问答题

1. 为什么说“和平统一、一国两制”构想发展了马克思主义国家学说？

2. 如何理解实现祖国完全统一是中华民族的根本利益？

3. “和平统一、一国两制”构想的实践意义是什么？

4. 试述以习近平为总书记的党中央对“和平统一、一国两制”构想的丰富和发展。

5. 简述“一国两制”构想的基本内容。

（五）材料分析题

1. 阅读下列材料并回答问题

材料 1

据台湾媒体报道，陈水扁昨天在民进党全代会中，首次反弹大陆制订反分裂法，声称制订反分裂法，只会让两岸关系更加分裂，还鼓动百万民众参与“三二六民主和平护台湾”的大游行。

——华夏经纬网，2005 年 3 月 13 日讯

材料 2

3 月 14 日上午，十届全国人大三次会议在人民大会堂闭幕。会议的第八项议程是表决《反分裂国家法（草案）》。经代表表决，《反分裂国家法》以赞成 2 896 票、弃权 2 票的结果，高票获得通过。

——人民网北京，2005 年 3 月 14 日讯

材料 3

第八条“台独”分裂势力以任何名义、任何方式造成台湾从中国分裂出去的事实，或者发生将会导致台湾从中国分裂出去的重大事变，或者和平统一的可能性完全丧失，国家得采取非和平方式及其他必要措施，捍卫国家主权和领土完整。依照前款规定采取非和平方式及其他必要措施，由国务院、中央军事委员会决定和组织实施，并及时向全国人民代表大会常务委员会报告。

——《反分裂国家法》

材料 4

《反分裂国家法》不是一部针对台湾人民的法律，而是反对和遏制“台独”分裂势力的法律；不是一部战争的法律，而是和平统一国家的法律。

——3 月 16 日《人民日报》发表题为《和平统一法保护台胞法反对“台独”法》

根据以上材料回答问题：

（1）材料 1、2 分别说明了什么？

（2）根据材料 3 分析《反分裂国家法》通过的意义以及在什么情况下国家采

取非和平方式捍卫国家主权和领土完整。

(3) 为什么说《反分裂国家法》是和平统一法、保护台胞法、反对“台独”法?

【参考答案】

(一) 单项选择题

1. B 2. C 3. C 4. A 5. A 6. B 7. A 8. C 9. B 10. A
11. A 12. B 13. D 14. A 15. D 16. A 17. B 18. C

(二) 多项选择题

1. ABD 2. AD 3. ACD 4. ABCD
5. ABCD 6. ABCD 7. ABC 8. BCD

(三) 辨析题

1. 台湾问题与香港、澳门问题在本质上是一样的。

答:错误。港澳问题和台湾问题的性质不同。香港、澳门是历史上殖民主义侵略中国遗留下来的问题,是帝国主义强加给中国一系列不平等条约的结果;台湾是国内战争遗留下来的问题,其本质是中国的内政问题。

2. “一国两制”中,“两种制度”的地位和作用是等同的。

答:错误。从“一国两制”的基本内容来看:(1)“一国两制”的前提是一国,即中华人民共和国,特别行政区是中华人民共和国的一个地方行政区,直接受中央人民政府管辖,两者的关系是地方与中央的关系。(2) 统一后的中国,大陆实行社会主义制度,香港、澳门、台湾等特别行政区实行资本主义制度。两种制度将长期存在;互相竞赛,共同发展。(3) 设置的特别行政区享有高度的自治权,中华人民共和国宪法和有关法律保障两制并存的长期稳定。

从两种制度在整个国家中的地位和作用来看:大陆有12亿人口;实行的社会主义制度是我国的主体,占主导地位;并代表统一后国家发展的历史方向。香港、澳门、台湾的人口只占大陆人口的2%,面积约占大陆面积时0.3%。无论它们的经济怎样发展,也不会改变我国的社会主义方向和人民民主专政的国家性质。

3. 在党的十一届三中全会以前,中华人民共和国对台政策一贯坚持用武力解决。

答:错误。在新中国建立前后到70年代的时间里,以毛泽东为首的中国共产党第一代领导集体就逐步构想了和平统一祖国的蓝图，如和平解放台湾、“一纲四目”等，这些构想是后来邓小平提出“一国两制”的思想来源。与此同时，他们为和平统一祖国所作的努力，又为实现港澳台的和平统一创造了实际的条件和坚实的基础。

4．“一国两制”来源于马克思主义又发展了马克思主义。

答：正确。“一国两制”来源于马克思主义的辩证唯物主义和历史唯物主义，用毛泽东同志的话来讲就是实事求是。它又发展了马克思主义的国家学说。马克思主义著作中从来没有讲过，允许在一个统一的主权国家内有两个不同性质的社会制度长期并存。突破了在一个国家内部只能允许一种社会制度及相应的政权组织形式，而不允许另一种社会制度及其相应的政权组织形式长期存在的传统认识。

5．香港和澳门被外国势力侵占后实行殖民统治，沦为外国的殖民地。

答：错误。香港和澳门自古以来就是中国领土的一部分，他们作为中国的固有地位是确定无疑的。英国和葡萄牙通过战争手段取得他国领土是非法的。1972年联合国大会承认香港和澳门都不是殖民地。所以，尽管香港和澳门在历史上被外国侵略势力侵占后实行的是殖民统治，但两者都不是通常意义的殖民地。

（四）综合问答题

1．为什么说“和平统一、一国两制”构想发展了马克思主义国家学说？

答：“一国两制”构想是邓小平理论的重要组成部分，是我们党和国家完成祖国统一大业的指导方针和基本国策，是国际社会和平地解决国家争端，稳定世界局势的一种新途径和新模式，是科学社会主义实践史上一个前所未有的伟大创举。

（1）“一国两制”发展了国家本质和国家职能的理论。

（2）“一国两制”发展了马克思主义国家主权理论。

（3）“一国两制”发展了国体与政体相互关系的理论。

2．如何理解实现祖国完全统一是中华民族的根本利益？

答：实现祖国的完全统一，是海内外中华儿女的共同心愿，是中华民族的根本利益所在，对实现国家繁荣富强和民族伟大复兴具有巨大的推动作用。

（1）维护祖国统一是中华民族的爱国主义传统。

（2）实现祖国完全统一是中华民族伟大复兴的历史任务之一。

（3）实现祖国完全统一是中国人民不可动摇的坚强意志。

3．“和平统一、一国两制”构想的实践意义是什么？

答：从实践上看，“和平统一、一国两制”构想既有利于祖国的统一、稳定、繁荣和发展，也有利于维护世界和平。可以说“一国两制”构想是中华民族的智慧结晶，是中华民族对世界文明宝库的又一伟大贡献。这一构想从提出，到理论的形成以及方针政策的完善，再到实践中具体实行，具有伟大的现实意义和深远的历史意义，有利于加快祖国统一的进程，有利于我国社会主义建设，提高了中华民族的凝聚力。

(1)“和平统一、一国两制”使和平统一国家的愿望开始化为现实；

(2) 实行“一国两制”，对振兴中华、加速我国社会主义现代化建设无疑起着巨大的推动作用；

(3)“和平统一、一国两制”构想有利于维护亚洲和世界和平，为解决国际争端开辟了新途径，提供了新思路。

4. 试述以习近平为总书记的党中央对“和平统一、一国两制”构想的丰富和发展。

答：(1) 坚持“九二共识”、反对“台独”是两岸关系和平发展的政治基础。

(2) 深化两岸利益融合，共创两岸互利共赢，增进两岸同胞福祉，是推动两岸关系和平发展的宗旨。

(3) 两岸交流，归根到底是人与人的交流，最重要的是心灵沟通。

(4) 两岸双方要着眼大局，本着相互尊重的精神，不仅要求同存异，更应努力聚同化异，不断增进政治互信。

(5) 中华民族伟大复兴要大家一起来干。

5. 简述“一国两制”构想的基本内容。

答：“一国两制”是“一个国家，两种制度”的简称。“一国两制”构想是邓小平理论的重要组成部分。其基本内容是：

(1) 坚持“一个中国”。世界上只有一个中国，中国的中央政府在北京，在国际上代表中国的只能是中华人民共和国。

(2) 实行“两种制度”。在统一的中华人民共和国内，作为国家主体的大陆地区坚持社会主义制度，台湾、香港、澳门则保持原有的资本主义制度和生活方式，两种制度长期共存。邓小平指出，大陆地区坚持社会主义，这是“一国两制”的前提。

(3) 保证台湾、香港、澳门的高度自治和繁荣稳定。在统一的中华人民共和国内，依宪法规定在台、港、澳设置特别行政区。特别处政区享有高度的自治权利，即除在外交和国防方面服从中央政府外，拥有行政管理权、立法权、独立的司法权和终审权；可以实行单独的财政预算；中央政府不干预特别行政区的内部事务；依法保护特别行政区人民的各种合法权益以及外国人和侨胞在此地的私人投资等；台湾特别行政区还可以保留自己的军队，中央政府不派军队到台湾去。

（五）材料分析题

1. 答案要点：

（1）材料1表明陈水扁等“台独”分子制造两岸对立、制造仇恨、制造混乱，妄图阻止大陆制定《反分裂国家法》，搞“两个中国”、“一中一台”，其本质在于企图分裂祖国，使台湾“独立”出去。材料2表明我国通过立法来反对和遏制“台独”分裂势力分裂国家，促进祖国和平统一，维护台海地区和平稳定，维护国家主权和领土安全，维护中华民族的根本利益。

（2）这部重要法律，将中央关于解决台湾问题的大政方针以法律的形式固定下来，充分体现了我们以最大的诚意、尽最大的努力争取和平统一的一贯主张，同时表明了全中国人民维护国家主权和领土完整，绝不允许“台独”分裂势力以任何名义、任何方式把台湾从中国分裂出去的共同意志和坚定决心，标志着反独促统进入法制化、规范化、理性化的新阶段；是针对变本加厉、日趋公开化的“法理台独”活动的有效武器；是对某些外国势力插手台湾事务干涉中国内政的有力回击；能够有效维护包括台湾同胞在内的中国人民的切身利益和根本利益。“台独”分裂势力以任何名义、任何方式造成台湾从中国分裂出去的事实，或者发生将会导致台湾从中国分裂出去的重大事变，或者和平统一的可能性完全丧失，国家的采取非和平方式及其他必要措施，捍卫国家主权和领土完整。

（3）《反分裂国家法》不是针对台湾人民的法律，而是反对和遏制“台独”分裂势力的法律；不是一部战争的法律，而是和平统一国家的法律。这部法律规定，坚持一个中国原则，是实现国家和平统一的基础；以和平方式实现祖国统一，最符合台湾海峡两岸同胞的根本利益；国家以最大的诚意，尽最大的努力，实现和平统一。这部法律还将发展两岸关系、台海两岸协商和谈判等政策主张以法律形式加以明确，充分体现了我们比任何人更希望通过和平的方式实现祖国统一的诚意，体现了尽最大努力维护广大台湾同胞福祉的善意。

【延伸阅读】

解决台湾问题，实现祖国统一是中国共产党的历史使命

——专家解读习近平总书记“七一”讲话

中共中央总书记习近平2016年7月1日在庆祝中国共产党成立95周年大会上发表重要讲话。多位大陆涉台专家表示，总书记站在民族复兴的高度阐述了解

决台湾问题、实现祖国统一是中国共产党的历史使命。讲话所体现出的中国共产党和中国人民反对“台独”分裂活动的决心和信心十分强烈，必将对未来两岸关系发展带来深远影响。

全国台联副会长杨毅周表示，总书记讲话的涉台部分晓之以理，动之以情，内涵十分丰富。当前两岸关系再度处于十字路口，“台独”分裂势力是对两岸关系的最大现实威胁，对这条道路我们是坚决反对的。习近平总书记在“七一”重要讲话中指出，坚决反对“台独”分裂势力。对任何人、任何时候、以任何形式进行的分裂国家活动，13 亿多中国人民、整个中华民族都决不会答应！

“在中国共产党的领导下，我们比历史上任何时候都更接近中华民族伟大复兴这个目标。这为我们反对‘台独’分裂活动提供了强大的后盾。”杨毅周表示，国家统一是民族复兴的必然选择。“台独”道路不可能走通，只会是一条给台湾人民带来灾难，以失败告终的绝路。

上海台研所常务副所长倪永杰表示，习总书记重要讲话具有很强的针对性，不仅是讲给全体党员，更是讲给两岸同胞听的。讲话重申了两岸关系和平发展的道路，以及坚持“九二共识”、反对“台独”的共同政治基础，表明大陆对台大政方针坚定不移、一以贯之，并不因岛内政局变化而改变。总书记站在民族振兴，实现“两个一百年”奋斗目标，实现中国梦的战略高度谈台湾问题，可以看出对台工作在党中央议事日程中的重要地位。

此外，总书记在讲话中对“台独”分裂势力作出了严正警告。“话的分量非常重，上升到整个中华民族都决不会答应的高度，这是以对国家、民族高度负责的态度作出的郑重宣示。”倪永杰表示，如果“台独”分裂势力还是要小聪明，低估大陆方面对“台独”活动的辨识能力和“反独”的决心意志，只会碰得头破血流。

专家们表示，将台湾问题放到中国共产党 95 年波澜壮阔的奋斗历程的大背景来看，更能加深我们对中国共产党实现祖国统一的决心和信心的认知。希望台湾同胞和社会各界对此仔细体会，多用“同理心”去理解，更积极地参与到两岸关系和平发展的进程中来，携手实现中华民族的伟大复兴。

南京大学台湾研究所所长刘相平表示，台湾问题最早源于列强以武力悍然侵占我国领土，实际形成于国共内战时期，是两党选择不同历史发展道路的产物。中国共产党领导的革命，宗旨就是要把帝国主义赶出中国，实现国家统一、民族独立、人民当家做主的梦想。台湾问题是祖国统一大业最后未完成的部分。中国共产党要带领全国人民实现中华民族伟大复兴的中国梦，实现“两个一百年”奋斗目标，就必须解决台湾问题，实现国家统一。

杨毅周表示，总书记的讲话回顾了中国共产党的历史，指出了未来的发展方向，值得台湾社会仔细体会。中国共产党不仅是中华民族五千年文明的继承者，更是率领中华民族摆脱近代屈辱地位的亲历者和领导者。“在历史的竞争中，中国共产党脱颖而出，带领中国人民走出了一条创造人类奇迹的发展道路。我们有信心为人类对更好社会制度的探索提供中国方案，‘和平统一、一国两制’更是中国方案的重要内容。”

杨毅周说，中国共产党的信心来自于历史，更来自于实践。当前，中国正逐渐走向世界舞台的中央，中国共产党积累了更加丰富的治国理政经验，在制度、理论、道路上更加自信，更加成熟，更加有能力主导两岸关系。长期以来，台湾社会的一些人受到“反共”和“去中国化”思想的影响，对中国共产党和中国大陆取得的巨大成就视而不见，甚至故意歪曲抹黑，并以此为基础编织“台独”的幻想，这种掩耳盗铃的伎俩不可能成功。要看到，台湾未来的希望在大陆，台湾当局应该跟上时代潮流，乘着民族复兴的东风与大陆携手前行，共享民族兴盛的荣耀。如果逆潮流而动，只会被时代所淘汰。

来源：新华社北京 7 月 2 日电，记者：查文晔，赵博

【参考文献】

[1] 邓小平：《一个国家，两种制度》《邓小平文选》第 3 卷，人民出版社 1993 年版。

[2] 江泽民：《为促进祖国统一大业的完成而继续奋斗》《江泽民文选》第 1 卷，人民出版社 2006 年版。

[3] 胡锦涛：《携手推动两岸关系和平发展 同心实现中华民族伟大复兴——在纪念“告台湾同胞书”发表 30 周年座谈会上的讲话》，《人民日报》2009 年 1 月 1 日。

[4]《反分裂国家法》，《十六大以来重要文献选编》（中），中央文献出版社 2006 年版。

[5]《习近平总书记“七一”讲话》，新华社北京 2016 年 7 月 2 日电。

第十章

中国特色社会主义外交和国际战略

【教学目的与要求】

通过本章的教学，使学生全面认识当前国际形势的变化，了解中国特色社会主义外交和国际战略理论形成的依据和过程，世界多极化和经济全球化趋势在曲折中发展。理解中国坚持走和平发展道路的根据和重要意义，中国坚持独立自主的和平外交政策、互利共赢的开放战略，为推动建设持久和平、共同繁荣的和谐世界而努力。

【教学内容】

和平与发展是当今时代的主题，世界多极化、经济全球化深入发展，国际力量对比朝着维护世界和平方向发展。中国要准确判断和把握重要战略机遇期，始终不渝走和平发展道路。坚定奉行独立自主的和平外交政策和互利共赢的开放战略，坚持和平共处五项基本原则，同国际社会一道致力于建设持久和平与共同繁荣的和谐世界。

【学习重点与难点】

学习重点：

1. 和平与发展是当今时代的主题。
2. 世界多极化、经济全球化趋势在曲折中发展。
3. 中国走和平发展道路和坚持独立自主的和平外交政策。

学习难点：

1. 和平与发展是当今时代的主题。

2. 中国走和平发展道路的必然性。

【难点问题解析】

一、如何理解和平与发展是当今时代的主题?

和平与发展成为当今时代的主题，这是世界各种矛盾发展变化和世界抑制战争因素不断增长的合力作用的结果。

第一，两次世界大战的浩劫给人类留下深重灾难和沉痛教训，世界各国人民对和平的追求十分强烈，民心向背，对霸权主义和世界大战形成越来越大的遏制力量。

第二，世界经济的发展加深了各国利益的相互交织和相互依赖，冷战结束后多极化进程使世界各种主要力量彼此制衡，对霸权主义战争政策的牵制力量在增加，成为制约战争的一个重要因素。

第三，核武器等毁灭世界的战争工具形成的“恐怖平衡”，也成为制约战争的一个重要因素。

第四，广大发展中国家力量的发展，对世界和平与发展起着不可低估的作用，通过和平方式解决国际争端越来越受到国际社会的重视。

第五，生存与发展是广大发展中国家的首要任务，继续发展和保持优势也是发达国家面临的问题，对内图稳，对外思和，是多数国家的政策取向，对抑制战争起到积极作用。

发展问题之所以带有战略性和全局性，是因为它不仅与第三世界各国人民的进步事业，同时也与全人类社会的文明进步紧密相连。发展不仅是每个民族、每个国家繁荣昌盛的基础，也是人类文明迈向更高阶段的基础。没有全人类协调、平衡、坚实的经济和社会发展，就没有持久的世界和平与稳定，已经实现的和平与稳定也难以巩固。发展问题既是发展中国家自己的责任，也是发达国家的责任。在和平稳定中谋求发展，是当今世界的头等大事。谋求发展，不仅成为各国关注的核心，也成为一种现实可能。

进入 21 世纪后，和平与发展仍是当今世界的主题。新的世界大战在可预见的时期内打不起来。争取较长时期的和平国际环境和良好周边环境是可以实现的。但是不公正不合理的国际政治经济旧秩序没有根本改变。影响和平与发展的不确定因素在增加。传统安全威胁和非传统安全威胁的因素相互交织，恐怖主义危害上升。霸权主义和强权政治有新的表现。民族、宗教矛盾和边界、领土争端导致的局部冲突时起时伏。南北差距进一步扩大。世界还很不安宁，人类面临着许多严峻挑战。总体和平、局部战争，总体缓和、局部紧张，总体稳定、局部动荡，是当前和今后一个时期国际局势发展的基本态势。

二、中国为什么要坚持走和平发展的道路?

实现和平发展，是中国人民的真诚愿望和不懈追求。自20世纪70年代末实行改革开放以来，中国成功地走上了一条与本国国情和时代特征相适应的和平发展道路。通过这条道路，中国人民正努力把自己的国家建设成富强、民主、文明的现代化国家，并以自身的发展不断对人类进步事业做出新的更大的贡献。

走和平发展道路，就是要把中国国内发展与对外开放统一起来，把中国的发展与世界的发展联系起来，把中国人民的根本利益与世界人民的共同利益结合起来。中国的和平发展道路是人类追求文明进步的一条全新道路，是中国现代化建设的必由之路。

第一，中国和平发展的道路，是一条统筹国内发展和对外开放的发展道路。我们对内将毫不动摇地坚持以经济建设为中心，把发展作为第一要务；对外将毫不动摇地坚持和平与合作，与世界人民一道，共同推进人类和平与发展的崇高事业。

第二，中国和平发展的道路，是一条勇于参与经济全球化而又坚持广泛合作、互利共赢的发展道路。中国实行对内改革从一开始就是同对外开放联系在一起的。在实行对外开放的同时，坚持独立自主、自力更生。

(1) 中国坚持走和平发展道路，是基于中国国情的必然选择。中国是世界上最大的发展中国家，中国的发展还很不平衡，推动经济社会发展、不断改善人民生活始终是我国的中心任务。走和平发展道路，是中国实现国家富强、人民幸福的必由之路。

(2) 中国坚持走和平发展道路，是基于中国历史文化传统的必然选择。中华民族历来崇尚和平，中华文化历来强调以和为贵的价值观念。在近代历史上，中国屡遭外来势力入侵和奴役，中国人民深知和平弥足珍贵。

(3) 中国坚持走和平发展道路，是基于当今世界发展潮流的必然选择。求和平、促发展、谋合作，是世界各国人民的共同心愿，也是不可阻挡的历史潮流。任何国家要实现自己的发展目标，都必须顺应世界发展大势。

第三，走和平发展道路符合中国人民的根本利益，也符合人类社会发展的客观要求。13亿中国人民走和平发展道路，无疑为人类和平与发展的崇高事业增添了极其重要的积极因素。中国的发展不会妨碍任何人，也不会威胁任何人，只会有利于世界的和平、稳定、繁荣。

第四，走和平发展的道路，也符合社会主义的基本原则。中国特色的社会主义是主张和平的社会主义。社会主义中国今天要走和平发展道路，将来强大了也要走和平发展道路。努力实现和平的发展、开放的发展、合作的发展、和谐的发展，始终是中国政府谋求发展的宗旨和原则。

【自我测验】

（一）单项选择题

1. 和平与发展两大时代主题的核心是（　　）。
   A. 和平　　B. 发展　　C. 民族独立　　D. 经济联盟
2. 世界和平与发展这两大问题，至今一个也没解决，是由于（　　）。
   A. 争霸与战争成为当前时代的主流
   B. 因民族、宗教、领土等引起的战争时起时伏
   C. 人口增长失控，资源破坏，环境恶化
   D. 霸权主义、强权政治作祟
3. 当前维护世界和平的根本途径是（　　）。
   A. 实行有效裁军和军控　　B. 发挥联合国的维和作用
   C. 反对霸权主义和强权政治　　D. 加强国际干预
4. 谋求世界各国经济共同发展的根本途径是（　　）。
   A. 加速各国经济结构的调整
   B. 推动南北对话
   C. 加强南南合作
   D. 建立公正、合理、平等、互利的国际经济新秩序
5. 坚持独立自主的和平外交政策的首要任务是（　　）。
   A. 实行真正的不结盟
   B. 反对霸权主义，争取世界和平，为现代化建设争取一个和平稳定的国际环境
   C. 不打别人的牌，也不允许别人打自己的牌
   D. 对国际问题采取客观公正的态度
6. 和平共处五项原则中最重要的原则是（　　）。
   A. 互相尊重主权和领土完整原则　　B. 互不侵犯原则和互不干涉内政原则
   C. 平等互利原则　　D. 和平共处原则
7. 首先提出和平共处五项原则的是（　　）。
   A. 毛泽东　　B. 周恩来　　C. 刘少奇　　D. 邓小平

8. 中共十六大报告指出，我们主张建立的新安全观是（　　）。

A. 互利、互信、团结、合作的新安全观

B. 平等、协商、互利、合作的新安全观

C. 互利、合作、繁荣、发展的新安全观

D. 互信、互利、平等、协作的新安全观

9. 霸权主义和强权政治的最根本的社会根源是（　　）。

A. 资产阶级的人权主义　　B. 资产阶级的意识形态

C. 垄断资本主义的经济政治制度　　D. 经济军事实力

10. 经济全球化在本质上是（　　）。

A. 发达国家主导着全球经济的发展

B. 促进南北合作

C. 资本的跨国流动

D. 建立公正、合理、平等、互利的国际经济新秩序

11. 当代世界的和平问题是指（　　）。

A. 联合国通过了《制止战争、维护和平》公约

B. 北约组织和华沙公约组织已经和好

C. 实现国际社会广泛的公正合作

D. 在较长时间内不发生大规模的世界战争是有可能的，战争是可以避免的

12. 中国外交政策的根本目标是（　　）。

A. 坚决反对一切形式的恐怖主义　B. 要创造和平稳定的周边环境

C. 维护我们国家和民族的利益　　D. 应加强同世界各国的团结

13. 中国外交政策的根本原则是（　　）。

A. 维护世界和平、促进共同发展

B. 独立自主

C. 和平共处五项原则

D. 反对霸权主义和强权政治

14. 20 世纪 70 年代末以后，邓小平对世界形势的发展变化进行了深入的研究和分析，提出了当今世界的两大主题是（　　）。

A. 和平与经济　　B. 和平与发展　　C. 战争与发展　　D. 战争与经济

15. 当今世界发展的趋势是（　　）。

A. 一极化　　B. 两极格局　　C. 三足鼎立　　D. 多极化

16. 处理国与国之间关系的最好途径是（　　）。

A. 建立战略伙伴关系　　B. 建立国际政治经济新秩序

C. 倡导不结盟运动　　D. 提倡和平共处五项原则

17. 在毛泽东三个世界划分的战略中，日本属于（　）。

A. 第一世界　　B. 第二世界

C. 第三世界　　D. 哪一类都不属于

18. （　）根据国内外形势变化，做出了我国外交战略和外交政策从原来的“一条线”到“真正的不结盟”政策。

A. 毛泽东　　B. 周恩来　　C. 刘少奇　　D. 邓小平

19. 在处理国际关系和外交关系方面，我们坚持的外交工作布局是（　）。

A. 发展中国家是关键、周边是首要、大国是基础、多边是舞台

B. 大国是关键、周边是首要、发展中国家是基础、多边是舞台

C. 发展中国家是关键、多边是首要、周边是基础、大国是舞台

D. 多边是关键、周边是首要、发展中国家是基础、大国是舞台

（二）多项选择题

1. 60 年代，随着世界各种政治力量的进一步分化和改组，毛泽东进一步指出：我们现在提出这么一个看法，就是有两个中间地带（　）。

A. 亚洲、非洲、拉丁美洲是第一个中间地带

B. 欧洲、北美加拿大、大洋洲是第二个中间地带

C. 日本也属于第二个中间地带

D. 亚洲、欧洲、拉丁美洲是第一个中间地带

2. 毛泽东根据战后国际形势的发展，先后提出的著名论断有（　）。

A. 两个中间地带和三个世界划分的战略

B. 各国的事情应由各国人民自己来管，反对帝国主义的干涉和称霸

C. 国家不分大小强弱都是平等的，反对以大压小、以强凌弱

D. 结成广泛的反帝反霸斗争的国际统一战线

3. 建国初期，毛泽东提出三大外交方针（　）。

A. “另起炉灶”　　B. “一条线”

C. “一边倒”　　D. “打扫干净屋子再请客”

4. 和平与发展的关系是（　）。

A. 发展是南北问题

B. 发展是和平的保障

C. 和平是发展的前提

D. 和平与发展互为条件，共同促进人类社会的进步和繁荣

5. 我国外交政策中的独立自主是指（　　）。

A. 国家主权和国家利益高于一切

B. 中国不同任何国家结盟

C. 反对霸权主义，维护世界和平

D. 闭关自守地处理一切事务的最高权力

6. 维护世界和平，处理国家之间的关系，应遵循的原则是（　　）。

A. 互相尊重主权和领土完整　　B. 互不侵犯

C. 互不干涉内政　　D. 平等互利，和平共处

7. 中国外交政策的基本目标（　　）。

A. 维护我国的独立、主权和安全　　B. 促进世界和平与发展

C. 坚持独立自主　　D. 坚持和平共处

8. 和平与发展这两大主题至今一个都没有解决，天下仍不太平。这是因为（　　）。

A. 民族、宗教、领土等因素而引发的局部冲突时起时伏

B. 冷战思维依然存在，霸权主义、强权政治仍然存在

C. 不公正、不合理的国际经济旧秩序还在损害发展中国家的利益

D. 少数发达资本主义国家利用“人权”等问题干涉他国内政的现象还很严重

9. 苏东剧变之后，威胁世界和平与发展的主要障碍是（　　）。

A. 霸权主义　　B. 宗教纷争　　C. 强权政治　　D. 领土冲突

10. 下列有关当今世界格局的表述正确的是（　　）。

A. 世界多极化不可逆转

B. 世界多极化是一种客观趋势

C. 多极化格局目前已经形成

D. “一超多强”是目前世界格局的基本态势

11. “中国护照关键时刻能带我们回家!”利比亚战乱、也门危机、尼泊尔地震，我国政府反应快速，在第一时间派出飞机、舰艇迅速撤离滞留公民和侨胞，让我们感受到祖国的力量和温暖。这表明（　　）。

A. 国家尊重和保障人权

B. 管辖权是主权国家的基本权利

C. 自卫权是主权国家的基本权利

D. 在国际法上国家地位是由国家力量决定的

12. 2014 年 3 月 27 日，习近平总书记在中法建交 50 周年纪念大会上的讲话

中指出：拿破仑说过，中国是一头沉睡的狮子，当这头睡狮醒来时，世界都会为之发抖。中国这头狮子已经醒了，但这是一只和平的、可亲的、文明的狮子。这表明中国（　　）。

A. 坚持与邻为善、以邻为伴

B. 主张走和平发展道路

C. 坚持合作共赢

D. 进一步发挥负责任大国的作用，在力所能及的范围内承担更多国际责任和义务

13. 2015 年 11 月 13 日晚，恐怖分子同时在巴黎 6 个不同地点发动袭击，其中伤亡最惨重的巴塔克兰音乐厅内，事发时约有逾千人观看摇滚乐队演出，演唱会高潮时恐怖分子连续开枪 10～15 分钟，造成 89 人死亡。近年来恐怖主义活动频繁发生，国际社会强烈谴责恐怖主义行径，呼吁必须反对一切形式的恐怖主义，这表明（　　）。

A. 反对恐怖主义是当今世界的主题之一

B. 恐怖主义是威胁世界和平与发展的重要因素

C. 恐怖主义行径是霸权主义和强权政治的表现

D. 反对恐怖主义维护世界和平应加强国际合作

14. 十八大提出我国发展仍处于可以大有所为的重要战略机遇期。这一时期有利的条件主要有（　　）。

A. 国际力量对比朝着有利于维护世界和平方向发展，国际形势总体稳定

B. 经济全球化深入发展的趋势不会中断，促进共同发展的有利因素增加

C. 新科技革命方兴未艾，我国发挥后发优势，实现加快发展的条件更多

D. 国际金融危机引发世界政治经济格局深刻变化，我国提升国际话语权面临新的机遇

（三）辨析题

1. 恐怖主义是威胁世界和平与稳定的主要根源。

2. 多极化是促进世界和平与发展的重要基础。

3. 当前，冷战已经结束，世界再也不会出现新的动荡和冲突了。

4. 世界要和平，人们要合作，国家要发展，社会要进步。

（四）综合问答题

1. 和平共处五项原则的内涵是什么？

2. 我国外交政策的原则是什么？

3. 结合当前的国际形势和国际政治斗争，试述反对霸权主义和强权政治的必要性。

4. 当前国际形势下，谈谈如何推进以合作共赢为核心的新型国际关系。

(五) 材料分析题

1. 阅读下列材料并回答问题

材料 1

中国人民抗日战争和反法西斯战争是正义和邪恶、光明和黑暗、进步和反动的大决战，在那场惨烈的战争中，中国人民抗日战争开始时间最早，持续时间最长。中国人民以巨大民族牺牲支撑起了世界反法西斯的东方主战场，为世界反法西斯战争胜利作出了重大贡献。中国人民抗日战争也得到了国际社会广泛支持，中国人民将永远铭记各国人民为中国抗战胜利作出的贡献！

战争是一面镜子，能够让人民更好认识和平的珍贵。今天，和平与发展已经成为时代主题，但世界仍很不太平，战争的达摩克利斯之剑仍然悬在人类头上，我们要以史为鉴，坚定维护和平的决心。

为了和平，我们要牢固树立人类命运共同体意识。偏见和歧视、仇恨和战争，只会带来灾难和痛苦，相互尊重、平等相处、和平发展、共同繁荣。才是人间正道。世界各国应该共同维护以联合国宪章宗旨和原则为核心的国际秩序和国际体系，积极构建以合作共赢为核心的新型国际关系，共同推进世界和平与发展的崇高事业。

摘自习近平：《在纪念中国人民抗日战争暨世界反法西斯战争胜利 70 周年》大会上的讲话（2015 年 9 月 3 日）

材料 2

当习近平主席带着对世界前途命运的思考走上联合国讲台的时候，充满生机与希望的中国已经站在世界舞台的中央，在第七十届联合国大会一般性辩论会场，发展壮大的中国对全人类福祉的担当，赢得世界赞誉与支持。

开创未来，离不开对历史的敬畏。70 年前，联合国诞生。奠定现代国际秩序基石，确立了当代国际关系基本准则的联合国宪章，寄寓着先贤对和平的期盼，描绘出了战后世界的基本轮廓。中国作为世界反法西斯战争伟大胜利的主要贡献者之一，成为联合国创始会员国和安理会常任理事国。

今天，当世界格局加快演变，各国互相依存、休戚与共成为世界的基本特征时，人类社会又该以怎样的思考和行动跟上历史的步伐？面对这个根本性问题，习近平主席提出打造人类命运共同体。这一主张在 21 世纪的今天，继承了联合国宪章精神，符合国际宪法普遍需要，实现了对传统国际关系的超越与创新。

摘选自《人民日报》（2015 年 9 月 3 日）

请结合材料回答：

(1) 分析当今世界各国“共同维护以联合国宪章宗旨和原则为核心的国际秩序和国际体系”的重要性所在。

(2) 如何理解“打造人类命运共同体的主张，继承了联合国宪章精神，符合国际社会的普遍需要”?

【参考答案】

(一) 单项选择题

1. B　2. D　3. C　4. D　5. B　6. A　7. B　8. D　9. C　10. C
11. D　12. C　13. B　14. B　15. D　16. D　17. B　18. D　19. B

(二) 多项选择题

1. ABC　2. ABCD　3. ACD　4. BCD　5. ABC
6. ABCD　7. ABCD　8. ABCD　9. AC　10. ABD
11. AB　12. ABCD　13. BD　14. ABCD

(三) 辨析题

1. 恐怖主义是威胁世界和平与稳定的主要根源。

答：错误。恐怖主义严重威胁着世界和平与稳定，是国际社会的一大公害。但恐怖主义并不是威胁世界和平与稳定的主要根源。无论是冷战时期还是冷战结束后，霸权主义和强权政治都是威胁世界和平与稳定的主要根源。第二次世界大战后，霸权主义、强权政治作祟，世界始终不得安宁，冷战后霸权主义强权政治更加猖獗，这也是促使全球范围内的恐怖主义活动进一步升级的重要原因。因此，要争取和平，就必须反对霸权主义、反对强权政治。在传统安全威胁和非传统安全威胁相互交织的新情况下，我们应有恐反恐、有霸反霸，不能因为坚决主张反恐而改变反霸立场，不能用一种现象掩盖另一种现象。

2. 多极化是促进世界和平与发展的重要基础。

答：正确。世界格局走向多极化，是时代进步的要求，符合和平与发展的历史潮流。多极化格局使世界各种力量形成既相互借重又相互制衡的关系，有利于避免新的世界大战的爆发，有利于遏制霸权主义和强权政治，有利于推动建立公正合理的国际政治经济新秩序，有利于实现各国人民对和平、稳定、繁荣的新世界的美好追求，也有利于广大发展中国家抓住机遇、发展自己。因此，积极推动世界走向对多极化，是促进世界和平与发展的重要基础。相反，单极独霸则是和平与发展的大碍。

3. 当前，冷战已经结束，世界再也不会出现新的动荡和冲突了。

答：错误。随着冷战的结束，世界的紧张局势逐步缓和。在今后一个相当长的时间内，争取和平的国际环境，避免新的世界大战，是有可能的。但是，也应该清醒地看到目前的国际形势仍然动荡不安，原因是旧的格局虽然已经解体，但原来被美苏争霸和两大集团对峙时掩盖的矛盾纷纷暴露出来，同时随着向新格局的过渡所伴随的国际竞争也开始展开，一些地区的新矛盾和冲突正在增加。在全球裁军的总趋势下，一些地区的军备竞赛却在不断升级。这些无疑会成为诱发地区冲突的重要因素。因此，不能说今后世界再也不会出现新动荡和冲突。

4. 世界要和平，人们要合作，国家要发展，社会要进步。

答：正确。这句话是江泽民同志在纪念中国共产党成立八十周年大会上讲的。延续半个多世纪的冷战已经结束，国际局势总体上趋于缓和，世界多极化和经济全球化的趋势正在迅猛发展，新技术革命方兴未艾，人类面临难得的发展机遇；和平与发展是世界各国人民的共同愿望，也是我们这个时代的主题。但是，不公正不合理的国际政治经济秩序还未得到根本的改变，要解决和平与发展两大战略性问题，建立公正合理的国际政治经济新秩序，仍然任重道远。但世界要和平，人们要合作，国家要发展，社会要进步，是时代的潮流。

(四) 综合问答题

1. 和平共处五项原则的内涵是什么?

答：和平共处五项原则，是指在处理国家之间关系中，坚持相互尊重主权和领土完整、互不侵犯、互不干涉内政、平等互利的原则。这是20世纪50年代初由中、印、缅三国共同倡导的，并得到国际社会普遍赞同。处理国与国之间的关系，和平共处五项原则是最好的方式。只有超越社会制度、意识形态以及民族、宗教信仰的不同，普遍实行和平共处五项原则，才能发展正常的国家关系，增进国际合作，维护世界和平。

2. 我国外交政策的原则是什么?

答：(1) 和平与发展是中国对外政策的首要目标；

(2) 独立自主是我国对外政策的根本原则；

(3) 和平共处五项原则是中国处理国际关系的基本准则；

(4) 坚持同第三世界国家的团结与合作是我国对外工作的基本立足点；

(5) 对外开放是我国的一项基本国策。

3. 结合当前的国际形势和国际政治斗争，试述反对霸权主义和强权政治的必要性。

答：(1) 苏东剧变后，冷战局面结束，但冷战思维依然存在，国际局势仍然动荡不安，国际政治斗争依然激烈，霸权主义和强权政治仍然是威胁世界和平与妨碍发展的主要根源。

（2）一些西方国家坚持要把它的政治经济制度和价值观强加给别国，到处干涉别国内政，公然违背国际公约，甚至不惜发动战争；

（3）以美国为首的西方国家不喜欢我们的社会主义制度，千方百计地利用所谓的人权问题、台湾问题、西藏问题来干涉我国内政，并妄图对我国进行渗透、颠覆、分化、西化。因此反对霸权主义、强权政治是摆在我们面前的严重斗争，是我们对外政策的纲领。

4. 当前国际形势下，谈谈如何推进以合作共赢为核心的新型国际关系。

答：（1）推进以合作共赢为核心的新型国际关系，要把合作共赢理念体现在政治、经济、安全、文化等对外合作的方方面面，推进建设人类命运共同体。

（2）推进以合作共赢为核心的新型国际关系，要坚定不移在和平共处五项基础上发展与世界各国的友好合作。

（3）推进以合作共赢为核心的新型国际关系，要坚决维护国家核心利益。

（4）推进以合作共赢为核心的新型国际关系，要加强涉外法律工作，完善涉外法律法规体系。

（五）材料分析题

答案要点：

（1）联合国是二战主要同盟国在战争即将取得全面胜利时刻，为构建持久和平的战后国际秩序而发起成立的。联合国宪章及其宗旨和原则的确立，是人类正义战胜邪恶的重要成果，是世界和平力量反思战争发生深层原因的结晶，是构建战后国际秩序的法理基础。

联合国是当今世界各国政府间最大的国际性组织。联合国的宗旨是维护国际和平安全、制止侵略行为、发展国际间的友好关系、促进国际合作。联合国遵循下列原则：各国主权平等，各国以和平方式解决国际争端，各国不得使用武力或武力威胁来侵犯他国的领土完整和主权，联合国不得干涉在本质上属于任何国家国内管辖的事件等。

联合国作为代表性最广、规模最大、最具权威的国际组织，是最重要的国际论坛和开展多边外交的场所。在维护国际和平与安全、推动国际经济发展和建立国际经济新秩序、促进国际合作等方面做出的贡献和成就为国际社会所公认。随着世界政治格局多极化趋势加速发展，联合国的作用一度得到加强。联合国还是大国间调整相互关系以及发展中国家结交朋友、维护权益、交换意见、共同推动建立和平、稳定、公正、合理的国际新秩序的最重要场所。

中国始终坚持联合国宪章宗旨和原则，构建以合作共赢为核心的新型国际关系，打造人类命运共同体。

（2）当今世界各国相互联系、相互依存的程度空前加深，人类生活在同一个地球村里，生活在历史和现实交汇的同一个时空里，越来越成为你中有我、我中有你的命运共同体。同舟共济、同担责任、共享权利，建立起更加平等均衡的新型全球发展伙伴关系，符合人类共同利益。“命运共同体”具有“一荣俱荣、一损俱损”是连带效应，世界长期发展不可能建立在一批国家越来越富裕而另一批国家却长期贫穷落后的基础之上。各国经济，相通则共进，相闭则各退。因为只有各国共同发展了，世界才能更好发展。那种以邻为壑、转嫁危机、损人利己的做法既不道德，也难以持久。

【延伸阅读】

习近平在和平共处五项原则发表60周年纪念大会上的讲话（节选）

今天，我们在这里隆重集会，纪念和平共处五项原则发表60周年。这是中国、印度、缅甸和国际社会共同的盛会，对弘扬和平共处五项原则、增进各国人民友好合作、促进世界和平与发展，具有重要意义。60年来，历经国际风云变幻的考验，和平共处五项原则作为一个开放包容的国际法原则，集中体现了主权、正义、民主、法治的价值观。

——和平共处五项原则已经成为国际关系基本准则和国际法基本原则。和平共处五项原则精辟体现了新型国际关系的本质特征，是一个相互联系、相辅相成、不可分割的统一体，适用于各种社会制度、发展水平、体量规模国家之间的关系。1955年，万隆会议通过的十项原则是对和平共处五项原则的引申和发展。上个世纪60年代兴起的不结盟运动把五项原则作为指导原则。1970年和1974年联合国大会通过的有关宣言都接受了和平共处五项原则。和平共处五项原则为当今世界一系列国际组织和国际文件所采纳，得到国际社会广泛赞同和遵守。

——和平共处五项原则有力维护了广大发展中国家权益。和平共处五项原则的精髓，就是所有国家主权一律平等，反对任何国家垄断国际事务。这为广大发展中国家捍卫国家主权和独立提供了强大思想武器，成为发展中国家团结合作、联合自强的旗帜，加深了广大发展中国家相互理解和信任，促进了南南合作，也推动了南北关系改善和发展。

——和平共处五项原则为推动建立更加公正合理的国际政治经济秩序发挥了积极作用。和平共处五项原则摒弃了弱肉强食的丛林法则，壮大了反帝反殖力量，加速了殖民体系崩溃瓦解。在东西方冷战对峙的大背景下，所谓“大家庭”、“集团政治”、“势力范围”等方式都没有处理好国与国关系，反而带来了矛盾、激化了局势。与之形成鲜明对照的是，和平共处五项原则为和平解决国家间历史遗留问题及国际争端开辟了崭新道路。

来源：《人民日报》2014 年 6 月 29 日

【参考文献】

[1] 毛泽东：《关于三个世界划分问题》，《毛泽东文集》第 8 卷，人民出版社 1999 年版。

[2] 邓小平：《中国的对外政策》，《邓小平文选》第 2 卷，人民出版社 1994 年版。

[3] 邓小平：《和平和发展是当代世界的两大问题》，《邓小平文选》第 3 卷，人民出版社 1993 年版。

[4] 江泽民：《共同创造一个和平繁荣的新世纪》，《江泽民文选》第 3 卷，人民出版社 2006 年版。

[5] 胡锦涛：《努力建设持久和平、共同繁荣的和谐世界》，《人民日报》2005 年 9 月 16 日。

[6] 习近平：《共同创造亚洲和世界的美好未来——在博鳌亚洲论坛 2013 年年会上的主旨演讲》，《人民日报》2013 年 4 月 8 日。

[7] 习近平：《弘扬和平共处五项原则　建设和平共赢美好世界——在和平共处五项原则发表 60 周年纪念大会上的讲话》，《人民日报》2014 年 6 月 29 日。

第十一章

建设中国特色社会主义的根本目的和依靠力量理论

【教学目的与要求】

通过本章的教学使学生明确建设中国特色社会主义的根本目的，必须坚持一切为了人民、坚持实现共同富裕、坚持经济社会的发展和人的全面发展的有机统一。正确理解中国特色社会主义建设的依靠力量的组成及地位，巩固和发展爱国统一战线内容和基本任务，以及加强国防和军队建设的重要意义。

【教学内容】

建设中国特色社会主义的根本目的在于一切为了人民。包括知识分子在内的工人、农民是中国特色社会主义事业的根本力量，改革开放以来出现的新的社会阶层是中国特色社会主义事业的建设者。新时期统一战线人仍是重要法宝，人民解放军是保卫祖国和建设中国特色社会主义的重要力量。

【教学重点与难点】

学习重点：

1. 建设中国特色社会主义的根本目的在于一切为了人民。
2. 工人、农民、知识分子是建设中国特色社会主义事业的根本力量。
3. 新时期爱国统一战线的内容和基本任务。

学习难点：

1. 建设中国特色社会主义要推动经济社会发展与人的全面发展的统一。
2. 新的社会阶层是中国特色社会主义事业的建设者。

【难点问题解析】

一、建设中国特色社会主义要坚持经济社会发展与人的全面发展的统一。

第一，坚持经济社会发展和人的全面发展的统一，是继承了马克思主义关于人的全面发展思想的必然要求。马克思关于人的全面发展的思想揭示了人的发展与经济社会发展的历史辩证统一，继承马克思主义关于人的全面发展思想，就必须坚持把人的全面发展和社会主义经济社会发展统一起来。在马克思关于人的全面发展思想中，人的发展经过人的依赖性阶段、以物的依赖为基础的人的独立性阶段及自由个性阶段，已经离不开经济社会的发展。而经济社会的发展最终要归结到人的全面发展。

第二，人的全面发展与社会经济文化发展相互促进、互为条件。一方面，社会经济发展为人的全面发展提供前提条件，并在一定程度上制约人的全面发展；另一方面，人的全面发展是经济社会发展的目的，随着人的全面发展实现程度的提高，社会经济发展的水平不断提高，而人的全面发展的程度又制约着经济社会的发展。

第三，我国建设中国特色社会主义事业，要坚持经济社会发展与人的全面发展的统一。经济社会发展与人的全面发展在我国历史发展进程中是高度一致的。新中国成立以来，随着党和国家在推动经济社会发展的同时，不断把促进人的发展提高到新的阶段和水平；通过促进人的发展，为经济社会的较快发展创造智力条件。在建设中国特色社会主义的当前，依然要坚持经济社会发展与人的全面发展相统一的价值取向。一方面，以人的全面发展带动经济社会的发展；另一方面，在推动经济社会发展过程中促进人的全面发展。

二、如何理解新的社会阶层也是中国特色社会主义事业的建设者？

第一，改革开放以来，我国出现了一些新的社会阶层，这些阶层归纳起来主要有：民营科技企业的创业人员和技术人员，受聘于外资企业的管理技术人员，个体户，私营企业主，中介组织从业人员，自由职业者等。

第二，新的社会阶层是在党和国家改革开放政策的允许下出现的，是在社会主义公有制和社会主义上层建筑主导国家政治经济生活的总的条件下存在和发展的，其经营活动都要遵守国家的法律法规和政策。他们中的大多数都是劳动者，是从工人、农民、知识分子和干部队伍中分化出来的。他们在党的方针、政策指导下，通过诚实劳动和工作，通过合法经营，为发展社会主义生产力做出自己的贡献。他们中的一部分，即使占有生产资料和雇佣工人，也不同于社会主义改造前的私营工商业者，也是中国特色社会主义事业的建设者。

【自我测验】

（一）单项选择题

1. 建设中国特色社会主义的根本目的是（　　）。

A. 一切为了党　　B. 一切为了国家

C. 一切为了人民　　D. 一切为了发展

2. 社会主义与以往一切旧社会制度的本质区别是（　　）。

A. 经济发展　　B. 科技进步

C. 存在社会矛盾　　D. 共同富裕

3. 衡量党的路线、方针、政策是否正确的最高标准是（　　）。

A. 实现人民利益　　B. 维护党的利益

C. 推动生产发展　　D. 提高综合国力

4. “人民，只有人民，才是创造世界历史的动力。”这是（　　）对历史唯物主义基本原理的科学概括。

A. 马克思　　B. 列宁

C. 毛泽东　　D. 邓小平

5. （　　）是我们国家的领导阶级。

A. 农民阶级　　B. 工人阶级

C. 小资产阶级　　D. 新的社会阶层

6. （　　）是我国人数最多的基本依靠力量。

A. 农民阶级　　B. 工人阶级

C. 小资产阶级　　D. 新的社会阶层

7. 知识分子是我国（　　）的一部分。

A. 农民阶级　　B. 工人阶级

C. 小资产阶级　　D. 新的社会

8. 我国新的社会阶层是（　　）。

A. 社会主义建设的领导者　　B. 中国特色社会主义事业的建设者

C. 人数最多的基本依靠力量　　D. 先进生产力的开拓者

9. 劳动、知识、人才、创造，是具有内在联系的统一整体，其中居于核心地位的是（　　）。

A. 劳动　　B. 知识

C. 人才　　D. 创造

10. 人才是知识资源的载体，人才的本质在于（　　）。

A. 知识性　　B. 全面性

C. 创造性　　D. 理论性

11. 把“四个尊重”作为一项重大方针，其着眼点在于坚持（　　），形成人才辈出、人尽其才、才尽其用的生动局面，最广泛最充分地调动一切积极因素，不断推进中国特色社会主义事业向前发展。

A. 理论创新　　B. 群众路线

C. 凝聚精神　　D. 思想解放

12. 以下属于新兴社会阶层的是（　　）。

A. 国有企业工人　　B. 外资企业的管理技术人员

C. 政府机关职员　　D. 农民

13. 新时期爱国统一战线的性质是（　　）的。

A. 爱国主义　　B. 社会主义

C. 民族主义　　D. 民主主义

14.（　　）是中国共产党不断夺取革命、建设和改革事业胜利的重要法宝。

A. 统一战线　　B. 武装斗争

C. 民族平等　　D. 军队建设

15.（　　）是统一战线的核心问题。

A. 发展问题　　B. 党的领导

C. 地位平等　　D. 军队建设

16. 在共产党领导的多党合作中，民主党派在国家中的主要作用是（　　）。

A. 合作共事　　B. 参政议政

C. 自我教育　　D. 沟通关系

17. 新时期中国人民政治协商会议的性质是（　　）。

A. 国家政权机关　　B. 各阶级联盟

C. 人民团结　　D. 具有广泛代表性的爱国统一战线组织

18.（　　）是中国民族政策的基石。

A. 民族发展　　B. 各民族共同繁荣

C. 民族平等　　D. 民族团结

19.（　　）是解决民族问题的根本出发点和归宿。

A. 民族发展　　B. 各民族共同繁荣

C. 民族平等　　D. 民族团结

20. 我国社会主义的民族关系是（　　）。

A. 平等、团结、互助、和谐

B. 和睦相处、和衷共济、和谐发展

C. 汉族离不开少数民族、少数民族离不开汉族

D. 团结奋斗、共同发展

21. 中国共产党的宗教政策是（　　）。

A. 宗教与国家分离　　B. 宗教信仰自由

C. 限制宗教发展　　D. 鼓励宗教发展

22. 全面贯彻党的宗教政策，要坚持（　　）的原则，积极引导宗教与社会主义社会相适应。

A. 国家办理　　B. 个人自办

C. 独立自主自办　　D. 联合办理

23. 坚持走中国特色军民融合式发展道路，军民融合源于党的（　　）。

A. “军民结合、寓军于民”的思想

B. 人民战争思想

B. “军民鱼水情、患难与共”的思想

D. “军民一体、平战结合”的思想

24. 我军是执行党的政治任务的武装集团，必须始终把（　　）建设放在第一位。

A. 机械化　　B. 信息化

C. 现代化　　D. 革命化

（二）多项选择题

1. 人民群众之所以能够起到决定历史发展方向的根本作用，因为他们是（　　）。

A. 物质资料生产活动的主体

B. 人类社会精神生产活动的主体

C. 社会变革的主体

D. 改造自然的主体

2. 为什么说共同富裕是中国特色社会主义的根本原则？（　　）

A. 共同富裕体现了社会主义的本质要求，指明了社会主义发展的方向

B. 共同富裕是科学社会主义的重要价值诉求

C. 共同富裕是社会主义优越性的重要体现

D. 共同富裕是中国特色社会主义的基本目标

3. 人的全面发展是（　　）。

A. 经济社会发展的根本目的

B. 推动经济社会发展的重要力量

C. 与经济社会发展相互促进、互为条件

D. 为经济社会发展提供目标和动力

4. 我国社会主义建设的基本依靠力量是（　　）。

A. 私营企业主　　B. 工人阶级

C. 农民阶级　　D. 知识分子

5. 我国以工人阶级作为领导阶级的原因是（　　）。

A. 工人阶级锋队先锋队的性质决定了工人阶级在国家的领导地位

B. 中国工人阶级是近代以来我国社会发展特别是社会化大生产发展的产物，是中国先进生产力和先进生产关系的代表

C. 工人阶级是改革开放和现代化建设的基本动力

D. 工人阶级是我国阶级构成的主体成分

6. 发挥工人阶级的领导地位，必须做到（　　）。

A. 保障农民工在内的全体职工的合法利益

B. 发挥工人阶级的主人翁地位

C. 坚决压制新的社会阶层的成长壮大

D. 使工人阶级的数量占绝对优势

7. 我国新的社会阶层包括（　　）。

A. 个体户和私营企业主

B. 中介组织从业人员和自由职业者

C. 民营科技企业的创业人员和技术人员

D. 受聘于外资企业的管理技术人员

8. 新的社会阶层在改革开放后的社会变革中出现，主要源于（　　）。

A. 经济领域的制度改革创新

B. 政治领域的制度改革创新

C. 社会分工的日益细化

D. 产业结构变化促成的就业结构变化

9. 我国知识分子在改革开放和现代化建设中的重大作用是（　　）。

A. 先进生产力和科学技术的开拓者

B. 人类科学文化知识的重要继承者和传授者

C. 优秀精神产品的生产者

D. 知识创新、人才开发的主力军

10. 新时期的统一战线已成为工人阶级领导的，以工农联盟为基础的，包括（　　）。

A. 全体社会主义劳动者　　B. 社会主义事业的建设者

C. 拥护社会主义的爱国者　　D. 拥护祖国统一的爱国者

11. 巩固和发展各民族的团结，是建设中国特色社会主义的重要保证，关系到（　　）。

A. 国家的统一和边疆的巩固

B. 现代化建设的成败和民族地区的发展

C. 巩固和发展人民民主专政

D. 维护安定团结的政治局面

12. 社会主义时期处理民族问题的基本原则是（　　）。

A. 维护祖国统一　　B. 反对民族分裂

C. 坚持民族平等　　D. 民族团结、各民族共同繁荣

13. 新时期爱国统一战线的实质，就是要在一个共同目标之下（　　）。

A. 实现各民族、各党派、各阶层、各方面人民的最广泛的团结

B. 促进政党关系、民族关系、宗教关系、阶层关系、海内外同胞关系的和谐

C. 扩大人民的范围

D. 增强在国际上的影响

14. 新时期爱国统一战线的基本任务是（　　）。

A. 为现代化建设服务

B. 为港澳繁荣稳定和祖国和平统一服务

C. 为维护世界和平、促进共同发展服务

D. 为中国共产党服务

15. 2015 年召开的中央统战工作会议强调，我们党所处的历史方位、所面临的内外形势、所肩负的使命任务发生了重大变化。越是变化大，越是要把统一战线发展好、把统战工作开展好。统一战线作为党的一项长期方针，绝不能动摇。中国共产党之所以高度重视统战工作，因为统一战线是（　　）。

A. 夺取革命、建设和改革事业胜利的重要法宝

B. 实现中华民族伟大复兴中国梦的重要法宝

C. 中国共产党的一大政治优势

D. 人民当家做主的根本保证

16. 新时期爱国统一战线包括两个范围的联盟（　　）。

A. 工人阶级和农民阶级的联盟

B. 工人阶级和资产阶级的联盟

C. 大陆范围以内，以爱国主义和社会主义为政治基础的团结全体劳动者、建设者和爱国者的联盟

D. 大陆范围以外的，以爱国和拥护祖国统一为政治基础的团结台湾同胞、港澳同胞和海外侨胞的联盟

17. 在全社会认真贯彻执行“四个尊重”的方针（　　）。

A. 是时代发展对党和国家工作提出的新要求

B. 是中国共产党代表中国先进生产力发展要求的本质体现

C. 目的在于最广泛最充分地调动一切积极因素，使党获得取之不尽的力量源泉

D. 有利于增强全社会创造活力，形成万众一心共创伟业的生动局面

18. 关于民族平等、民族团结、各民族共同繁荣三者的关系，下列表达中正确的是（　　）。

A. 民族平等是政治前提和基础

B. 民族团结是维护国家统一、实现各民族共同发展的根本保证

C. 民族平等是根本出发点和立场

D. 各民族的共同繁荣是根本出发点和归宿

19. 中国人民解放军的重要作用集中体现在（　　）。

A. 中国人民解放军是人民民主专政的坚强柱石

B. 中国人民解放军是捍卫社会主义祖国的钢铁长城

C. 中国人民解放军是社会主义现代化建设的重要力量

D. 中国人民解放军是党执政的有力武器

20. 党的十八大提出努力建设与我国国际地位相称、与国家安全和发展利益相适应的巩固国防和强大军队的战略任务，其内涵有（　　）。

A. 我军不仅要保卫传统的领土领海领空安全，而且要保护海洋、太空、网络电磁空间等新型领域的安全

B. 我军不仅要维护国家安全利益，也要维护国家发展利益

C. 我军不仅要维护自己国家的安全和发展利益，而且也要维护国际和地区的安全和稳定

D. 我军要在地区范围内反制大国介入

（三）辨析题

1. 以人为本、执政为民是检验党一切执政活动的最高标准。

2. 劳动、知识、人才、创造，四者是一个具有内在联系的统一整体，人才在其中居于核心和基础地位。

3. 改革开放以来，由于我国工人阶级队伍发生了明显变化，因此工人阶级作为国家主人的地位发生了变化。

4. 统一战线仍然是一个重要法宝，不是可以削弱，而是应该加强；不是可以缩小，而是应该扩大。

5. 宗教是对相当一部分群众有较大影响的社会现象，但是在社会主义社会会很快消亡。

（四）综合问答题

1. 中国特色社会主义建设的根本目的是什么？

2. 如何理解“尊重劳动、尊重知识、尊重人才、尊重创造”的基本方针？

3. 在新的历史条件下，如何正确理解工人阶级是国家的领导阶级？

4. 为什么说新时期爱国统一战线仍然是一个重要法宝？

5. 为什么说新的社会阶层也是中国特色社会主义事业的建设者？

（五）材料分析题

1. 阅读材料并回答问题

改革开放以来，我国的社会阶层构成发生了新的变化。随着我国社会生产力的发展和经济体制改革的不断深化，建立在原有分工基础上的整个社会结构出现大的调整，以拥有知识、从事脑力劳动为特征的社会阶层和社会群体日益增多，出现多层次的社会群体。城市和农村出现了掌握一定生产资料和拥有知识产权的经营者群体、为外资企业所雇佣的技术人员和管理者群体、自由职业者群体以及律师事务所、证券交易所等中介组织的从业者群体等。

现在，一些人的身份日益呈现多样性、多重性、多变性。不少国有企业的工人进入私营企业、外商投资企业，大批农民成为乡镇企业工人或者进城打工，一些知识分子和机关干部“下海”经商或成为各种自由职业者，各阶层中都有一些成为股份持有者或私营企业主等。在市场经济的大潮中，一些人在就业和生产经营活动中呈现流动性、多变性。今天掌握一定的生产资料，明天可能破产；今天在国有企业下岗，明天可能从事个体私营经济。不同所有制、不同行业、不同地域之间的人员流动日趋频繁，人们的职业、身份和地位不再固定。一位在城市郊区担任党总支书记的年轻同志说：“我是农村户口，但从来没有种过地；我从事党政干部管理工作，但不是国家公务员；我拿承包奖，但不是企业经营管理者。”

——引自《执政党建设十人谈》，中共中央党校出版社 2001 年版，第 104-105 页

试分析：

（1）我国在改革开放中出现了哪些新的社会阶层？

（2）如何认识我国在改革开放中出现的新的社会阶层？

2. 阅读材料回答问题

材料 1

我们的人民热爱生活，期盼有更好的教育、更稳定的工作、更满意的收入、更可靠的社会保障、更高水平的医疗卫生服务、更舒适的居住条件、更优美的环境，期盼孩子们能成长得更好、工作得更好、生活得更好。人民对美好生活的向往，就是我们的奋斗目标。

——习近平在十八届中共中央政治局常委同中外记者见面时的讲话

《人民日报》，2012 年 11 月 16 日

材料 2

我们的党是全心全意为人民服务的政党。党领导人民已经取得举世瞩目的成就，我们完全有理由因此而自豪，但我们自豪而不自满，决不会躺在过去的功劳簿上。新形势下，我们党面临着许多严峻挑战，党内存在着许多亟待解决的问题。尤其是一些党员干部中发生的贪污腐败、脱离群众、形式主义、官僚主义等问题，必须下大气力解决。全党必须警醒起来。打铁还需自身硬。我们的责任，就是同全党同志一道，坚持党要管党、从严治党，切实解决自身存在的突出问题，切实改进工作作风，密切联系群众，使我们党始终成为中国特色社会主义事业的坚强领导核心。

——习近平在十八届中共中央政治局常委同中外记者见面时的讲话

《人民日报》，2012 年 11 月 16 日

材料 3

人民群众是我们力量的源泉。我们深深知道，每个人的力量是有限的，但只要我们万众一心、众志成城，就没有克服不了的困难；每个人的工作时间是有限的，但全心全意为人民服务是无限的。责任重于泰山，事业任重道远。我们一定要始终与人民心心相印、与人民同甘共苦、与人民团结奋斗，夙夜在公，勤勉工作，努力向历史、向人民交出一份合格的答卷。

——习近平在十八届中共中央政治局常委同中外记者见面时的讲话

《人民日报》，2012 年 11 月 16 日

根据材料回答问题：

(1) 结合材料分析建设中国特色社会主义的根本目的。

(2) 结合材料请阐述你对中国共产党与人民群众关系的理解及看法。

【参考答案】

(一) 单项选择题

1. C　2. D　3. A　4. C　5. B　6. A　7. B　8. B　9. A　10. C
11. B　12. B　13. B　14. A　15. B　16. B　17. D　18. C　19. B　20. A
21. B　22. C　23. A　24. D

(二) 多项选择题

1. ABC　2. ABCD　3. ABCD　4. BCD　5. ABC
6. AB　7. ABCD　8. ACD　9. ABCD　10. ABCD
11. ABCD　12. ABCD　13. AB　14. ABC　15. ABC
16. CD　17. ABCD　18. ABD　19. ABC　20. ABC

(三) 辨析题

1. 以人为本、执政为民是检验党一切执政活动的最高标准。

答：正确。党的宗旨是全心全意为人民服务，一切为了人民是党的根本宗旨的集中体现。以人为本、执政为民，是践行党的性质和宗旨、保持和发展党的先进性和纯洁性的必然要求和根本途径；是党提高执政能力、改进执政方式、实现执政使命的必然要求和根本途径；是弘扬党的优良传统、发挥党的政治优势、保持党同人民群众血肉联系的必然要求和根本途径；是党对人类社会发展规律和执政兴国安邦规律的深刻认识。检验党一切执政活动的最高标准必须看是否坚持以人为本、执政为民。

2. 劳动、知识、人才、创造，四者是一个具有内在联系的统一整体，人才在其中居于核心和基础地位。

答：错误。劳动、知识、人才、创造，四者是一个具有内在联系的统一整体，劳动在其中居于核心和基础的地位；知识是创造财富重要资源，但它只有通过劳动者、劳动资料，才能形成实际的财富；人才是知识资源的载体，人才的本质在于创造性。人才只有通过劳动，为社会创造出巨大的物质和精神财富，才能体现出自身价值；创造本身就是一种劳动，创造过程即是劳动者最大限度地发挥聪明才干的过程。在“四个尊重”中，核心是尊重劳动。

3. 改革开放以来，由于我国工人阶级队伍发生了明显变化，因此工人阶级作为国家主人的地位发生了变化。

答：错误。改革开放以来，我国工人阶级队伍发生了明显变化，呈现出许多新的特点：队伍迅速壮大；内部结构发生重大变化；岗位流动加快。这些变化没有改变中国工人阶级作为国家主人的地位。工人阶级仍然是社会主义现代化的主要建设者、社会财富的主要创造者、先进生产力的代表者，仍然是人民民主专政国家的领导者。

4. 统一战线仍然是一个重要法宝，不是可以削弱，而是应该加强；不是可以缩小，而是应该扩大。

答：正确。统一战线是中国共产党领导革命和建设取得胜利的法宝，是我们党的优良传统之一。在社会主义新的历史时期，爱国统一战线不仅不能削弱和缩小，反而必须加强和扩大，主要因为：第一，进行社会主义现代化建设推进改革开放，必须有统一战线这个法宝，一定要团结各方面的力量共同努力。第二，完成统一祖国的大业，也不能离开统一战线这个法宝。统一战线工作对象大都有比较广泛的社会联系，不少人在海内外有重要影响。第三，反对霸权主义、维护世界和平，也需要巩固和发展爱国统一战线。只要还存在阶级差别，存在不同的社会阶层、社会集团和社会力量，存在共产党与非党的差别，共产党领导的统一战线就必然存在，就必须坚持统一战线。

5. 宗教是对相当一部分群众有较大影响的社会现象，但是在社会主义社会会很快消亡。

答：错误。宗教是人类社会发展一定阶段的历史现象，有它发生、发展和消亡的过程。宗教对相当一部分群众有较大的影响，在社会主义社会也将长期存在。在社会主义社会中，随着剥削制度和剥削阶级的消灭，宗教存在的阶级根源已经基本消失。但是社会生产力的极大提高，物质财富的极大丰富，高度的社会主义民主的建立，以及教育、文化、科学、技术的高度发达，还需要长期的奋斗过程，以往社会遗留下来的旧思想、旧习惯不可能在短时期内彻底消除。由于还存在着一定范围的阶级斗争和复杂的国际环境，因此宗教在社会主义社会一部分人中的影响，也就不可避免地还会长期存在，不会很快消亡。

（四）综合问答题

1. 中国特色社会主义建设的根本目的是什么？

答：党的十八大指出，为人民服务是党的根本宗旨，以人为本、执政为民是检验党一切执政活动的最高标准。这一重要论述揭示了党开展一切执政活动的依靠力量和评价标准，揭示了中国特色社会主义建设的根本目的。

(1) 一切为了人民。一切为了人民是唯物史观的根本观点，是党的根本宗旨的集中体现，是坚持和发展中国特色社会主义的内在要求。人民群众作为坚持和发展中国特色社会主义的根本力量，是中国特色社会主义事业的创造者，也应当成为中国特色社会主义发展成果的享有者。

(2) 坚持共同富裕。共同富裕是科学社会主义的重要价值诉求，也是社会主义优越性的重要体现，也是中国特色社会主义的基本目标。共同富裕体现了解放和发展社会生产力这一根本任务，始终致力于提高人民群众的生活水平这一内在要求，是党带领人民建设社会主义的一贯目标。

(3) 坚持经济社会发展与人的全面发展的统一。中国特色社会主义建设就是要坚持以人为本，把促进人的全面发展落实到经济社会发展全过程中来，在经济社会不断发展地基础上，不断提高人的素质和能力，从而不断推进经济社会的发展。

2. 如何理解“尊重劳动、尊重知识、尊重人才、尊重创造”的基本方针？

答：(1)“四个尊重”是指尊重劳动、尊重知识、尊重人才、尊重创造。

(2) 劳动、知识、人才、创造，四者是一个具有内在联系的统一整体，劳动在其中居于核心和基础的地位；知识是创造财富的重要资源，但它只有通过劳动者、劳动资料，才能形成实际的财富；人才是知识资源的载体，人才的本质在于创造性。人才只有通过劳动，为社会创造出巨大的物质和精神财富，才能体现出自身的价值；创造本身就是一种劳动，创造过程即是劳动者最大限度地发挥聪明才干的过程。在“四个尊重”中，核心是尊重劳动。

(3) 把“四个尊重”作为一项重大方针，其着眼点在于坚持群众路线。最广泛最充分地调动一切积极因素，不断推进中国特色社会主义事业向前发展。

3. 在新的历史条件下，如何正确理解工人阶级是国家的领导阶级？

答：工人阶级是我们国家的领导阶级，这是由我们党和国家的性质、工人阶级的特点及其历史地位决定的。①我国是一个社会主义国家。工人阶级是国家的领导阶级。②中国工人阶级是近代以来我国社会发展特别是社会化大生产发展的产物，是中国先进生产力和先进生产关系的代表。③工人阶级是改革开放和现代化建设的基本动力。

改革开放以来，我国工人阶级队伍发生了明显变化，呈现出许多新的特点：①队伍迅速壮大。②内部结构发生重大变化。③岗位流动加快。工人阶级队伍发生的这些变化，没有改变中国工人阶级作为国家主人的地位。工人阶级仍然是社会主义现代化的主要建设者、社会财富的主要创造者、先进生产力的代表者，仍然是人民民主专政国家的领导阶级。工人阶级的先进性最根本的体现在它是先进生产力的代表。工人阶级作为我国的领导阶级，其领导地位和主人翁地位，是一个由宪法规定的总体的政治判断。工人阶级始终是推动中国社会发展的基本力量。

4. 为什么说新时期爱国统一战线仍然是一个重要法宝？

答：(1) 在新的历史时期，我们党领导的统一战线的实质，就是要在一个共同的目标之下，实现全国各民族、各党派、各阶层、各方面人民最广泛的团结。

(2) 统一战线仍然是无产阶级政党总路线和总政策的重要组成部分，是建设和改革事业发展的重要力量。

(3) 统一战线历来是为党的总路线、总任务服务的。它是中国共产党凝聚人心、汇聚力量的政治优势和战略方针。

5. 为什么说新的社会阶层也是中国特色社会主义事业的建设者？

答：(1) 改革开放以来，我国出现了一些新的社会阶层，这些阶层归纳起来主要有：民营科技企业的创业人员和技术人员、受聘于外资企业的管理技术人员、个体户、私营企业主、中介组织从业人员、自由职业者等。

(2) 新的社会阶层是党和国家改革开放政策的允许下出现的，是在社会主义公有制和社会主义上层建筑主导国家政治经济生活的总的条件下存在和发展的，其经营活动都要遵守国家的法律、法规和政策。

(3) 新的社会阶层中的大多数人都是劳动者，是从工人、农民、知识分子和干部队伍中分化出来的。

(4) 把新的社会阶层中的广大人员作为中国特色社会主义事业的建设者，是从实际出发、尊重实践、尊重群众得出的科学结论。

(五) 材料分析题

1. 答案要点：

(1) 改革开放以来，我国出现了一些新的社会阶层，这些阶层归纳起来主要有：民营科技企业的创业人员和技术人员，受聘于外资企业的管理技术人员，个体户，私营企业主，中介组织从业人员，自由职业者等。

(2) 新的社会阶层是在改革开放以来社会变革中出现的，符合社会主义初级阶段社会生产力发展的要求。首先，经济领域的制度创新为新的阶层的产生提供了制度基础。我国从过去单一的公有制经济转变为以公有制为主体、多种所有制经济共同发展的基本经济制度，使不少人陆续脱离原来的工作岗位，转而从事非公有制经济，或自主创业，或进入私企、外企，或成为自由职业人员，成为新的社会阶层的重要成员。其次，生产力的发展和经济结构的变化，使社会的劳动分工日益精细，为新的阶层的出现提供了从业条件。再次，产业结构的变化，促成了就业结构、社会阶层结构的变化。第一产业在国民经济总产值中的比重下降，第二、三产业的比重上升。大批被分流出来的职工和农民纷纷转移到第二、三产业，其中一些人成为私营企业主或个体户。

从总体上看，新的社会阶层中的广大人员，拥护共产党的领导和社会主义制度，拥护党的路线方针政策，遵守国家法律，热爱祖国。他们为我国的经济进步和社会发展做出了自己的贡献。把新的社会阶层中的广大人员作为中国特色社会主义事业的建设者，是从实际出发、尊重实践、尊重群众得出的科学结论。我们把新的社会阶层中的广大人员作为中国特色社会主义事业的建设者，没有也不会否认工人、农民、知识分子在建设中国特色社会主义事业中的主体地位。包括知识分子在内的工人阶级和广大农民，始终是推动我国先进生产力发展和社会全面进步的根本力量。

2. 答案要点：

（1）中国特色社会主义的根本目的就是一切为了人民，始终为实现最广大人民的根本利益而努力，致力于提高人民群众的生活水平，达到共同富裕，实现经济社会发展和人的全面发展相统一。

①一切为了人民。人民群众作为坚持和发展中国特色社会主义的根本力量，是中国特色社会主义事业的创造者，也应当成为中国特色社会主义发展成果的享有者。要满足人民群众日益增长的物质文化需求，解决人民群众最关心、最直接、最现实的利益问题。

②坚持共同富裕。共同富裕体现了中国特色社会主义始终致力于解放和发展社会生产力这一根本任务，始终致力于提高人民群众的生活水平这一内在要求，是党带领人民建设社会主义的一贯目标。

③坚持经济社会发展与人的全面发展的统一。中国特色社会主义建设就是要坚持以人为本，把促进人的全面发展落实到经济社会发展全过程中来，在经济社会不断发展地基础上，不断提高人的素质和能力，从而不断推进经济社会的发展。

（2）人民群众是历史的创造者，这是历史唯物主义的基本原理。党是人民群众利益的忠实代表，这是党的性质的基本内容。全心全意为人民服务，这是党的根本宗旨。党的指导思想、性质、宗旨都表明，党来自于人民，扎根于人民，服务于人民，人民群众是党的力量源泉和胜利之本，是党赖以生存，发展的基础。如果失去了群众基础，党就不能生存，更谈不上执政地位的巩固。

①为了群众、相信群众、依靠群众，是马克思主义政党的本质要求。马克思主义政党是全心全意为民族、为国家、为人民的利益而奋斗的，除了最广大人民

的利益，没有自己特殊的利益。②保持同人民群众的血肉联系，是党能否长期执政的关键所在。人心向背，是决定一个政党、一个政权兴衰的根本因素。党的理论路线和方针政策以及全部工作，只有顺民意、谋民利、得民心，得到人民群众的支持和拥护，才能永远立于不败之地。③始终保持同人民群众的血肉联系是中国共产党战胜各种困难和风险、不断取得事业成功的根本保证。

【延伸阅读】

习近平在庆祝“五一”国际劳动节大会上的讲话（节选）

我国工人阶级是我们党最坚实最可靠的阶级基础。我国工人阶级从来都具有走在前列、勇挑重担的光荣传统，我国工人运动从来都同党的中心任务紧密联系在一起。在当代中国，工人阶级和广大劳动群众始终是推动我国经济社会发展、维护社会安定团结的根本力量。那种无视我国工人阶级成长进步的观点，那种无视我国工人阶级主力军作用的观点，那种以为科技进步条件下工人阶级越来越无足轻重的观点，都是错误的、有害的。不论时代怎样变迁，不论社会怎样变化，我们党全心全意依靠工人阶级的根本方针都不能忘记、不能淡化，我国工人阶级地位和作用都不容动摇、不容忽视。

全心全意依靠工人阶级，要解决认识问题，更要解决实践问题。各级党委和政府要把全心全意依靠工人阶级的根本方针贯彻到经济、政治、文化、社会、生态文明建设以及党的建设各方面，落实到党和国家制定政策、推进工作全过程，体现到企业生产经营各环节。要不断营造环境、搭建平台、畅通渠道、创新方式，为广大职工成长成才、就业创业、报效国家、服务社会创造更多机会，为广大职工参与企事业单位民主管理、参与国家治理和社会治理打开更广阔的通道。

来源：习近平，《在庆祝“五一”国际劳动节暨表彰全国劳动模范和先进工作者大会上的讲话》，《人民日报》2015 年 4 月 29 日。

【参考文献】

［1］马克思：《共产党宣言》，《马克思恩格斯选集》第 1 卷，中共中央马恩列斯著作编译局，2012 年版。

［2］毛泽东：《为人民服务》，《毛泽东选集》第 3 卷，人民出版社，1991 年版。

［3］毛泽东：《论联合政府》，《毛泽东选集》第 3 卷，人民出版社，1991

年版。

[4] 邓小平：《建设强大的现代化正规化的革命军队》，《邓小平文选》第2卷，人民出版社，1994年版。

[5] 邓小平：《新时期的统一战线和人民政协的任务》，《邓小平文选》第2卷，人民出版社，1994年版。

[6] 江泽民：《全面建设小康社会，开创中国特色社会主义事业新局面——在中国共产党第十六次全国代表大会上的报告》，《十六大以来重要文献选编》(上册)，中央文献出版社，2005年版。

[7] 胡锦涛：《在国务院第五次全国民族团结进步表彰大会上的讲话》，人民出版社，2009年版。

[8] 陆学艺：《当代中国社会阶层研究报告》，社会科学文献出版社，2002年版。

第十二章

中国特色社会主义领导核心理论

【教学目的与要求】

通过本章的教学使学生认识和坚持中国共产党是建设中国特色社会主义事业的领导核心，明白立党为公、执政为民是党的性质和宗旨的具体体现，理解党的领导是社会主义现代化建设的根本保证，了解坚持党的领导必须加强和改善党的领导，学习全面提高党的建设科学化水平的重大意义和现实途径，掌握新形势下全面从严治党的重大战略。

【教学内容】

中国共产党的执政地位是历史和人民的选择，党的领导是社会主义现代化建设的根本保证。新形势下党面临“四大考验”和“四大危险”，必须全面提高党的建设科学化水平，以改革创新精神全面推进党的建设新的伟大工程。加强党的建设要加强党的执政能力建设和先进性、纯洁性建设。全面从严治党是推进“四个全面”战略布局的关键，要坚持党要管党、从严治党。

【教学重点与难点】

学习重点：

1. 党的领导是社会主义现代化建设的根本保证。
2. 中国共产党的执政地位是历史和人民的选择。
3. 坚持党的领导必须加强和改善党的领导。
4. 要加强党的执政能力建设、先进性和纯洁性建设。
5. 新形势下要推进全面从严治党。

学习难点：

1. 新的历史条件下要全面提高党的建设科学化水平。

2. 全面从严治党是推进“四个全面”战略布局的关键。

【难点问题解析】

一、在新的历史条件下如何提高党的建设科学化水平？

答：在新的历史条件下要提高党的建设科学化水平，必须牢牢把握加强党的执政能力建设、先进性和纯洁性建设这条主线，以改革创新精神全面推进党的建设新的伟大工程。

第一，以改革创新精神推进党的建设新的伟大工程。世情、国情、党情的深刻变化对党的建设提出了新的要求，党不仅面临执政考验、改革开放考验、市场经济考验和外部环境的考验，同时还面临精神懈怠的危险、能力不足的危险、消极腐败的危险和脱离群众的危险。落实党要管党、从严治党的任务比过去任何时候都更为繁重和紧迫。在当前，以改革创新精神推进党的建设新的伟大工程，全面提高党的建设科学化水平，必须牢牢把握和自觉运用马克思主义政党建设规律，始终保持党员和干部思想纯洁、队伍纯洁、作风纯洁和清正廉洁。

第二，加强党的执政能力建设。执政能力建设是党执政后的一项根本建设，是我们党执政后始终面临和不断探索的一个重大课题。加强党的执政能力建设，必须着力建设高素质领导班子，把提高领导水平和执政能力作为各级领导班子建设的核心内容抓紧抓好。

第三，加强党的先进性和纯洁性建设。是马克思主义政党根本的思想政治任务，关系党的生死存亡和前途命运。在我国，保持党的先进性和纯洁性是党的建设一项长期而又常新的战略任务，需要不断地结合新形势新任务，从理论和实践结合上进行研究，必须坚持标本兼治、综合治理、惩防并举、注重预防的方针，深入开展党风廉政建设和反腐败斗争。

第四，建设学习型、服务型、创新型马克思主义执政党。是对新时期党建经验的总结，更是对提高党建科学化水平，确保党始终成为中国特色社会主义事业的坚强领导核心提出的新要求。要重视学习、善于学习，坚持以学固本、以学增智，牢固树立服务意识，强化服务功能，提高服务本领，坚持理论创新，推进实践创新，加强制度创新。

二、为什么说全面从严治党是推进“四个全面”战略布局的关键？

答：十八大以来，党中央立足我国经济社会发展的阶段性新特征，从坚持和发展中国特色社会主义全局出发，提出并形成了全面建成小康社会、全面深化改革、全面依法治国、全面从严治党的战略布局。四个“全面”之间相辅相成、相互促进。全面建成小康社会是战略目标，全面深化改革、全面依法治国、全面从严治党是三大战略举措。全面建成小康社会战略目标的达成，改革是途径，法治是保障，党的建设是根本保证。

办好中国的事情，关键在党。“四个全面”战略布局是新形势下治国理政的战略指引。党作为中国特色社会主义事业的领导核心，党的建设与治理状况事关党的领导和形象，事关“四个全面”战略布局的推进进程与实践成效。全面从严治党作为新形势下管党治党的重大战略，是推进“四个全面”战略布局的关键。

第一，全面从严治党确保党始终成为中国特色社会主义事业的坚强领导核心。全面从严治党要求党要管党、从严治党，坚持思想建党与制度治党相结合，加强组织、纪律和作风建设，重点是从严治吏、正风反腐、严明党纪，要提高党的领导能力和执政能力，保持和发展党的先进性和纯洁性，增强党的自我净化、自我完善、自我革新、自我提高的能力。通过全面从严治党，使党能够始终发挥领导核心作用，团结带领人民群众推进改革开放、推进依法治国，进而实现全面小康。

第二，全面从严治党确保全面建成小康社会目标的顺利实现。全面建成小康社会是涉及全局性、整体性的发展目标，要求党必须全面、从严的管党治党，提高党的领导水平和执政能力，才能为全面建成小康社会提供精准的目标和决策。

第三，全面从严治党确保全面深化改革不断取得实际成效。全面深化改革是一场涉及深层次矛盾与问题的攻坚战，改革能否达到预期目标，在很大程度上考验党能否有效发挥领导改革和解决深层次体制机制问题的作用。全面从严治党本身也是全面深化改革的重要内容，党自身必须深化党的建设制度改革，通过管党治党体制机制的深层次改革，提高党的领导水平和执政水平，才能推进全面改革的不断深化。

第四，全面从严治党确保全面依法治国各项任务落到实处。全面从严治党不仅要求党的组织和党员干部严格在宪法和法律的范围内活动，各级政府严格依法行政、公正司法，维护法律权威，还要求党的组织和党员干部以更高标准严格要求自己，防止以权阻挠执法、干预司法、非法剥夺公民权利的行为，通过党领导人民群众科学立法、严格守法、带头执法，实现党的建设与治国理政的统一，为全面依法治国提供坚强政治保证。

【自我测验】

(一) 单项选择题

1. 中国特色社会主义事业的领导核心是（ ）。

A. 中国先进分子　　B. 中国共产党

C. 中央领导　　D. 全体中国人民

2. 中国共产党是中国特色社会主义事业的领导核心。这是由（ ）。

A. 党的宗旨决定的　　B. 党的性质决定的

C. 党的路线决定的　　D. 党纲党章规定的

3. 《中国共产党党章》明确规定，中国共产党是中国工人阶级的先锋队，同时是（ ）。

A. 中国人民的先锋队　　B. 中华民族的先锋队

C. 中国人民和中华民族的先锋队　　D. 中国新阶层的先锋队

4. 中国共产党与一切剥削阶级政党的本质区别在于（ ）。

A. 坚持“三个代表”

B. 以马列主义、毛泽东思想和邓小平理论为指导

C. 一切从人民的利益出发，全心全意为人民服务

D. 坚持解放思想、实事求是

5. 加强和改进党的作风建设的核心问题是（ ）。

A. 保持同人民群众的血肉联系

B. 理论联系实际

C. 加强党员的党性修养

D. 保证党在思想上和组织上的一致

6. 党的根本工作路线是（ ）。

A. 实事求是　　B. 调查研究

C. 群众路线　　D. 谦虚谨慎

7. 党的全部工作和战斗力的基础是（ ）。

A. 党的基层组织　　B. 党的骨干分子

C. 党的核心力量　　D. 党的工作制度

8. 中国共产党对中国社会主义事业的领导，主要是（ ）。

A. 经济上的领导　　B. 政治上的领导

C. 文化上的领导　　D. 军事上的领导

9. 为人民服务是党的根本宗旨，以人为本、（ ）是检验党一切执政活动的最高标准。

A. 执政为民　　B. 依靠人民

C. 加快发展　　D. 造福于民

10. 我们党在长期执政实践中，围绕（ ）这个重大课题，不断总结经验教训，探索形成了马克思主义执政党加强自身建设的基本经验。

A. 什么是社会主义，怎样建设社会主义

B. 怎样建设党，怎样发展中国特色社会主义

C. 实现什么样的发展，怎样发展

D. 建设什么样的党，怎样建设党

11. 加强党的建设，要始终把（ ）。

A. 思想建设放在首位　　B. 组织建设放在首位

C. 作风建设放在首位　　D. 制度建设放在首位

12. 实现好、维护好、发展好（ ），是党全部工作的根本立足点和落脚点。

A. 最广大人民的根本利益　　B. 工人阶级利益

C. 各级领导干部利益　　D. 党员利益

13. 2014 年 12 月，中国共产党总书记习近平在江苏调研时强调，要协调推进全面建成小康社会、全面深化改革、全面推进依法治国、全面从严治党，推动改革开放和社会主义现代化建设迈上新台阶。其中，（ ）是推进“四个全面”战略布局的关键。

A. 全面建成小康社会　　B. 全面深化改革

C. 全面推进依法治国　　D. 全面从严治党

14. （ ）是中国共产党宗旨的根本体现和中国特色社会主义理论的本质要求。

A. 消灭阶级压迫　　B. 实现民族独立

C. 立党为公、执政为民　　D. 维护执政地位

15. 党的十八大报告强调，全党要增强紧迫感和责任感，牢牢把握（ ）这条主线，坚持解放思想、改革创新，坚持党要管党、从严治党。

A. 加强作风建设

B. 加强反腐倡廉建设

C. 加强党的执政能力建设、先进性和纯洁性建设

D. 加强领导能力建设

16. 十八大以来，党中央提出要坚持（ ），是在新的历史条件下全面推进从严治党的重要指针和工作主线，是对党的建设理论的重大创新发展。

A. 思想建党与制度建党相结合

B. 组织建设与纪律建设相结合

C. 思想建党与以德治党相结合

D. 作风建设与反腐倡廉建设相结合

17. 在新的历史条件下，能够团结和带领中国人民实现中华民族伟大复兴这个宏伟目标的政治力量，只能是（ ）。

A. 知识分子　　B. 农民阶级

C. 中国共产党　　D. 新的社会阶层

18. （ ）是党的根本组织制度和领导制度，是最重要的组织纪律。

A. 多党合作制　　B. 民主集中制

C. 常委会议制　　D. 民主生活会

19. 加强党的执政能力建设，必须把（ ）作为各级领导班子建设的核心内容抓好。

A. 先进性和纯洁性建设　　B. 集体领导与分工合作相结合

C. 组织建设和作风建设　　D. 提高领导水平和执政能力

20. 党的十八大提出了把党建设成为（ ）的马克思主义执政党的战略目标。这充分体现了党对执政党建设规律的清醒认识和深刻把握。

A. 开放型、进步型、学习型　　B. 学习型、服务型、创新型

C. 革命型、创新型、开放型　　D. 进步型、服务型、建设型

（二）多项选择题

1.《中国共产党党章》规定，中国共产党代表（ ）。

A. 中国先进生产力的发展要求　　B. 中国工农阶级利益

C. 代表中国最广大人民的根本利益　　D. 中国先进文化的前进方向

2.《中国共产党党章》规定，中国共产党是（ ）。

A. 中国各民族的领导阶级

B. 中国工人阶级的先锋队

C. 中国人民和中华民族的先锋队

D. 中国特色社会主义事业的领导核心

3. 中国共产党区别于其他任何政党的显著标志是（ ）。

A. 把为人民服务作为自己的最高原则

B. 把公有制作为社会目标

C. 把代表工人阶级和全国各族人民的利益，作为党的一切活动的出发点和落脚点

D. 以实现共产主义作为最终目标

4. 党的群众路线的内容是（　　）。

A. 一切为了和依靠群众　　B. 到群众中去

C. 从群众中来　　D. 全心全意为人民服务

5. 加强党的执政能力建设，主要是提高（　　）。

A. 发展社会主义市场经济、民主政治的能力

B. 应对国际局势和处理国际事务的能力

C. 建设社会主义先进文化的能力

D. 构建社会主义和谐社会的能力

6. 进入新世纪，党的建设所要解决的两大历史性课题（　　）。

A. 提高党的领导水平和领导能力

B. 增强拒腐防变和抵御各种风险的能力

C. 反腐败　　D. 加强先进性

7. 十八大以来，中共中央出台改进工作作风、密切联系群众八项规定，开展反对“四风”活动，不断将党的作风建设推向深入，使党风为之一新，民风为之一阵。“四风”指的是（　　）。

A. 奢靡之风　　B. 官僚主义

C. 享乐主义　　D. 形式主义

8. 当前，世情、国情、党情发生了深刻变化，党的建设面临许多前所未有的新情况新问题、新挑战，党面临的考验包括（　　）。

A. 执政考验　　B. 改革开放考验

C. 市场经济考验　　D. 外部环境考验

9. 党的十八大报告强调，全党要增强紧迫感和责任感，牢牢把握加强党的执政能力建设、先进性和纯洁性建设这条主线，增强（　　）四方面能力，确保党始终成为中国特色社会主义事业的领导核心。

A. 自我净化　　B. 自我提高

C. 自我完善　　D. 自我革新

10. 新形势下，中国共产党在面临四大考验的同时，诸多危险更加尖锐地摆在全党面前。这些危险包括（　　）。

A. 精神懈怠的危险　　B. 能力不足的危险

C. 脱离群众的危险　　D. 消极腐败的危险

11. 2014 年 3 月，习近平总书记在十二届全国人大二次会议安徽代表团参加审议时，关于推进作风建设的讲话中，提到（　　）的重要论述，称为“三严三实”讲话。

A. 严以修身、严以执责、严以律己

B. 严以修身、严以用权、严以做事

C. 严以修身、严以用权、严以律己

D. 作风要实、创业要实、发展要实

12. 推进党的建设新的伟大工程，要准确把握和自觉运用马克思主义政党建设规律，立足中国特色社会主义建设实践，（　　）。

A. 以科学理论指导党的建设

B. 以科学制度保障党的建设

C. 以科学方法推进党的建设

D. 始终保持党员和干部思想纯洁、队伍纯洁、作风纯洁、清正廉洁

13. 党的十八大报告中提出要全面加强党的“五大建设”，分别是（　　）。

A. 思想建设　　B. 组织、制度建设

C. 作风建设　　D. 反腐倡廉建设

14. 中国共产党的三大优良作风是（　　）。

A. 理论联系实际　　B. 一切从实际出发

C. 密切联系群众　　D. 批评与自我批评

15. 中国共产党的三大历史性任务是（　　）。

A. 推进现代化建设　　B. 维护世界和平与促进共同发展

C. 完成祖国统一　　D. 完成“三步走”战略

16. 新中国成立前夕，毛泽东同志在党的七届二中全会上告诫全党同志要继续保持“两个务必”的作风，不要在糖弹面前打败仗。“两个务必”分别是（　　）。

A. 务必保持解放思想、实事求是的作风

B. 务必保持谦虚谨慎、不骄不躁的作风

C. 务必保持民主的作风

D. 务必保持艰苦奋斗的作风

（三）辨析题

1. 中国共产党是以马克思主义理论为理论基础和行动指南的。

2. 新时期推进党的建设新的伟大工程的重点，是加强党的执政能力建设和

先进性建设。

3. 在新的历史条件下，能够团结和带领全国各族人民实现中华民族伟大复兴这个宏伟目标的政治力量，只有中国工人阶级。

4. 党的纯洁性体现在政治上，就是要求各级党组织和广大党员、党的领导干部必须坚持把马克思主义及其中国化的理论成果作为指导思想。

5. 从严治党，最根本的就是要使全党各级组织和全体党员、干部都按照党内政治生活准则和党的各项规定办事。

（四）综合问答题

1. 为什么说党的领导是社会主义现代化建设的根本保证？

2. 如何理解党和群众关系的重要意义？

3. 坚持党的领导为什么必须加强和改善党的领导？

4. 如何建设学习型、服务型、创新型马克思主义执政党？

5. 如何理解新形势下全面从严治党的内涵、要求和意义？

（五）材料分析题

1. 结合材料回答问题

材料 1

1944 年正值李自成领导的农民起义军进入北京推翻明王朝 300 周年。郭沫若毅然放下正在进行的先秦思想史研究，撰写《甲申三百年祭》。在这篇文章中，郭沫若深刻总结了李自成农民起义成功建立起大顺朝但旋即失败的历史教训。从 3 月 19 日起，这篇长文在重庆《新华日报》全文连载。文章发表后，引起社会各界的广泛关注。仅隔 20 天，毛泽东就在《学习和时局》的报告中指出；“我党历史上曾经有过几次表现了大的骄傲，都是吃了亏的……近日我们印了郭沫若论李自成的文章，也是叫同志们引以鉴戒，不要重犯胜利时骄傲的错误。”11 月 21 日，毛泽东复信郭沫若：“你们的《甲申三百年祭》，我们把它当作整风文件看待。小胜即骄傲，大胜更骄傲，一次又一次吃亏，如何避免此种毛病，实在值得注意。”

摘编自《〈甲申三百年祭〉风雨六十年》，人民出版社 2005 年版

材料 2

1949 年 3 月 23 日，毛泽东率中共中央机关离开西柏坡前往北平（北京）。临行前，他对周围的人说：“同志们，我们就要进北平了。我们进北平，可不是李自成进北平，他们进了北平就变了。我们共产党人要继续革命，建设社会主

义，实现共产主义。”他兴奋地对周恩来说：“今天是进京‘赶考’嘛。”周恩来说：“我们都能考试及格，不要退回来。”毛泽东说：“退回来就失败了，我们决不当李自成，我们都希望考个好成绩。”

摘编自金冲及主编《毛泽东传》（1893—1949），
中央文献出版社 1993 年版

材料 3

2013 年 7 月 11 日至 12 日，习近平总书记来到革命圣地西柏坡，在同县乡村干部和群众座谈时指出：当年党中央离开西柏坡时，毛泽东同志说是“进京赶考”，六十多年过去了，我们取得了巨大进步，中国人民站起来了，富起来了，但我们党要带领人民实现全面建设小康社会的目标，不断坚持和发展中国特色社会主义，就是这场考试的继续。所有领导干部和全体党员要继续把人民对我们党的“考试”，把我们党正在经受和将要经受各种考验的“考试”，把我们党正在经受和将要经受各种考验的“考试”考好，努力交出优异的答卷。

摘编自《习近平关于实现中华民族伟大复兴的
中国梦论述摘编》，中央文献出版社 2013 年版

请阅读以上材料，分析说明：

（1）1949 年春，为什么毛泽东把离开西柏坡前往北平比作“赶考”?

（2）如何理解习近平所说的“党面临的‘赶考’远未结束”?

2. 阅读材料并回答问题

材料 1

2012 年 12 月 4 日，中共中央政治局召开会议，审议中央政治局关于改进工作作风、密切联系群众的八项规定，分析研究 2013 年经济工作。中共中央总书记习近平主持会议。会议一致通过《关于改进工作作风、密切联系群众的八项规定》。

材料 2

2013 年 4 月 19 日，根据十八大精神，中国共产党中央政治局召开会议，决定从 2013 年下半年开始，用一年左右时间，在全党自上而下分批开展以“为民、务实、清廉”为主题的党的群众路线教育实践活动。2013 年 5 月 9 日，中共中央发布了《中共中央关于在全党深入开展党的群众路线教育实践活动的意见》（中发〔2013〕4 号）。习近平总书记强调指出，这次教育实践活动的主要任务，是集中解决形式主义、官僚主义、享乐主义和奢靡之风这“四风”问题。根据中共中央部署，党的群众路线教育实践活动于 2013 年 6 月 18 日启动，自上而下分两批开展教育实践活动。每批大体安排半年时间，2014 年 9 月基本完成。

材料3

2014年3月9日，习近平总书记在中华人民共和国第十二届全国人民代表大会第二次会议安徽代表团参加审议时，关于推进作风建设的讲话中，提到“既严于修身、严于用权、严于律己；又谋事要实、创业要实、做人要实”的重要论述，称为“三严三实”讲话。2015年4月10日，中共中央办公厅印发《关于在县处级以上领导干部中开展“三严三实”专题教育方案》，对2015年在县处级以上领导干部中开展“三严三实”专题教育作出安排。

材料4

2014年10月，习近平总书记在群众路线教育实践活动总结大会上，提到群众路线教育实践活动对我们探索新形势下从严治党的特点和规律具有十分重要的牵引作用，进一步提出全面推进从严治党的要求，并对全面推进从严治党进行了部署。2014年12月，中国习近平总书记在江苏调研时强调，要协调推进全面建成小康社会、全面深化改革、全面推进依法治国、全面从严治党，推动改革开放和社会主义现代化建设迈上新台阶。

请阅读以上材料，分析说明：

(1) 请结合材料1～3谈谈你对十八大以来党出台系列重要举措严抓作风建设的看法。

(2) 请结合材料4谈谈作风建设对于推进全面从严治党的重要性。

【参考答案】

(一) 单项选择题

1. B　2. A　3. C　4. C　5. A　6. C　7. A　8. B　9. A　10. D
11. A　12. A　13. D　14. C　15. C　16. A　17. C　18. B　19. D　20. B

(二) 多项选择题

1. ACD　2. BCD　3. AC　4. ABC　5. ABCD
6. AB　7. ABCD　8. ABCD　9. ABCD　10. ABCD
11. CE　12. ABCD　13. ABCD　14. ACD　15. ABC
16. BD

(三) 辨析题

1. 中国共产党是以马克思主义理论为理论基础和行动指南的。

答：正确。中国共产党是以马克思主义理论为理论基础和行动指南的，代表了中国社会发展的正确方向。党高度重视在思想上建党，坚持用马克思主义理论教育和武装全体党员，不仅要求党员在组织上入党，而且要求党员首先在思想上入党，指导他们为实现党的纲领和任务而奋斗。

2. 新时期推进党的建设新的伟大工程的重点，是加强党的执政能力建设和先进性建设。

答：正确。中国共产党是社会主义事业的领导核心。在新的历史条件下，党肩负着带领全国各族人民全面建设小康社会，实现继续推进现代化建设、完成祖国统一、维护世界和平与促进共同发展三大历史任务；中国共产党要完成这些任务，必须将党建重点放在提高党的执政能力和先进性。因为这是中国共产党正确应对面临的机遇和挑战、顺利完成肩负的历史使命的现实要求，是世界上一些长期执政的大党、老党相继丧失政权的惨痛教训给我们的历史警示，是进一步提高中国共产党的领导水平和执政水平的迫切需要。

3. 在新的历史条件下，能够团结和带领全国各族人民实现中华民族伟大复兴这个宏伟目标的政治力量，只有中国工人阶级。

答：错误。在新的历史条件下，能够团结和带领全国各族人民实现中华民族伟大复兴这个宏伟目标的政治力量，只有中国共产党。作为中国工人阶级、中国人民和中华民族先锋队的中国共产党，是建设中国特色社会主义事业的领导核心。在中国共产党的领导下，我国经历革命、建设、改革各个不同时期的变革和发展，在各个领域都取得了举世瞩目的成就。在中国，只有中国共产党这个政治力量才能把广大人民群众的思想统一起来，力量凝聚起来，向着社会主义现代化目标前进。

4. 党的纯洁性体现在政治上，就是要求各级党组织和广大党员、党的领导干部必须坚持把马克思主义及其中国化的理论成果作为指导思想。

答：错误。党的纯洁性体现在党的思想、政治、组织和作风各个方面。体现在政治上，就是坚决执行党的章程、纲领和路线方针政策，坚决抵制和反对一切违背党的基本路线的错误政治倾向。而要求各级党组织和广大党员、党的领导干部必须坚持把马克思主义及其中国化的理论成果作为指导思想则是党的纯洁性在思想上的体现。

5. 从严治党，最根本的就是要使全党各级组织和全体党员、干部都按照党内政治生活准则和党的各项规定办事。

答：正确。全面从严治党首先要严明纪律。共产党是靠革命理想和铁的纪律组织起来的马克思主义政党，纪律严明是党的光荣传统和独特优势。讲规矩是对党员、干部党性和对党忠诚度的重要检验，党内规矩是党的各级组织和全体党员必须遵守的行为规范和规则。坚持全面从严治党，加强纪律建设尤为重要，最根本的是要使全党各级组织和全体党员、干部都按照党内政治生活准则和党的各项规定办事。

(四) 综合问答题

1. 为什么说党的领导是社会主义现代化建设的根本保证?

答:新的历史条件下,广大人民的需要,从根本上说,就是要解放和发展生产力,实现国家的繁荣富强和人民的共同富裕,实现中华民族的伟大复兴。在中国,能够团结和带领全国各族人民实现这个宏伟目标的政治力量,只有中国共产党。

(1) 只有坚持中国共产党的领导,走中国特色社会主义道路,才能保证现代化建设事业的正确方向,才能制定和执行正确的路线方针政策,保证现代化建设事业不断取得进步,最终实现中华民族的伟大复兴。

(2) 中国共产党作为中国各族人民根本利益的忠实代表,以科学理论为指导,凭借其丰富的执政经验和驾驭全局的能力,统筹经济社会等各方面发展,努力构建社会主义和谐社会,能够维护国家统一和社会和谐稳定。

(3) 在中国,只有共产党才能总揽全局,协调各方,正确处理人民内部矛盾,顺利解决前进中的各种困难和问题,才能凝聚人心、汇聚力量,推进现代化建设事业顺利前进。

(4) 应对复杂的国际环境的挑战,需要中国共产党的领导。经济全球化和世界多极化在曲折中发展,科技发展日新月异,综合国力竞争日趋激烈,敌对势力对我国实施西化、分化战略。因此,坚持党的领导这个坚强政治核心,才能团结全国各族人民走独立自主的和平发展道路。

2. 如何理解党和群众关系的重要意义?

答:(1) 为了群众、相信群众、依靠群众,是马克思主义政党的本质要求。马克思主义政党是全心全意为民族、为国家、为人民的利益而奋斗的,除了最广大人民的利益,没有自己特殊的利益。

(2) 保持同人民群众的血肉联系,是党能否长期执政的关键所在。人心向背是决定政党、政权兴衰的根本因素。党的理论路线和方针政策以及全部工作,只有顺民意、谋民利、得民心,得到人民群众的支持和拥护,才能永远立于不败之地。

(3) 始终保持同人民群众的血肉联系是中国共产党战胜各种困难和风险、不断取得事业成功的根本保证。中国最广大人民群众是建设中国特色社会主义事业的主体,是先进生产力和先进文化的创造者,是社会主义物质文明、政治文明和精神文明协调发展的推动者,是决定我国前途命运的根本力量。党的领导地位和社会主义现代化事业需要人民群众的支持和拥护。

3. 坚持党的领导为什么必须加强和改善党的领导?

答:(1) 当今世界正处在历史性大变动之中，为适应国际环境的变化，必须改善党的领导，才能够更好地应对日趋激烈的国际竞争带来的严峻挑战，团结和带领人民实现社会主义现代化的宏伟目标，使中华民族以崭新的姿态屹立于世界民族之林。

(2) 中国正处在历史性的伟大变革之中，新形势、新任务对我们党提出了新的要求。

(3) 目前我党的实际状况同肩负领导社会主义现代化的光荣使命有许多不相适应的地方。党内存在着思想不纯、作风不纯、组织不纯的现象，有些问题相当严重，损害了党的战斗力；一些党的组织不认真执行民主集中制，领导工作涣散软弱，治党不严，一些领导班子的革命化、年轻化、知识化、专业化不够，某些消极因素和腐败现象在党内滋长蔓延；在党的基层组织建设和党的领导制度方面也都存在着不相适应的问题。所有这些，都需要通过加强和改善党的领导加以解决。

4. 如何建设学习型、服务型、创新型马克思主义执政党?

答:(1) 建设学习型政党。就是建设能够形成重视学习、善于学习的理念、机制、方法，使学习成为内在需求，从而更好地处理和解决面临的问题，不断增强生机活力的政党。

(2) 要建设服务型政党。贯彻以人为本、执政为民理念；把服务作为政党职能结构的重心，使党在服务人民的过程中发挥领导核心作用；应当弘扬密切联系群众的作风，领导干部做到为民务实清廉，党同群众保持血肉联系；应当使以人文本、执政为民成为检验党的一切执政活动的最高标准。

(3) 建设创新型政党。坚持继承和创新相结合的基本原则，解放思想、实事求是、与时俱进、求真务实的基本要求，推进党的建设实践创新、理论创新、制度创新。

(4) 三者是相互联系、相互贯通和相互促进的。学习是基础，服务是目的，创新是动力。三者相辅相成，体现党永葆生机和活力的开拓进取精神。

5. 如何理解新形势下全面从严治党的内涵、要求和意义?

答:(1) 十八大以来，以习近平为总书记的党中央结合新形势新任务，提出“四个全面”战略布局，“全面从严治党”作为其中一个重要方面，将党要管党、从严治党要求提升到新的高度。作为新形势下共产党管党治党的重大战略和整体推进的系统工程，全面从严治党具有深刻内涵：第一，全面从严治党，核心是加强的党的领导。第二，全面从严治党，基础在全面。第三，全面从严治党，关键在严。第四，全面从严治党，要害在治。

(2) 新形势下推进全面从严治党的要求有：一是落实从严治党责任。二是坚持思想建党和制度治党紧密结合。三是严肃党内政治生活。四是坚持从严管理干部。五是持续深入改进作风。六是严明党的纪律。七是发挥人民监督作用。八是深入把握从严治党规律。

(3) 全面从严治党的意义：第一，全面从严治党是提高党的执政能力、保持党的先进性和纯洁性的要求。通过全面从严治党，提高党员队伍质量，塑造党的形象，有利于巩固党的执政基础和执政地位，提高党的执政能力和执政水平。第二，全面从严治党是党在新形势下进行许多新的历史特点的伟大斗争的保证。只有推进全面从严治党，才能有效应对“四大考验”和“四大危险”，解决党目前面临的问题和困难，赢得人民群众的认同和信任，实现中华民族伟大复兴中国梦。第三，全面从严治党是协调推进“四个全面”战略布局的关键。全面从严治党既是全面建成小康社会的根本要求，又是全面深化改革的内在需要，还是全面推进依法治国的根本保证。

(五) 材料分析题

1. 答案要点：

(1) 第一，“赶考”意味着中国共产党面临“执政”和“建设”的重大任务。

第二，民主革命的遗留任务尚未完成。比如，土地改革在新解放区还没有推行；官僚资本主义还存在；全国性的各级人民政权还没有建立等。

第三，中国共产党将成为全国性执政党，即将面临执政的重大任务。中国共产党从一个地方性政党转变为全国性政党，如何执政对于中国共产党是一个重大的考验。

第四，全国性政权建立后，中国共产党将面临现代化建设的任务。近代以来，先进仁人志士为了中华民族的伟大复兴而奋斗，结果大多以失败宣告结束，中国共产党在全国性政党建立以后将为了实现这一目标而奋斗。

(2) 第一，这说明我们党在执政 60 多年、现代化建设取得一定成绩的情况下，面临新的世情、党情和国情，迫切要求执政的中国共产党提高自身的执政能力和执政水平。

第二，中国共产党将继续发扬西柏坡精神，始终坚持和弘扬“两个务必”，即务必保持谦虚谨慎、不骄不躁的作风，务必保持艰苦奋斗的作风。

第三，在新的历史条件下，中国共产党面临“四大考验”和“四大危险”，因此，中国共产党必须在“四个全面”战略布局指导下，坚持思想建党与制度治党相结合，加强组织、纪律和作风建设，持续推进党风廉政建设和反腐败斗争。

2. 答案要点：

（1）十八大以来，党出台了一系列重要举措严抓作风建设。重要举措有：出台改进工作作风、密切联系群众八项规定，集中反对“四风”和开展群众路线教育实践活动，开展“三严三实”专题教育活动，逐步将党的作风建设推向深入。

第一，以落实八项规定为切入口，着力推进作风建设。中央八项规定完善了严抓作风建设的规章制度，体现了党要管党、从严治党的要求，为各级党组织和党员领导干部确定了行为规范，推动作风建设常态化、制度化。

第二，以开展群众路线教育实践活动为平台，扎实推进作风建设。“为民务实清廉”是党对领导干部党风廉政建设的要求，反对“四风”集中解决作风建设的突出问题，通过深入贯彻中央八项规定，教育引导党员干部树立群众观点，弘扬优良作风。

第三，以“三严三实”专题教育活动为接力，深入推进作风建设。“三严三实”发展了严抓作风建设的标准要求，“严”和“实”的要求直接指向培养忠诚、干净、担当的干部目标，为党的作风建设方法在新的历史条件下提供新的遵循。

（2）作风建设对于推进全面从严治党的重要性体现在：第一，作风建设是推进全面从严治党的基本点。全面从严治党是党中央针对党的建设提出的总体思路和战略部署，作风建设作为党的建设的重要方面，是全面从严治党覆盖的基本内容。第二，作风建设是推进全面从严治党的突破口。推进全面从严治党是因为党在新形势下面临新的危险和考验，这些危险和考验突出表现为“四风”等作风问题，推进全面从严治党必须抓住作风建设这个“牛鼻子”，从规范党员干部的作风入手。第三，作风建设是推进全面从严治党的着力点。作风问题本质上是党性问题，全面从严治党要求从根本上提高党员干部的党性修养，推进全面从严治党必须以作风建设为发力点，持续深入改进党的作风。

【延伸阅读】

毛泽东重视改作风

20 世纪 50 年代末 60 年代初的“大跃进”和“人民公社化运动”，未能实现人们的预期，反而使国民经济和人民生活陷入困境。党中央经过调研发现，干部作风是加剧困难的重要原因。为此，1960 年 11 月，中共中央颁发《关于彻底纠正“五风”问题的指示》，要求各级干部“彻底纠正十分错误的共产风、浮夸风、命令风、干部特殊化风和对生产瞎指挥风”。

在12月召开的中央工作会议上，毛泽东要求胡乔木借鉴红军的历史经验，尽快起草一个在新形势下普遍适用的“党政干部三大纪律、八项注意”的文稿。实际上，在此之前，毛泽东就指出红军“三大纪律、八项注意”中的“一切行动听指挥”和“不拿群众一针一线”两条现在“普遍适用”。

1961年1月8日，毛泽东批示将胡乔木所拟稿子印发参加中央工作会议的同志讨论。1月9日，他又亲自参与讨论，指出“三大纪律、八项注意”是我们军队战无不胜的法宝。他语调沉重地说，可是现在我们的有些党员干部却自以为是，不听中央的统一指挥……这样下去后果不堪设想啊！现在我们要制定一个“三大纪律、八项注意”，让大家对照着改正自己的缺点和错误，坚决执行中央的政策，与群众一起把生产和生活搞好。他还指出，草案太复杂，不如红军三大纪律、八项注意简单明了；要从正面谈问题。毛泽东的讲话和意见引起共鸣，大家纷纷表示支持制定“党政干部三大纪律、八项注意”，并提出修改意见。当年5～6月召开的中央工作会议上，根据各地上报意见，对“党政干部三大纪律、八项注意”草案进行了讨论修改，并正式写进“农村六十条（修正草案）”贯彻实行。

1962年9月27日，党的八届十中全会通过的《农村人民公社工作条例修正草案》，又对“党政干部三大纪律、八项注意”进行修正。最终确定的三大纪律是：(1) 认真执行党中央的政策和国家的法令，积极参加社会主义建设；(2) 实行民主集中制；(3) 如实反映情况。八项注意是：(1) 关心群众生活；(2) 参加集体劳动；(3) 以平等态度待人；(4) 工作要同群众商量，办事要公道；(5) 同群众打成一片，不特殊化；(6) 没有调查，没有发言权；(7) 按照实际情况办事；(8) 提高无产阶级的阶级觉悟，提高政治水平。

“党政干部三大纪律、八项注意”对当时的干部队伍建设发挥了重要作用，对当前全面推进从严治党也有重要的现实意义。

来源：《人民日报》2016年5月17日

纠正“四风”一刻不松

2014年落实八项规定精神工作综述

2014年12月15日至18日，在八项规定实施两周年之际，由中央纪委宣传部与中央电视台联合制作的四集电视专题片《作风建设永远在路上——落实八项规定精神正风肃纪纪实》在中央电视台综合频道黄金时段播出。据央视统计，该片收视率堪比热播电视剧，超过1.2亿观众收看。正如片中的大量案例所展示的，2014 年，中央纪委和各级纪检监察机关把监督中央八项规定精神落实、纠正“四风”作为一项经常性工作，加强监督执纪问责一刻也不松懈，取得了显著的成效。

围绕节点　抓早抓小

“冰冻三尺非一日之寒。”“四风”问题积习甚深，改起来并不容易，而且往往会出现回潮现象。要彻底纠正“四风”，就要从点点滴滴做起，由浅入深，由易到难，循序渐进，坚持一个节点一个节点地去抓、时刻不松懈，才能最终见效。2014 年，中央纪委监察部围绕节点持续发力：

——“五一”前夕，中央纪委监察部网站开通了纠正“四风”监督举报直通车，每周点名道姓通报曝光；

——“端午”前夕，中央纪委监察部网站推出“清廉过端午——纪检监察机关在行动”专题，开设举报窗口，欢迎干部群众对公款购买赠送粽子等节礼的不正之风进行监督；

——“中秋”前夕，中央纪委监察部网站开通公款送月饼等“四风”问题举报窗，同时恢复每周通报曝光各级纪检监察机关查处的违反中央八项规定精神问题。

——12 月 17 日，在 2015 年元旦春节前夕，中央纪委监察部网站又推出《元旦春节期间“四风”问题监督举报曝光专区》，欢迎广大网友对公款购买赠送贺卡、年货节礼等不正之风进行监督举报，并从 12 月 29 日起每周对各级纪检监察机关查处的违反中央八项规定精神案件进行点名道姓通报曝光。

各级纪检监察机关积极响应，加强监督执纪问责，节前发信号、严明纪律要求，节中抓检查、紧盯违纪问题，节后严问责、加强通报曝光，狠刹节日不正之风，形成了高压态势。

广开渠道　强化监督

2014 年，中央纪委在有关通知中多次发出欢迎举报的信息，并在中央纪委监察部网站醒目位置公开举报电话、网址、邮箱等，欢迎广大群众对“四风”问题进行如实举报。

2014 年 8 月，中央纪委监察部进一步畅通群众举报渠道，先后在网站首页开通了纠正“四风”监督举报直通车，引导群众积极举报公款吃喝、公款旅游等问题，晾晒党员干部存在的隐形“四风”问题；发布“严防公款送月饼节礼等‘四风’反弹，请您来当监督员”，邀请广大网友监督揭露遇到的“四风”新问题等。

各级纪检监察机关采取多种方式，畅通监督举报渠道，提高群众参与纠正

“四风”的积极性。吉林省纪委出台受理举报暂行办法，天津市纪委组织志愿者明察暗访，新疆阿克苏地区纪委建立了廉政微信平台，受理群众有关党员干部廉洁自律、作风问题的举报等。

严格执纪 形成震慑

2014 年，各级纪检监察机关认真履职，纠正、查处了一批违反中央八项规定精神问题的案件，严肃追究了一批领导干部的纪律责任。据统计，八项规定实施以来截至 2014 年 12 月 31 日，全国共查处违反中央八项规定精神的问题 77 606 起，处理党员干部 102 168 人，其中，给予党纪政纪处分 31 338 人。中央纪委对黑龙江省原副省级干部付晓光等多起省部级领导干部违反中央八项规定精神问题进行了直接调查，并给予党纪政纪处分。各级纪检监察机关按照中央纪委要求，积极加大明察暗访力度，严肃查处顶风违纪行为，其中湖北、河南、山东等省纪检监察机关给予党纪政纪处分人数均超过 2 000 人，有的还对放任、纵容造成本地区本部门“四风”问题突出的，严肃追究主体责任和监督责任。

在查处案件的同时，各级纪检监察机关加大通报曝光力度，在查处后及时通报、及时曝光，将违规违纪行为晾晒于阳光之下，充分起到警示震慑作用。中央纪委坚持落实中央八项规定精神情况月报制度，每月定期公布《全国查处违反中央八项规定精神问题情况汇总》，接受群众监督；在官方网站和《中国纪检监察报》设立“曝光台”，专门用于曝光中央纪委和各地查处的典型案例，发挥案件处理的导向作用。2014 年以来，中央纪委、监察部采取集中通报、专题通报等方式，先后 6 次共对 26 起违反中央八项规定精神典型问题进行通报曝光，其中专题通报范围涉及公款出国（境）旅游、违规修建楼堂馆所、党员干部参赌涉赌等问题。据不完全统计，各省区市纪委、监察厅（局）先后 134 次共对 925 起典型问题进行通报曝光。国务院国资委、农业部、交通运输部、国家烟草专卖局、中国气象局、中国民航局、中国铁路总公司等中央和国家机关部委纪检组（纪委）加大对违规违纪行为的查处和通报力度，取得了良好警示教育效果。

严格自律 绝不护短

中央纪委对广大纪检监察干部的“四风”问题，坚持不遮掩、不护短，一律从严查处，并点名道姓公开曝光。2014 年 1 月 20 日，中央纪委对 4 起纪检监察干部违反中央八项规定精神典型问题进行了集中通报；2 月 28 日，中央纪委专门下发《关于公开曝光纪检监察干部违反中央八项规定精神案件的通知》；6 月 23 日，中央纪委监察部网站又公开曝光了 5 起纪检监察干部违反中央八项规定精神案件；2014 年 8 月，中央纪委在全国纪检监察系统部署开展自建培训中心摸底自查，并抽查核实部分地区的上报情况，发现问题的，坚决纠正和查处。这些举措，都体现了纪检监察机关在纠正“四风”问题中，坚持正人先正己、凡事从自身做起的坚定决心。

来源：《人民日报》2015 年 1 月 6 日

【参考文献】

[1] 毛泽东：《关于纠正党内的错误思想》，《毛泽东选集》第 1 卷，人民出版社 1991 年版。

[2] 邓小平：《坚持四项基本原则》，《邓小平文选》第 2 卷，人民出版社 1994 年版。

[3] 邓小平：《思想路线政治路线的实现要靠组织路线来保证》，《邓小平文选》第 2 卷，人民出版社 1994 年版。

[4] 江泽民：《在庆祝中国共产党成立八十周年大会上的讲话》，《江泽民文选》第 3 卷，人民出版社 2006 年版。

[5] 胡锦涛：《在庆祝中国共产党成立九十周年大会上的讲话》，人民出版社 2011 年版。

[6] 习近平：《在党的群众路线教育实践活动总结大会上的讲话》，人民出版社 2014 年版。

[7] 中共中央文献研究室：《十八大以来重要文献选编》（上），中共中央文献出版社 2014 年版。